中島 正 著

古代寺院造営の考古学
――南山城における仏教の受容と展開――

同成社

目　次

序　章　氏族仏教と国家仏教 …………………………………………………………3

　　1.　いわゆる「国家仏教」とは　3
　　2.　問題点の所在　7
　　3.　南山城における仏教文化の概要　9

第1章　椿井大塚山古墳と歴史認識 …………………………………………………13

　第1節　椿井大塚山古墳と三角縁神獣鏡　15
　　1.　椿井大塚山古墳の築造過程　15
　　2.　椿井大塚山古墳の副葬品　21
　　3.　椿井大塚山古墳の築造年代　22

　第2節　椿井大塚山古墳の被葬者像　24
　　1.　墳丘からみた被葬者像　24
　　2.　三角縁神獣鏡と被葬者像　25
　　3.　反乱伝承　27

　第3節　椿井大塚山古墳での二つの祭祀痕跡　28
　　1.　古墳築造直後の祭祀痕跡　28
　　2.　もう一つの墓前祭祀　29

第2章　古墳と古代氏族と仏教文化 …………………………………………………35

　第1節　南山城における横穴式石室の導入と展開　36
　　1.　山城地域の古墳時代首長系譜　36
　　2.　山城地域の後期古墳　37
　　3.　南山城の横穴式石室墳　39

　第2節　南山城における古墳と寺院造営氏族　41
　　1.　山背国の寺院造営　43
　　2.　寺院造営と周辺の古墳　48
　　3.　南山城の古代氏族と寺院　49

　第3節　仏教文化受容の痕跡　51
　　1.　推古天皇32年寺四十六所　51
　　2.　山背（代）国飛鳥期寺院の瓦　53

3. 山背（代）国における初期寺院造営　58

第4節　高句麗移民の痕跡　60

1. 高麗寺の概要と周辺の遺跡　61
2. 高麗寺跡の発掘調査　62
3. 高麗寺の沿革と諸堂塔の変遷　65

第3章　伽藍造営の伝播　73

第1節　7世紀の伽藍配置　74

1. 伽藍配置の分類　74
2. 7世紀代の様相　76
3. 南山城における寺院造営　78

第2節　南山城における伽藍造営の伝播　79

1. 川原寺式軒丸瓦伝播の定点　79
2. 伽藍造営の伝播　85
3. 顎面施文軒平瓦の様相　87

第3節　蟹満寺と丈六金銅仏の謎　90

1. 蟹満寺論争　90
2. 蟹満寺旧境内の伽藍構造と範囲　91
3. 蟹満寺出土瓦の概略　97
4. 発掘調査からみた蟹満寺の沿革　104

第4節　白鳳の山林寺院　山瀧寺　106

1. 軒瓦　107
2. 山瀧寺の沿革試論　112
3. 山瀧寺の課題　114

第4章　二つの都城と古代寺院　117

第1節　恭仁宮と京の実態　118

1. 恭仁京の様相　118
2. 恭仁京の外観　125
3. 大養徳と難波・紫香楽　128

第2節　恭仁宮大極殿施入前の山背国分寺　130

1. 恭仁宮（山背国分寺）跡の概要　131
2. 恭仁宮（山背国分寺）跡出土瓦の様相　133
3. 山背国の中核寺院と国衙　136
4. 一国の仏事を修するに足る寺院　138

第3節　山背における播磨国府系瓦出土の背景　140
　　1. 高麗寺跡出土軒瓦の様相（8世紀を中心として）　141
　　2. 山背の播磨国府系瓦　150

第4節　橘諸兄と井手寺の造営　153
　　1. 調査の概要　153
　　2. 検出遺構の概要　154
　　3. 井手寺の沿革　158

第5章　国家仏教の変質　159

第1節　日本霊異記と山寺　160
　　1. 山寺の諸相　160
　　2. 民衆と山寺　164

第2節　神仏習合の寺院　165
　　1. 遺構の概要　165
　　2. 神雄寺の沿革　168
　　3. 出土遺物の概要　169

第3節　南山城における平安初期古瓦の様相　172
　　1. 山背国分寺出土古瓦の様相　173
　　2. 山背国分寺系列軒瓦の展開　175

第4節　山背画師と高麗寺跡出土観世音菩薩像線刻平瓦　179
　　1. 高麗寺跡出土仏像線刻瓦　179
　　2. 仏像線刻瓦他遺跡出土例　181
　　3. 高麗寺跡出土仏像線刻瓦の年代　183

終章　考古学からみた「国家仏教」の本質　187

　　1. 仏教の受容とその主体　187
　　2. 伽藍造営の波及　188
　　3. 南山城と都城周辺の寺院　189
　　4. 「国家仏教」の変質　189

参考文献　191
図表出典一覧　201
初出一覧　203
あとがき　205

古代寺院造営の考古学

——南山城における仏教の受容と展開——

序章　　氏族仏教と国家仏教

1. いわゆる「国家仏教」とは

　日本列島における仏教の時代区分は、伝統的に飛鳥・奈良・平安・鎌倉という政治史の区分をそのまま援用して呼ばれる場合がある。そして、これはそのまま、氏族仏教・国家仏教・貴族仏教・民衆仏教という呼び方（仏教の主たる受容者を冠した意味付け）に対応して理解される。しかし、ここで言う「国家仏教」の定義は実に曖昧であり、一応、大化改新から平安新仏教の成立までを広い意味での「国家仏教」の時代と認識し、古代「国家」権力による仏教の保護と統制を基本的な要素として定義するようである。

　ところが、「日本仏教の特色の一は、その国家的なることである」（辻 1944）とする伝統的主張は、『日本書紀』欽明天皇13年壬申（552）10月条、百済の聖明王からわが国に仏教が伝えられたとする記事が、「国家」から「国家」へという「仏教公伝」を宣言し、あたかも、わが国の仏教がその伝来の当初から「国家仏教」として出発したとする前提に依拠している。なお、『元興寺伽藍縁起幷流記資材帳』や『上宮聖徳法王帝説』では、その年時を戊午年（538）とし、これは百済が都を熊津（公州）から泗沘（扶余）に遷した時期（百済本記第四　聖王16年）に象徴される東アジア情勢に対応する。いずれにせよ欽明朝の6世紀中頃までに、百済から仏教が「公」に伝えられたと考えるのである。しかし、『日本書紀』が「仏法之始自茲而作」と記述しているのは、敏達天皇13年（584）条の蘇我馬子の仏舎利信仰についてであり、翌14年には「大野丘の北塔」（『元興寺縁起』に記す「止由良佐岐の刹柱」）を建立しているが、いずれも天皇とは関係しない。まして、敏達天皇は『日本書紀』で「不信仏法」と評されているのである。そして、ついに「丁未の変」に勝利した蘇我馬子は、崇峻天皇元年（588）、飛鳥真神原の地で、列島初の本格的な七堂伽藍をもつ法興寺（飛鳥寺、元興寺）の建立に着手するのである。この飛鳥寺建立をもって「国家仏教成立の記念碑」（井上 1971）とする意見もあるが、大和朝廷の周辺で仏教受容を積極的に開始したのは、蘇我馬子であり、天皇国家の仏教受容とは言えない。天皇中心の仏教受容の主張がなされはじめるのは、皇極天皇4年（645）6月の反蘇我クーデターによって政権を掌握した大化新政権の成立からである。ここに、日本仏教の主導権は蘇我氏から皇室に移り、国家仏教への道が開かれたとするゆえんである。

　『日本書紀』大化元年（645）8月癸卯の条には、法興寺に使いを送り僧尼を集め、孝徳天皇の詔

として、「欽明朝以来の蘇我稲目・馬子による仏教の信奉は天皇の命によるものであったこと」「法興寺の銅・繡本尊は馬子が推古天皇のために造ったものであること」「馬子の仏教顕揚・恭敬僧尼を孝徳天皇が継承すること」を宣言している。そして、天皇家の大寺（百済大寺）から各地の豪族の氏寺まで、すべての寺院の経済援助を今後は天皇が行うこと、すなわち仏教興隆の主導権が完全に蘇我氏から天皇に帰したことを宣言しているのである。従来より、「国家仏教」とは、国家が公的に仏教を受容し、国家から国家へというかたちで伝わっていく、中国を中心とした冊封体制下の東アジア仏教圏共通の形態と理解される。しかし、大化改新で中大兄皇子がまず法興寺を占拠したのは、法興寺が「官寺」ではなく蘇我氏の「私寺」であったことを物語り（田村 1969）、改新の詔が記された『日本書紀』が編纂される頃には天皇国家の仏教受容が確立し、「仏教が最初から天皇によって受容されたとする記述の背景には、天皇による中央集権国家の成立とその修史という事態がある」（二葉 1962）のである。

したがって、一般に、この大化改新から平安仏教成立までの時代を広い意味で「国家仏教の時代」「奈良仏教の時代」といい、その前代を「氏族仏教の時代」「飛鳥仏教の時代」と呼ぶ。欽明朝の仏教伝来当時、日本の国内事情はいまだ中央集権体制をつくりあげる途上にあり、大化改新によって、「公伝仏教」本来の展開がはじまると考えるのである。

しかし、厳密に言えば、天皇が国家権力を背景として仏法統制と仏法興隆の主導権を名実ともに確立するのは、壬申の乱に勝利を収め（672 年）、「大君は神にしませば」とうたわれた天武天皇の時代になってからである。田村圓澄は、「国家仏教とは、律令国家の仏教の謂」であり、「国家仏教は律令国家の頂点に位置する天皇の公的な仏教受容に対応する」（田村 1969）とし、律令国家確立期の天武朝に国家仏教の成立を捉えた。つまり、「国家仏教」＝「律令国家仏教」と捉えるのである。

『大安寺伽藍縁起幷流記資材帳』天武天皇 2 年（673）、天皇は即位の年の暮れに造高市大寺司を任命し、高市大寺（大官大寺、後の大安寺）の造営に着手している。この寺は、父の舒明天皇が発願し母の皇極天皇がその造営を継承した百済大寺の後身であり、天武天皇によって飛鳥の地に移されることとなったのである。その後、『日本書紀』天武天皇 4 年（675）、大旱魃に際して天武天皇は諸国に使者を派遣して神々に雨を祈るとともに、僧尼を招いて祈雨の法会を設けた。また、諸国で『金光明経』や『仁王経』の護国経典を説かしめ、全国規模での仏教行事が行われている。

そして、天武天皇 14 年（685）3 月、「諸国、家ごとに仏舎を作りて、及ち仏像及び経をおきて礼拝供養せしむ」とする詔が発せられている。この「諸国の家」の解釈については、「国民の私宅」（家永 1947）や「地方豪族の氏寺」（秋山 1932）など諸説あるが、天武天皇 4 年 2 月に従来の諸寺への賜地を廃し、同 9 年（680）4 月には国の大寺二・三以外の諸寺は「官司治むるなかれ」として、諸寺の食封にも 30 年の期限を設けるなど一連の施策をみれば、これは大寺から氏寺までのすべての寺院の財政援助をうたった大化元年（645）8 月の詔の重大な変更であり、内実はどうあれ氏寺（私寺）建立の明らかな抑制である。「諸国の家」は私寺を指すのではなく「諸国の国衙あるいは評（郡）衙ごとに……」と解釈すべきであろう。ならば、「天武朝は仏教伝来以来の氏寺を基盤とする仏教を脱し、中央の大寺と国衙単位の地方仏教施設による全国官寺体制の仏教をめざし

た」（速水 1986）と考えるべきである。なお、角田文衛はこの「諸国の家」の解釈を整理し、後の「国分寺」の前身として「国府寺」の存在を想定している（角田 1996）。ならば、持統天皇8年（694）5月、藤原京に遷った天皇は、諸国に『金光明経』を送り置き、毎年正月に当国の官物を布施として読経することを命じている。これは、先の諸国仏舎造営を前提とした措置であろう。

仏法統制と仏法興隆の主導権を名実ともに確立した天武朝は、官寺制の整備により「中央集権的国家仏教」を志向したと考えられる。『日本書紀』天武天皇6年（677）8月、飛鳥寺に設斎した際、詔して親王諸王群卿に対し出家者一人を賜った。また、同9年（680）には皇后の病に対して「一百人」を度し、朱鳥元年（686）の天皇の病に際して「一百人」を出家させている。天皇は、祭祀や祈願の手段として、僧尼を欲するままに得度出家させることができるのである。律令制の完成期である天武・持統朝において、僧尼統制の法制的整備が進められ、大宝僧尼令・養老僧尼令へと整備・継承されていくが、「僧尼令」のめざすところは国家に奉仕する浄行者としての僧尼集団の形成と保全にあった。持統天皇10年（696）、恒例の『金光明経』講読に関し、毎年12月の晦日に浄行者10人の年分度者の出家得度が定められている。こうした「官僧」と呼ぶべき僧尼の身分は、得度・受戒の手続きを官が統制し、管理・証明することにより保証されるのである。律令国家は、僧侶・寺院の統制や保護育成を行うことで、いわゆる仏教の功徳も国家の安寧や秩序に合致させることを目標として、国家が仏教を独占する体制を確立するのである。

律令国家の仏教政策の根幹をなすものは、官僧集団の形成と官寺体制の整備にある。先述したようにその志向はすでに天武朝にあり、後に聖武朝の諸国国分寺体制の基本構想となるのである。しかし、官寺体制の頂点に立つ官大寺は、先にみたように天武天皇9年（680）4月に制度化されるものの、その内実は明らかでなく、翌月には京の内（飛鳥付近）の24の寺（氏寺）に布施を行い、天武天皇崩御に際してなされた無遮大會は5つの寺（大官・飛鳥・川原・小墾田豊浦・坂田）に設けている。大官大寺（高市大寺）や川原寺以外は、すべて蘇我氏を基盤とする前代創建の寺院なのである。大宝年間に至って、藤原京の四大寺として大官大寺、薬師寺、元興寺、弘福寺（川原寺）が固定化し、平城遷都（710年）にともない、霊亀～養老年間での大官大寺（大安寺）、薬師寺、元興寺、興福寺の移転と中央官大寺制の整備が進展する。なお、『日本書紀』推古天皇32年（624）では、すでに列島内の寺46所を数えたとしているが、これら寺の所在地はほぼ畿内に限定され、現在30箇所程度の候補地があげられている（帝塚山大学考古学研究所 2004）。『扶桑略記』によると持統天皇6年（692）、天下の諸寺は545ヶ寺に達し、推古32年から約70年で十倍以上に増加したことになる。7世紀後半代の天武・持統期（白鳳期）が、本格的な伽藍整備をともなう氏寺の造寺活動の大きなピークなのである。その波及は、陸奥国から肥後国の範囲に及び、当時の国家領域の大半をカバーする。

律令国家がめざす官寺体制の整備に逆行するかのような諸国の豪族による氏寺の増加に対し、『続日本紀』霊亀2年（716）5月、元正天皇はいわゆる「寺院併合令」（佐久間 1980）の詔を発した。これは、諸国の私寺を地域単位に整理統合し、律令政府の統制下に編入することで、護国仏教の一翼を構成させようとするものであろう。また、平城遷都後の8世紀の前半になると、ようやく仏教が民間に浸潤し新しい民衆仏教が芽生えはじめる。当然、律令政府は、民衆仏教に対して「僧

尼令」的立場から厳しい禁圧の態度をとることとなる。特に、霊亀3年（717）4月、同6年（722）7月の詔では、国家への奉仕とは別次元の功徳を説く行基集団や民間布教者への弾圧がなされる。しかし、天平期に入ると、養老7年（723）の「三世一身法」に刺激され土地開墾を進める有力豪族層に支えられた民間仏教の存在を、律令国家も否定できなくなってきたのであろう。結局、天平7年（735）6月の勅で「寺院併合令」は撤回され、かつて「小僧」と蔑称された行基についても、天平3年（731）8月の詔で「行基法師」に従う優婆塞・優婆夷の入道を許し、同13年（741）10月の恭仁京内の架橋完成に際してはその協力により705人の優婆塞の得度が許され、同17年（745）正月に行基は教界の最高位である大僧正となるのである。ここにきて、天武朝以来の律令国家仏教は大きく変質することとなる。

『続日本紀』天平13年（741）2月、律令国家がめざした「国家仏教」のひとつの到達点である諸国国分寺体制は、鎮護国家・王権擁護のための国分僧寺と国分尼寺からなる官立二寺建立の詔として、その理念と全体像が示された。なお、この聖武朝における国分寺建立の構想は、天平9年（737）3月の丈六釈迦三尊像と『大般若経』の造写が諸国に命じられたことにはじまり、同12年6月の七重塔建立と『法華経』書写、同年9月の観世音菩薩像と『観音経』の造写、恭仁京遷都後の同13年正月の釈迦丈六像造立の料として封三千戸の施入が諸国に命じられたこと等を前提としており、ついに、同年2月の『最勝王経』書写と金字『最勝王経』の七重塔内安置や、僧寺・尼寺の名称・寺領・僧尼の定数・願文の細目を定めることにより、諸国国分寺の構想はようやく具体化するのである。そして、ついに天平15年（743）10月、「天下の富を有つは朕なり。天下の勢を有つは朕なり。この富と勢とを以てこの尊き像を造らむ」として、聖武天皇は紫香楽宮で菩薩の大願を発し、盧舎那大仏の建立を宣言した。ところが、紫香楽での大仏建立を断念し失意のうちに平城に還都した天皇は、改めて大仏建立を継続した東大寺において、天平21年・天平感宝元年（749）4月、とうとう大仏に北面し、自らを「三宝の奴」と称しているのである。なお、『扶桑略記』では、孝謙天皇への譲位前のこの年正月に、聖武天皇は母の中宮宮子・光明皇后とともに行基により受戒し、すでに僧勝満となっている。

本来、天皇は民族宗教的神祇祭祀の最高司祭者であり、大化改新によって仏教という新たな宗教的権威も獲得するが、仏教の場合は僧尼という聖職者集団に法会を委ねなければならない。『日本書紀』が孝徳天皇を「仏法を尊び神道を軽りたまう」と評したのは、両者の均衡を保つことの困難さを示している。神道祭祀の大綱を定めた「神祇令」と僧尼を統制するための「僧尼令」は、ともに現人神である天皇の宗教的権威を構成し一元化するためのものであった。しかし、天平期後半の国家仏教がめざしたのは、天武朝以来の天皇の宗教的権威を背景としたものではなく、超国家的な「仏教国家」の建設にむかっていた（速水 1986）。その背景としては、天災による飢饉と疫病の流行、新羅との対外的緊張、支配層内部での対立抗争や反乱、そして聖武天皇や光明皇后といった君主の人格など、様々な要素が考えられるが、民間への仏教の普及の意義は大きい。大仏建立は、人民を知識とする国家的規模の「知識結」により実現するのである。そして、民間への仏教の普及は、在来の神祇信仰の変質と仏教の融合を促し、神は「護法善神」あるいは「神身離脱」して仏法に帰依することで、「神仏習合」していく。

『続日本紀』天平勝宝元年（749）12月、7月に即位したばかりの孝謙天皇は、聖武太上天皇、光明皇太后とともに東大寺へ行幸し、「神我れ天神地祇を率い、いざないて必ず（大仏を）成し奉らん」と託宣して上京した宇佐八幡神をむかえている。また、天平宝字8年（764）10月、淳仁天皇を廃した称徳天皇は、出家した天皇（法基尼）として重祚し、天平神護元年（765）11月の大嘗祭の折の詔で、自らを第一に「三宝に供奉り」次には「天社・国社の神等をもゐやびまつり」とし、「神等をば三宝より離けて触れぬ物そとなも人の念ひて在る。然れども経を見まつれば仏の御法を護りまつり尊びまつるは諸の神たちにいましけり」として、自らと神を仏に従属させている。仏教国家への道は、僧侶の政治介入と造寺等国費の浪費が重なり、最終的には法王道鏡の出現によって比較的短期間で破綻した。

ところで、「国華」とも称せられた国分寺の造営は、決して順調に進捗したわけではない。『続日本紀』天平19年（747）、天平勝宝8歳（756）には造営の督促令が出され、ようやく聖武太上天皇崩御を画期として造営は急速に進展する（川尻 2013）。ここで造営の主体となったのは、天平15年（743）の墾田永年私財法の下で大土地所有をめざす郡司ら地方豪族層であり、彼らに支えられた民間仏教のエネルギーを国家仏教に取り込むことではじめて可能となるのである。天武朝が志向し霊亀2年（716）の「寺院併合令」がめざした官僧集団の形成と官寺体制の整備は、本来対立すべき氏寺（私寺）の造営主体である地方豪族層の協力により進展した。律令国家がめざした国家仏教のひとつの到達点である諸国国分寺体制は、旧寺転用・新造を問わず地方豪族に支えられ、後に国分寺が衰退・焼失した場合、定額寺や有力私寺をもってこれにかえることが一般化する。国分寺における国家仏教は、その願文の内容からして天皇家と支配者層の祖霊追善と五穀豊穣にあり、氏族仏教との共通性が高い。これは、地域共同体の氏寺で行われる内容を国分寺というかたちに置き換えたにすぎないのである。そして、国分二寺の僧尼は、神祇や祖霊に鎮護国家の助力を祈念する官僧集団を形成する。

『続日本紀』宝亀元年（770）8月、「神祇の護るところ、社稷の祐くるところ」により道鏡一派が追放されると、光仁・桓武朝では次の平安新仏教へとつながる新たな仏教政策を開始する。財政健全化策としては、延暦元年（782）に造法華寺司を、同8年（789）には聖武朝以来の国家仏教興隆の象徴であった造東大寺司を廃し、同2年には私寺の新設や既存寺院への田宅園地施入を禁じるなど、厳しい統制を行う。基本的には「僧尼令」的秩序への回帰を進め、清浄な僧尼・教団の育成のための統制を強化するが、そこで理想とされるのは、本来の「僧尼令」的とは言いがたい行基のような山林修行者的・実践的な浄行禅師なのである。ここに最澄・空海の登場を促した背景があった。律令国家の頂点に位置する天皇の宗教的権威の一部を構成することにより成立する「国家仏教」は、護国仏教を実践する平安の実践仏教の登場により終焉をむかえた。ここに至って、仏教は、天皇の宗教的権威からようやく独立し、仏法と王法は分立するのである。

2. 問題点の所在

以上、いわゆる「国家仏教」の視点から飛鳥・奈良時代の日本仏教史を概観した。大化改新から

平安新仏教の成立までが広い意味での「国家仏教」の時代とされてきたが、その始点を律令国家体制の成立に求めるならば、狭義の「国家仏教」の時代は天武朝以後の奈良時代に限定され、「奈良仏教」と同義となる。さらに、律令国家体制の頂点にある天皇の宗教的権威を構成する神祇と仏教の一元化が揺らぎ変質した天平期以後を除くと、真の意味での「国家仏教」の時代は、天武朝以後の奈良時代前期（霊亀・養老年間）までに限定されるのかもしれない。逆に、「国家」というものをより幅広く捉え、蘇我氏が天皇の外戚として当代ならぶもののない政治的地位を確立し、法興寺において仏教の保護統制という国家的な役割をになったと評価すれば、推古朝まで「国家仏教」の形成を遡らせることは可能である（薗田 1976）。法興寺は蘇我氏の氏寺ではあっても、天武・持統朝でさえ官大寺として特別な存在であった。さらに、原初的ではあるが「国家」から「国家」へとするいわゆる「公伝」のあり方を、天皇国家の仏教受容の如何に関係なく考えるならば、欽明朝の公伝に「国家仏教」の起点を置くこともあながち無理とは言えないのである。しかし、「氏姓制度国家」→「律令国家」への図式を前提として、先験的・無批判的に「はじめに国家仏教ありき」として出発することはできない。たとえそれが、列島の古代仏教の「国家的」一側面をなしているとしてもである。

　また、先述したように、中央集権的律令国家体制を確立した天武朝は、中央の大寺と地方の仏教施設による全国官寺体制を志向して氏寺（私寺）を抑制するが、天武・持統朝（白鳳期）は、氏寺の造営が全国に爆発的に波及する時期である。奈良時代前期（霊亀・養老年間）には、「寺院併合令」により氏寺の整理統合政策を推進するが、官僧集団の形成と官寺体制の整備が行われた国分寺造営事業の最終的な推進者は、三世一身法、墾田永年私財法の下で力をつけた郡司ら地方豪族層であり、彼らこそ列島各地の氏寺（私寺）の造営主体者なのである。従来となえられてきた「氏族仏教」から「国家仏教」へとする段階的図式（田村 1969）は、ここに大きな矛盾をはらんでいるようにみえる。田村圓澄の説く「氏族仏教」とは、寺院が各地の豪族層により「私的」に造営され、天皇が主導的に仏事を運営しない天智朝までの段階であり、「国家仏教」とは、国営の大寺を頂点として天皇自身が仏事に関与し、護国経典による国をあげた「公的」な寺院運営がなされる天武・持統朝以後の段階とした。しかし、天皇の仏教に対する受容度の段階に応じて、「氏族仏教」→「宮廷仏教」→「国家仏教」とする図式も、公的な「国家仏教」の成立期と私的な「氏寺」の隆盛期が重なるという状況において、実態を反映したものとは言いがたい。たとえそれが、古代仏教の畿内中枢部でのあり方と「地方寺院」の様相との相違であったとしても、この違和感はぬぐえないのである。

　ならば、列島古代における仏教文化の受容と展開の実相とは、いかなるものであったのか。本書では、考古学的研究手法により、現在の京都府南部地域の「南山城」における仏教遺跡を対象として、この地域での仏教文化の受容と伝播の過程を追うことにより、その実相に迫りたい。当該地域は、地理的には、仏教の伝来当時、後の畿内縁辺部に属しており、畿内中枢部の仏教文化圏とも、より遠隔地の文化圏とも異なる中間領域をなす。畿内中枢部から遠からず近からずの位置に成立した仏教文化は、従来の「国家仏教」と「氏族仏教」を公・私の二者択一で説明することができない特性をもっており、曖昧な中間領域としての利点を保持している。ここでは、古代寺院にあらわれ

た「公的側面」と「私的側面」に着目し、その普遍性と特異性の実態を論述する。

3. 南山城における仏教文化の概要

　京都市以南の旧山城国は、ほぼ宇治川〜淀川を境として、北半を北山城、南半を南山城と呼ぶ。したがって、南山城の範囲は、旧巨椋池以南の木津川流域を指すものとすることができる。しかも、どうやら律令制以前にヤマシロと呼ばれた地域は、この南山城の地であった。このことは、『日本書紀』神功皇后摂政元年3月5日条に、忍熊王を撃とうと進軍した武内宿禰の記事で、宇治川北岸の菟道の地と山背の地を区別していることや、『古事記』仁徳天皇条、『日本書紀』仁徳天皇30年9月11日条で、現在の木津川をヤマシロ川と呼んでいることからもわかる。山城国は、はじめ「山代国」と記されていたが、大宝令の制定（701年）とともに「山背国」と表記が変わり、延暦13年（794）の平安遷都によって「山城国」と改まる。10世紀前半に完成した『延喜式』や『和名類聚抄』では、山城国に乙訓・葛野・愛宕・紀伊・宇治・久世・綴喜・相楽の八郡の存在が記されているが、これらの郡域はすでに8世紀初頭には成立していたものと考えられ、このうち久世・綴喜・相楽の三郡が南山城に含まれる。

　南山城の仏教遺跡を考える場合、仏教文化の導入期にあってその地理的環境と渡来人の存在は大きな意義をもつ。時の中央政権が所在する大和国と地方をつなぐ大動脈である大和川と木津川にあって、奈良山に接する木津川の屈曲部はまさに北の玄関口であり、南山城の地は人と文化が行き交う重要地点である。にもかかわらず、『記紀』には武埴安彦に代表されるこの地での反乱伝承が頻出する。3世紀末、三十数面の三角縁神獣鏡が出土した椿井大塚山古墳（京都府木津川市山城町椿井）の出現以後、5世紀代には強大な地方勢力は久津川古墳群（京都府城陽市平川車塚他）に引き継がれるが、その勢力が衰退した6世紀代には、古墳でみる限りこの地域での大きな勢力は存在しない。7世紀初頭の仏教文化導入期、南山城は既存の中小勢力と「今来」の渡来人が混在する地域であった。そのようななか、この地で蘇我氏との強固な結びつきをもって、高麗寺が造営されるのである。その背景となっているのは、強力な地域支配勢力による新たな祖先崇拝のシステム導入としての寺院造営ではなく、新たな理念としての仏教文化の受容に適した渡来人としての役割と中央政権の強い意思によるものと考えられる。

　日本列島における仏教文化の導入期、旧来の豪族たちの伝統的な富と力を基盤とした「氏姓制度」による秩序は、結果的に東アジア全体の共通秩序である「律令制」導入へと大きく動き出す。交通の要衝である南山城における飛鳥白鳳期の寺院造営の伝播は、常に高麗寺（京都府木津川市山城町上狛）を出発点とする。飛鳥寺（奈良県高市郡明日香村飛鳥）や川原寺（同　川原）と大津宮周辺寺院（滋賀県大津市）との軒瓦の同笵関係は、時の中央政権の強い関与を示しており、この状況は平城京・恭仁京・国分寺の造営とも連動する。南山城における中核寺院の存在は、一貫してその官的要素の強さを示しており、氏族の枠を超えた寺院ネットワークを当初の段階からすでに備えていたようである。このことは、わが国の仏教文化受容の特色として説かれることの多い「氏族仏教から国家仏教へ」とする図式が、この南山城ではきわめて早い段階で成立していた可能性を示してい

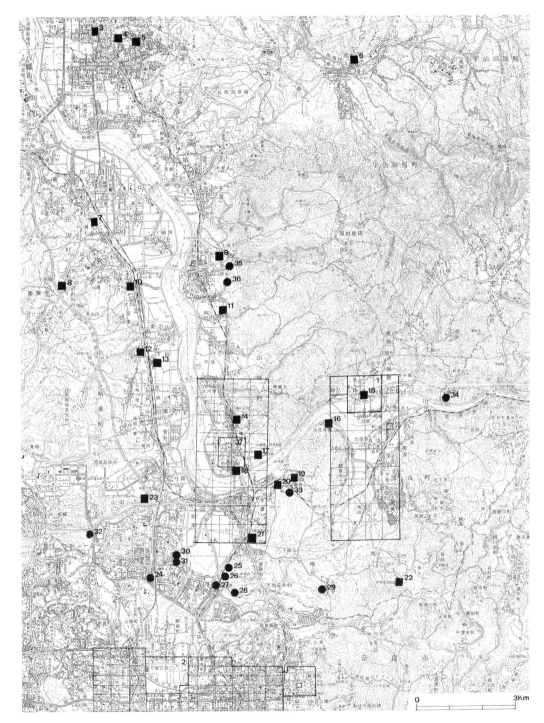

1：恭仁宮跡　2：平城宮跡　3：平川廃寺　4：久世廃寺　5：正道廃寺　6：山瀧寺跡　7：興戸廃寺　8：普賢寺
9：井手寺跡　10：三山木廃寺　11：蟹満寺　12：下狛廃寺　13：里廃寺　14：松尾寺　15：山背国分寺跡
16：法華寺野遺跡　17：高麗寺跡　18：泉橋寺　19：鹿山寺跡　20：燈籠寺廃寺　21：神雄寺跡　22：釈迦寺跡
23：樋ノ口遺跡　24：山陵瓦窯跡　25：上人ヶ平遺跡　26：御陵池東瓦窯跡　27：歌姫瓦窯跡　28：瀬後谷瓦窯跡
29：梅谷瓦窯跡　30：音如ヶ谷瓦窯跡　31：歌姫西瓦窯跡　32：乾谷瓦窯跡　33：鹿背山瓦窯跡　34：銭司遺跡
35：石橋瓦窯跡　36：岡田池瓦窯跡　37：山背国衙？

第1図　南山城の遺跡位置図

る。あるいは、この図式そのものが存在しないのかもしれない。氏寺としての性格が希薄であることは、この地域の古代寺院における大きな特色とすることが可能である。高麗寺、蟹満寺（京都府木津川市山城町綺田）、平川廃寺（同城陽市平川）の様相には、注目すべきものが特に多い。

　奈良時代、諸国国分寺体制が成立すると、南山城の寺院ネットワークにも変化が生じる。国単位での仏教統制の体制が国分寺を中心として成立し、中央政権の強い意思を背景とした中核寺院や官立寺院と中小の在地寺院との二極化が進行するものの、中央政権の意思を介した山背国衙の影響が大きくなるようである。そして、この影響は、神仏習合と相まって山間部に立地する境界の寺に広がる新たな寺院ネットワークを形成していくのである。このことは、従前からの飛鳥白鳳創建寺院の変質を促し、新たに創建された寺院との結びつきを生じさせた。特に、特別な験力を得るため、あるいは特別な儀礼（法会）を必要とする聖地（境界、湧水、岩座等）に開かれた寺院には、すでに新たな時代の仏教への期待が感じられる。国家仏教の完成を示す山背国分寺（京都府木津川市加茂町例幣ほか）や井手寺（同　綴喜郡井手町井手）に対し、笠置寺（同　相楽郡笠置町笠置ほか）、普賢寺（同　京田辺市普賢寺）、神雄寺（馬場南遺跡）（同　木津川市木津）の存在意義は大きい。特に、神雄寺においては、日常的な湧水（聖水）の祀りとともに、特別な儀礼（大規模な燃燈供養、歌会（仏前唱歌）、舞楽等）の様相が明らかとなり、仏堂からは多量の塑像片が出土している。古代寺院における法会の実態を知る貴重な遺例である（中島　2010c）。

　また、奈良山丘陵一帯には、平城宮・京や京内の大寺造営のために多くの瓦窯が構築された。木津川市内には大規模な瓦製作工房（上人ヶ平遺跡）をもつ市坂瓦窯跡や五陵池東瓦窯跡・瀬後谷瓦窯跡（以上、市坂）・梅谷瓦窯跡（梅谷）・音如ヶ谷瓦窯跡（相楽）・鹿背山瓦窯跡（鹿背山）が営まれ、奈良市には歌姫瓦窯跡・歌姫西瓦窯跡（以上、歌姫町）・山陵瓦窯跡（山陵町）・押熊瓦窯跡（押熊町）・中山瓦窯跡（中山町）が、相楽郡精華町には乾谷瓦窯跡（乾谷）・得所瓦窯跡（柘榴）がある。奈良時代、奈良山丘陵に集中的な官窯体制が完成したのである。奈良山以外では、玉川北岸の井手町石橋瓦窯跡（石橋）や南側の岡田池瓦窯跡（岡田）もこの時期の瓦窯である。

　平安時代になると、都が北山城に移転し南山城の政治的重要性は低下する。それにともない、この地域の奈良時代以前創建寺院は衰退していく。かわって、奈良の地に残った東大寺・興福寺・春日大社の庇護のもと、山間部に新たな寺院が勃興する。木津川市加茂町には岩船寺・随願寺（以上、東小）・浄瑠璃寺（西小）・海住山寺（東）、相楽郡和束町に金胎寺（原山）が創建され、笠置町の笠置寺や京田辺市の神奈備寺（薪）が復興する。高麗寺や蟹満寺近傍でも、東方の山中に東大寺三論宗の別所・光明山寺（木津川市山城町綺田）が栄え、修験道の霊地として神童寺が経営された（同神童子）。

　南山城における古代寺院の普遍性と特異性は、仏教文化導入の初期にあってはその先取性にある。そこには、交通の要衝としての木津川の存在と、渡来人を介した地域勢力のモザイク状構造があった。しかし、その先取性は中央政権の強力な意思のもと、氏族仏教のなかにある官的要素を当初から予感させるものであった。このことは、諸国国分寺体制の成立にあっても、国衙の管理体制へのスムーズな順応を可能としたのである。

第1章　椿井大塚山古墳と歴史認識

　欽明朝のいわゆる仏教公伝以前、日本列島にはすでに仏教が「私伝」というかたちで伝えられている。『扶桑略記』には、継体天皇16年壬寅（522）に渡来した司馬達止（等）が大和国高市郡坂田原に草堂を結び、仏像（大唐の神）を礼拝供養したとする『坂田寺縁起』を引用している。この年時には異説もあるが、司馬達止のような渡来系氏族のあいだでは道教的な思想や仏教も信仰されていたことであろう。また、『日本霊異記』上巻「三宝を信敬しまつりて現報を得る縁　第五」には、敏達朝に排仏派の物部守屋が「今、国家に災いを起すは隣国の客神の像をおのが国の内に置くによる。……すみやかに豊国に棄て流せ」として、難波の堀江に仏像を流す描写がある。さらに、『日本書紀』用明天皇2年（587）では、病床の天皇のもとに「豊国法師」が招かれている。この豊国が九州の豊国（豊前・豊後）であるならば、当時、仏教が大和への「公伝」とは別に、九州に根付いていた可能性があるのである。

　考古学的には、列島最古の本格的寺院である飛鳥寺造営のため、百済から寺院建築資材としての瓦の製作技法が導入されるが、ほぼ同時期の6世紀末の時期の瓦が北部九州で出土している。現段階では寺院での使用を裏付ける根拠はないが、注目される。福岡県大野城市・春日市・太宰府市にまたがる牛頸窯跡群のうち、神ノ前2号窯跡（太宰府町教育委員会 1979）や月ノ浦1号窯跡（大野城市教育委員会 1993）から出土した瓦は、飛鳥寺出土例とはまったく別系統の製品で、『日本書紀』宣化天皇元年（536）条にみる「那津官家」に比定される那珂遺跡からも出土する（福岡市教育委員会 1994）。また、大分県中津市の伊藤田窯跡群内の踊ヶ迫1号窯跡で生産された瓦は、福岡県築上郡新吉富村の中桑野遺跡に供給されたようである（村上・吉田・宮本 1987）。これらの遺跡は、後の律令期に筑前・豊前となる地域であり、前記の豊国伝説を考えるとき、実に示唆的である。

　このような仏教の公伝・私伝とは別に、仏像表現を施した器物はすでに初期の古墳からも出土する。中国で仏教の普及が本格的にはじまる三国時代から西晋代には、鏡背に仏像表現がある例があり、特別に仏像夔鳳鏡、画文帯仏獣鏡、三角縁仏獣鏡と呼ばれる。このうち、画文帯仏獣鏡、三角縁仏獣鏡は日本列島内での出土に限られており、現在までに20面近くが確認され、多くの同笵・踏み返し鏡が存在するという（川西 1991）。こうして、4・5世紀には舶載鏡を介して素朴な仏教の流伝がはじまるのである。このことをもって、仏教という独自の宗教を当時の倭人たちが理解したかは疑わしいが、仏（神）に対して神聖な対象として意識したことは否定できない。

　本章では、南山城の仏教文化を論じるにあたり、まず、その前史となる古墳時代の様相を椿井大塚山古墳を通して概観する。この古墳から出土した三角縁獣文帯二神二獣鏡は、連珠の頭光を備え

第2図　椿井大塚山古墳出土銅鏡　天・王・日・月獣文帯二神二獣鏡
　　　　右：細部の神像表現（山城町 1990）

た仏坐像を神像とともに配した仏獣鏡（山城町教育委員会 1998）なのである。しかし、このことをもって仏教の受容と位置づけることはできない。「邪馬台国を盟主とする倭国の時代」から「ヤマト王権の時代」への変革期に登場した椿井大塚山古墳では、王権の近くで重要な役割を演じた人物としての被葬者像が考えられる。しかも、『記紀』には、初代のヤマト王権に拮抗しその権威を簒奪しようと企てた勢力がこの南山城に伝承され、箸墓古墳や柳本行燈山古墳などの王陵と結びつくことが伝えられている。ここで、この南山城を舞台とする伝承の出発点として注意すべきは、椿井大塚山古墳での「もう一つの墓前祭祀」がなされた5世紀後半という時代なのである。明らかに、継続的な墓前祭祀を必要としない椿井大塚山古墳の築造時とは異なり、「王統譜」のような歴史認識（伝承）を必要とする新たな時代の幕開けである。飛鳥時代から奈良時代の仏教信仰の主流が「祖霊追善」であったことは、よく説かれることであるが、寺院における「祖霊追善」の行事を代表するのが「盂蘭盆会」である。まさに後期古墳における「墓前祭祀」と共通するのである。

　『日本書紀』推古天皇2年（594）2月丙寅朔条に「皇太子及び大臣に詔して、三寶を興し隆えしむ。是の時に、諸臣連等、各君親の恩の為に、競ひて佛舎を造る。即ち是れを寺と謂う」として、「三宝興隆詔」が発せられる。「君」すなわち君主と「親」すなわち父母および祖先に対する「恩」に報いるために「寺」を作る行為は、『盂蘭盆経』に説くところの「七世父母報恩」の祖先信仰と族長層の祖先崇拝の結びつきを前提としているのである。「三宝興隆詔」は、祖霊供養と倭王への報恩を不即不離の関係として結びつけており、飛鳥仏教の国家仏教的側面を示していると言えよう。歴史認識の成立と祖霊供養の観念は、仏教受容の前提となるのである。

　椿井大塚山古墳での「もう一つの墓前祭祀」がなされた5世紀後半の時期、南山城において古墳主体部として横穴式石室が導入される。しかも、「王統譜」のような歴史認識（伝承）を必要としたこの時期、おそらくは偉大なる特別な祖霊として椿井大塚山古墳を選択し、祖霊として崇拝した勢力が存在したのである。南山城における仏教文化の受容を論じるにあたり、椿井大塚山古墳からはじめねばならない理由はここにある。この地で新たな墓制としての横穴式石室を導入した勢力

は、椿井大塚山古墳に何を観念し、歴史認識を成立させたのであろうか。本章では、仏教文化受容の背景として、椿井大塚山古墳から論を進めることとする。

第1節　椿井大塚山古墳と三角縁神獣鏡

　京都府南部の南山城における本格的な古墳の造営は、木津川市の椿井大塚山古墳（前方後円墳、全長175 m）（山城町教育委員会 1998・1999）をもって開始される。続いて近傍には前期中葉の平尾城山古墳（前方後円墳、全長110 m）（近藤編 1990）や椿井天上山古墳（山城町教育委員会 2000c・2001c）が築かれ、前期後葉には北河原稲荷山古墳（円墳、直径30 m）（岩井 1905）や木津川対岸の相楽郡精華町鞍岡山3号墳（円墳、直径40 m）（精華町 1989）は前期末葉に造営された。かわって、中期になると木津川南岸の木津川市木津の内田山古墳群（木津町 1984）、市坂の上人ヶ平古墳群（（財）京都府埋蔵文化財調査研究センター 1991）、吐師七つ塚古墳群（木津町 1984）が営まれるが、すでにかつての勢いはない。この時期の南山城地域の覇権は、城陽市の久津川古墳群の被葬者が握ったものと思われる（龍谷大学文学部考古学資料室 1972）。

　椿井大塚山古墳は、かつて律令制以前にヤマシロと呼ばれた現在の南山城地域の南端に位置し、平野を貫流する木津川東岸の丘陵端部にその偉容をとどめる。墳頂からは木津川を透して平城山の低丘陵を間近に眺めることができ、まさにその位置は大和への北の玄関口に相当する。

　昭和28年（1953）、この古墳を寸断する現在のJR奈良線の法面拡幅工事が実施され、同一墓壙内と考えられる竪穴式石室や礫床？から、三角縁神獣鏡三十数面を含む40面近い銅鏡や夥しい量の副葬品が発見されたことは、考古学史上の事件としてあまりにも有名である（山城町教育委員会 1998）。副葬品等出土状況の詳細は工事中の発見のため伝聞にとどまるが、その様相はまさに奈良県天理市の黒塚古墳（前方後円墳、全長130 m）（奈良県立橿原考古学研究所編 1999）を彷彿とさせるものであっただろう。しかも、当時、椿井大塚山古墳の三角縁神獣鏡、特に各地の古墳に分有される同笵鏡の存在に注目した小林行雄は、そこに古代史上の意義をみいだし、古墳の発生と古墳時代の成立について論究した（小林 1955）。この小林理論が、その後の古墳時代研究を飛躍的に前進させたことは、いまさら言うまでもないことである。

1. 椿井大塚山古墳の築造過程

　墳丘は、かつていわゆる「丘尾切断型」の典型とされてきた（山城町教育委員会 1998）が、木津川が形成した上下二段の段丘面にそれぞれくびれ部の段丘崖を境として後円部と前方部を造り分け（山城町教育委員会 1999）、ほぼ東西方向に主軸をもつ墳丘の両側を深い谷が開析している。なお、墳丘背後の谷筋には、南北に活断層（玉水断層）が走っており、前期古墳の立地として注目される。

第3図　椿井大塚山古墳全景（山城町教育委員会 1999）

第1章　椿井大塚山古墳と歴史認識　17

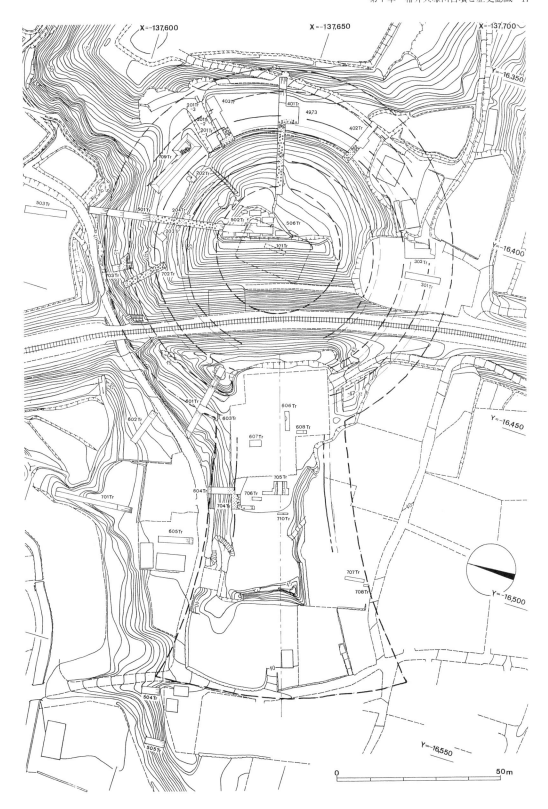

第4図　椿井大塚山古墳墳丘測量図（山城町教育委員会 1999）

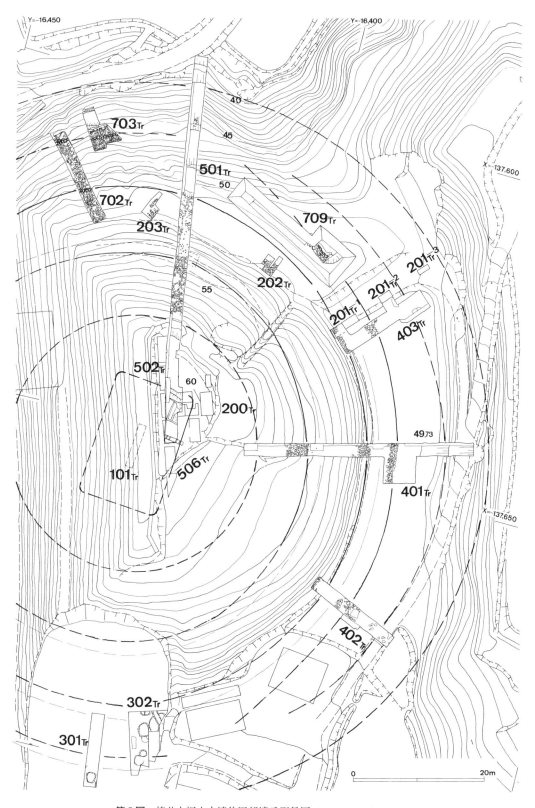

第5図　椿井大塚山古墳後円部墳丘測量図（山城町教育委員会 1999）

古墳の形状は、墳丘北側と西側の道路にその裾のラインを明瞭にとどめ、前方部の墳端が湾曲し撥形に開く特徴を示している。発掘調査（山城町教育委員会 1999）では、後円部四段（東側三段）、前方部二段の段築構造がほぼ明らかとなったが、墳丘の裾は後円部東側以外では確認できていない。現状での規模は、全長約175m、後円部直径約110m、前方部長約80m、前方部墳端幅約76mとなり、高さは後円部約20m、前方部約10m程度であったと考えられる。なお、後円部が正円とはならず、墳端で大きく縮小される点については、低い東側最下段裾のラインは北側へいくにしたがって徐々に広がり、階段状に高度を下げながら下から二段目葺石斜面裾のラインに接続する。また、この調査では、二段目テラス下に厚さ約1mの盛土が存在することを確認しており、最下段が岩盤の削り出しだけではなく、盛土による整形も行われていたことを確認した。前方部においては、墳頂平坦面で墳丘の中軸線に沿って延びる幅約2mの黄褐色粘土によるベルト状の盛土を確認した。この盛土は延長10m分を検出しており、前方部中央を墳端まで貫くと予想される。この盛土の性格については、中軸線そのものを明示している可能性が高く、前方部の築造工事が設計図上の中軸線に基づく正確な施工であったことを暗示している。だとすると、後円部の墳端が縮小された状況は地形に制約された施工上の省略とすることができよう。

　よって、発掘調査により得られたデータから当初の墳丘設計図を復元すると、後円部の設計図上の墳端は東側の崖上端付近となり、全長190m程度の規模を想定することができる。このことは、椿井大塚山古墳が奈良県桜井市の箸墓古墳（全長約280m）の相似形とする説を裏付けるもので、共通する設計図の存在を示唆している（京都大学考古学研究室 1989）。

　椿井大塚山古墳の築造時期については、前方部北側のテラス面で出土した土器資料で考えることができる。これらの土器は、墳丘築造後ほどなくして前方部での祭祀に使用された可能性が高く、いわゆる庄内式期から布留式期にかけてのものである。器種としては、高坏・器台・壺のほかに甕の破片が含まれる。なお、これらの土器は、箸墓古墳周濠内から出土した墳丘築造時のもの（奈良県立橿原考古学研究所編 1997）とほぼ同時期と考えられ、墳丘の築造規格のみならず、築造時期においても箸墓古墳との関連が注目されるのである。発掘調査の結果、椿井大塚山古墳が定形化した初期の大型前方後円墳であることを改めて確認することができた。ここでは、この古墳がどのように築造されたか、その過程を復元してみたい。

　椿井大塚山古墳については、かつて、自然地形としての尾根の形状をうまく利用して墳丘を整形した、いわゆる丘尾切断形の典型とみなされてきた。しかし、墳丘の断割り調査の結果、後円部の上二段分のほとんどが盛土であり、後円部墳端の切り通し風の地形も、もともとの段丘崖に沿った南北方向の谷地形であることがわかっている。したがって、後円部上二段分の基盤の高さは、標高約50mの平坦な段丘面であり、その上に約10m分の盛土が施されたことになる。前方部については、墳頂の断割り調査で、標高約42m付近に基盤としての段丘面が存在することを確認しており、ほぼ上一段分を盛土とすることができよう。

　したがって、墳丘の築造作業は、まず、この二面の基盤に後円部の中心と前方部の中軸ラインを設定することから開始されたものと考えられる。当然、この円の中心と基軸の設定により、設計図に基づく墳丘裾のラインが決定する。

後円部北側においては、下から二段目葺石斜面直下で段丘の礫層や大阪層群の粘土層が、一段目で花崗岩の岩盤が露出し、また、この段で葺石斜面裾のラインに沿った岩盤の削り出しと一部に盛土を確認している。前方部においては、北側の一段目斜面で段丘の砂層が露出し、南側裾付近では墳丘の盛土がなされていた。これらのことから、後円部の下二段と前方部の一段目が、地山の削り出しと盛土によって整形された様子をみることができるのである。

　後円部上二段の盛土の状況については、主に花崗岩の真砂土（山砂）が使用されており、段築の裾に沿ったドーナツ状の堤から内部に土砂を流し込むようにして築いたものと考えられる。上一段目の裾の直径約76m、最上段裾で約56m、墳頂平坦面で約37mとなり、26度程度の傾斜角をもって約5mの段を重ねている。

　なお、後円部中央南北方向に設置された竪穴式石室は、内法寸法で長さ6.9m、幅1.1m、高さ約3mを測り、石室を構築するための墓壙は、上面で長さ約21m、幅約13m、深さ約5mに達する。ここで注目すべきは、竪穴式石室の基底面の高さである。この高さは、墳丘最上段裾の高さに相当し、墓壙の構築が、あたかも最上段盛土の開始段階ですでに準備されていたかの様相を呈している。ならば、この古墳の竪穴式石室が他と比べて異常に高い特徴も、この築造過程を復元することにより頷けるのである。

　したがって、後円部の中心点に設置される竪穴式石室の位置は、最上段の構築と同時に定められ、周囲から投入される土砂により現出された擂り鉢を整形することによって、墓壙ができ上がる状況を復元することができる。墳頂部での調査では、墓壙斜面に沿って人頭大の粘土ブロックを重ねた箇所を確認しており、土嚢積みによる墓壙斜面の構築が行われた可能性がある。

　墓壙内部の調査では、墳頂表土下約1.6mでベンガラを塗布した面を検出しており、この面が予想される石室天井石の被覆面の深さに相当することから、遺体埋納後、墓壙を埋め戻すまでの間に、何らかの祭りが行われたことがわかる。

　前方部においては、盛土の状況が後円部とは異なり、縄文時代後期から弥生時代にかけての土器を多量に含む腐食土が多用される。この状況は、盛土土砂の採取場所が明らかに後円部とは異なることを示しており、これが、後円部と前方部の構築時期の差もしくは作業区分の別を反映しているものと考えられる。

　盛土の仕方は、前方部中軸線と考えられる黄褐色粘土によるベルト下から基盤面にかけて山砂による水平堆積であるのに対して、その外側は外向きの下方傾斜をもち、後円部とは明らかに異なる様相をもつ。ただ、中軸線下の盛土が他と異なる点は、明らかに中軸線を意識した盛土作業が行われたことを示している。

　葺石を積む作業については、盛土の斜面を保護する意味でも、盛土作業と並行して行われたものと考えられる。その場合の作業通路としては、幅約2mのテラスが活用されたことであろう。葺石斜面には、縦・横方向に方形の升目状の石のならびをみることができ、作業単位の痕跡をとどめている。盛土の技術だけではなく、裏込めを用いた葺石の技術やあくまでも石の荷重を垂直方向にうけるための墳丘裾の階段状処理など、前代とは隔絶した最新技術が結集されている。石室の埋設が完了し盛大な祭りが行われたとき、後円部墳頂平坦面の裾には、大型の二重口縁壺を樹立してい

た。これら壺の破片は、最上段の葺石斜面からテラスにかけて多く出土しており、その置かれ方を復元することができる。また、後円部墳頂だけではなく、前方部のテラスでも小規模な祭祀が行われている。

発掘調査の結果から、椿井大塚山古墳の築造過程の復元を行った。定形化した大型前方後円墳の初源期において、しかも、三角縁神獣鏡大量埋納の古墳として、その築造技術・築造過程の復元は重要と考える。

2. 椿井大塚山古墳の副葬品

長大な竪穴式石室内外から出土した副葬品の様相は、この古墳の性格を考えるにおいて顕著な傾向を示しており、総数400点にも及ぶその内容は豊富である。注目される多量の鏡は、後漢から魏代に属する内向花文鏡2面、画文帯神獣鏡1面、方格規矩鏡1面と33面もの三角縁神獣鏡（京都大学保管資料32面、京都教育大学保管資料1面、他に京都府立山城郷土資料館保管資料は京都教育大学保管資料と接合できることが確認されている）の合計37面まで現在確認されている（山城町教育委員会 1998）。さらに、こまかな破片が残り、また発見当時回収しきれなかった鏡もあったことが予想されるため、その数は40面近くあったと考えられる。他には、小札革綴冑や甲などの武具、20本前後の刀剣類や約200点もの鉄鏃などの武器、多種多量の農工漁具が含まれ、鏡のみならず、まさに鉄のすべての品目の所有者・管掌者としての古墳の被葬者像を表している。

石室内の状況については、工事中の発見であったため、多くの遺物が工事関係者の手により持ち出され、配置等その詳細は不明である。今日、黒塚古墳の調査成果が椿井大塚山古墳の石室内の様相を彷彿とさせ、ようやく椿井大塚山古墳の石室内の状況が復元されつつある。ここで注目すべきは鏡の副葬の仕方である。石槨の輪郭に沿って棺外に立てならべられたのは三角縁神獣鏡と方格規矩鏡の二種となり、画文帯神獣鏡のみが棺内にあった可能性が高い。だとしたら、石室外の礫床から出土したとされる3面の鏡とは、内向花文鏡と他1面が残ることとなる。この礫床については、石室と同一墓壙内の可能性が高く、副槨と考えられる。いずれにしても、三角縁神獣鏡の扱いが後漢鏡である内向花文鏡や画文帯神獣鏡と異なる様相は、宝器としてよりも葬送儀礼用の道具としての性格を強くもつことと関わるのであろう。なお、黒塚古墳において北壁に1面のみ置かれていた波文帯龍虎鏡は椿井大塚山古墳と同笵であり、やはり三角縁のなかでも特別な存在と考えられる（奈良県立橿原考古学研究所編 1999）。ただ、三角縁神獣鏡が葬式の道具ではあっても、その量は明らかに被葬者の権威の大きさを象徴するものであり、当時の畿内を中心とする勢力は、これらの鏡を一括管理しながら鏡を配布することによって、自らの王権の確立と拡張を図ったものと考えられる。

ほかに獣像、小人、捩座乳の各細片があり、また、伝椿井出土吾作三神五獣鏡1面（表現1同笵鏡番号12）がある。いずれも、上記のものに該当せず、2面追加して椿井大塚山古墳出土三角縁神獣鏡は計35＋α面となる。

3. 椿井大塚山古墳の築造年代

　椿井大塚山古墳における墳丘の規模等確認調査（平成7～10年度）では、墳丘盛土内外から多くの土器資料を得ている（山城町教育委員会1999）。前方部の盛土内からは北白川C式、北白川上層1式、中津式、福田KⅡ式、篠原式、長原式など縄文時代中期末から後・晩期の土器が出土しており、後円部盛土内からは弥生時代末（畿内第Ⅴ様式）から古墳築造時の土器を多く含むことと対照的である。これは、盛土の採取場所・墳丘の整形場所の差を反映しており、墳丘が立地する二段の段丘面それぞれの歴史に対応している。ここでは、古墳の築造時期を示す土器類について概観する。ここに紹介する土器は、弥生時代の土器からいわゆる庄内、布留式土器までを含んでおり、当古墳の築造時期を前後するものと考える。出土土器は、墳丘盛土内のものと盛土や葺石の崩落により堆積した層から出土したもの、墳丘の裾やその周囲から出土したものに大別できる。前者が築造過程での祭祀やその後の墳丘上での祭祀の状況を反映し、後者が築造作業に従事した人々の生活や周囲での祭祀の状況をより強く反映するものと考えた。

　第6図に示す土器は、後円部墳丘斜面葺石および盛土崩落土中から得たもので、二重口縁壺の口縁部である。いずれも口径25cm以上（机上復元を含む）と大型で、装飾をもたないという一定の規格性を認めることができる。おおむね、筒状の頸部から一次口縁が外反し二次口縁がさらに大きく外反する形態をとり、器壁が約7mmと厚い。また、第6図1は2以下のものとは異なり、一次口縁と二次口縁を境に明瞭な屈曲をもたないという個体差がある。調整は内外面ともハケのみでミガキは施さない。頸部内面には、絞り痕をハケでナデ消した跡があるが、体部との接合の際、頸部を差し込んだことにより生じたものであろう。頸部以下の形態については、良好な資料が得られていないため不明な点が多い。ただし、体部についてはほぼ球形を呈すると考えられる。内面には横方向のヘラケズリが施される。底部形態については、比較的残存しやすい突出平底片が周辺で出土していないことから、丸底かと推測しておきたい。胎土については、大きく2種類に分類できる。一つ（第6図2）は、赤褐色を呈し6mm以上のチャート・長石粒を含む焼成のよい土器である。もう一つ（第6図1・4）は、黄褐色を呈するもので同じく3mm以下のチャート・長石粒を含んでいる。後者の内外面には赤色顔料が塗布されているのが特徴である。

　第7図は、後円部東側堀割り部付近出土の土器で、墳丘表土・盛土内に含まれていたものと考えられるが、墳丘造成作業中のものも一部含むかと考えている。壺・高杯・甕・器台などがあり、弥生時代後期中葉のものを含んでいる。壺には、二重口縁壺（第7図2～4）と、広口壺（第7図1・16）がある。3は大型ではあるものの二次口縁の立ち上がりは短く装飾は施さない。外面には浅い多条沈線様の筋がみられるが、横ナデの際の当て布痕跡かとみられるもので、擬凹線ではない。器台は3点（第7図1・6・8）があり、第7図1は壺として図化したが、口縁が横方向に大きく外反する器台になる可能性も考えられる。外端面下方に粘土をつぎたして大きく肥厚させている。接合部には指圧痕が残り仕上げが粗い。また、端面には単位が一定しない波状文が施されている。第7図6の筒形器台は軸部で直径6.5cmを測り、脚部と口縁部が大きく外反する比較的大型のもので

第1章 椿井大塚山古墳と歴史認識　23

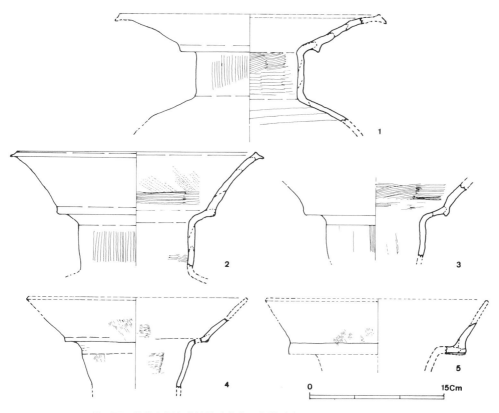

第6図　椿井大塚山古墳築造前後の土器（1）（山城町教育委員会 1999）

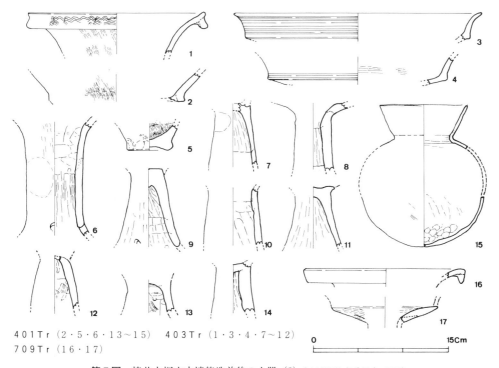

401Tr（2・5・6・13〜15）　403Tr（1・3・4・7〜12）
709Tr（16・17）

第7図　椿井大塚山古墳築造前後の土器（2）（山城町教育委員会 1999）

ある。脚部との変換点付近にのみ三方のスカシが穿たれている、第7図8は、杯部中央が閉じられていないが高杯と同様の形態をもつものである。高杯は、脚柱部が遺存する個体のみであるが、製作方法に共通点がみられる。いずれも、柱部を螺旋状に絞って整形し、脚部を内面から接合している。最終調整を丁寧に施さないためよく観察できる。甕には畿内第Ⅴ様式系の突出平底片（第7図5）と、いわゆる布留系甕・布留傾向甕と呼んでよいもの（第7図15）がある。15は生駒西麓産の胎土をもつもので、図化には机上復元を行っている。口縁は内湾ぎみに立ち上がり、端部は丸く単純に収める。体部は、やや肩の張った球形を呈するとみられ、外面はハケ（肩部横ハケ）、内面は頸部からやや下がったところから横方向のヘラケズリが施されている。なお、底部内面には指頭圧痕が残る。

　以上、古墳後円部の調査で得られた土器を概観したが、明らかに墳丘築造前の弥生土器を除外すると、古墳築造時の土器様相は、いわゆる庄内から布留式土器への過渡期の土器（布留式0式）と考えて差し支えないものである。

第2節　椿井大塚山古墳の被葬者像

1. 墳丘からみた被葬者像

　椿井大塚山古墳は、全長約175mを測る前期古墳では山城地方最古最大の前方後円墳である（山城町教育委員会 1999）。周辺の前方後円墳では、その造営時期を広く4世紀代に求めても、同じ相楽東部の平尾城山古墳（110m）（近藤喬編 1990）や綴喜西部の八幡西車塚古墳（115m）（梅原 1919b）、八幡東車塚古墳（94m）（梅原 1920a）、石不動古墳（75m）（梅原 1955）、飯岡車塚古墳（81m）（梅原 1920b）などの全長100m前後の前方後円墳のほか、綴喜郡の大住南塚古墳（71m）や大住東塚古墳（66m）（以上、梅原 1922a）、久世郡の西山1号墳（75m）（堤 1964）などの前方後方墳も存在するが、その古さ・規模は他を凌駕しており点在的な様相をもつ。北山城の樫原から淀川水系の向日丘陵に目を転じても、前方後方墳の元稲荷古墳（94m）（向日市教育委員会 2014）や前方後円墳の一本松塚古墳（85m）（梅原 1920c）、天皇ノ杜古墳（83m）（（財）京都市埋蔵文化財研究所 1989）、五塚原古墳（91m）（小野山編 1981）、寺戸大塚古墳（94m）（梅原 1923c）、妙見山古墳（120m）（梅原 1922b）、鳥居前古墳（70m）（都出ほか 1990）とその古さ・規模は傑出している。ここに示された墳丘の規模は、明らかに木津川流域・淀川流域で突出しており、単に首長墳としての位置づけが可能だとしても、その存在は単独で系列が後に続くことはなく、在地の勢力としての性格は希薄とすべきであろう。

　古墳時代前期前半（3世紀後半～4世紀前半）の後の大和地域に目を転じると、東南部の「おおやまと」（山辺）に王墓ないし王墓級の大型前方後円墳が6基ある。箸墓古墳（278m）（奈良県立橿原考古学研究所編 1997）、西殿塚古墳（234m）、柳本行燈山古墳（242m）、渋谷向山古墳（310

m)、桜井茶臼山古墳（207 m）、メスリ山古墳（224 m）である（以上、近藤義編 1992 のデータによる）。これら全長 200 m を越す大型前方後円墳に次ぐ規模の古墳は、黒塚古墳（130 m）（奈良県立橿原考古学研究所編 1999）、中山大塚古墳（130 m）（奈良県立橿原考古学研究所 1996）、馬口山古墳（110 m）（近藤義編 1992）など、全長 140 m を越える古墳はない。椿井大塚山古墳については、後円部が正円ではなく尾根（段丘崖）の削り出しが大きく省略されており、当初設計どおり後円部を正円に復元すると全長 190 m 程度となろう（山城町教育委員会 1999）。この規模は、ヤマトの古墳時代前期前半の王墓ないし王墓級の大型前方後円墳に準ずるものとして評価できる。

　墳丘の構造は、かつていわゆる「丘尾切断型」の典型とされてきたが、発掘調査の結果、墳丘を乗せる二段の平坦な段丘面に盛土して整形したものと判明した。したがって、墳丘の多くは盛土であり、後円部と前方部の比高差は約 15 m にも及ぶ。葺石をもつ段築は、後円部で四段、前方部で二段以上を確認している。この墳丘の形態は、前方部がなお明らかとなっていないが、最古の巨大古墳とされる箸墓古墳の 2/3 相似形となる可能性が指摘されている（京都大学文学部考古学研究室 1989）。後円部は 2/3 規模で四段築成の各段がほぼ一致し、前方部の墳端の位置や先端が撥形に開く点も整合する。しかも、墳丘の高さや後円部と前方部の比高差もほぼ一致し、立体的にもきわめて高い整合性をもつのである。箸墓古墳と椿井大塚山古墳との類似性は高く、その被葬者像を考える上で大きな注目点となる。

　埋葬主体部の構造は、内法寸法で長さ 6.9 m、幅 1.1 m、高さ約 3 m にも及ぶ竪穴式石室で、高野槙製の割竹形木棺を粘土床で受けるというものである。粘土棺床の下部は、礫敷と板石による入念な基礎固めがなされている。石室の方位は古墳の主軸とは異なり南北に設定され、長さ約 21 m、幅約 13 m、深さ約 5 m の巨大な方形墓壙の底面から、石室は板石の平積により築き上げられている。石室の天井は、大型で長方形に加工された板状の天井石をならべて密封され、内部は漆黒の闇となる。これに対して大和東南部の黒塚古墳、中山大塚古墳、下池山古墳（前方後方墳　全長 120 m）（奈良県立橿原考古学研究所編 1997）などは、いずれも石室壁体を持ち送りにして小型の板石で蓋をする形式であり、大型天井石の用例は桜井茶臼山古墳にある。このことは、「おおやまと」（山辺）の王墓ないし王墓級の大型前方後円墳と黒塚古墳や中山大塚古墳などの中型古墳との格の違いとみるか、桜井茶臼山古墳段階以後の石室構造と考えるべきか判然としない。

2. 三角縁神獣鏡と被葬者像

　明治 27 年（1894）、前方部と後円部を東西に分断する鉄道（現在の JR 奈良線）の敷設工事が実施されたが、それ以前の江戸時代後期にはすでに前方部の宅地化は進んでおり、その損壊状況からか後円部のみが「大塚」として認識されていた。ただ、藤原百川墓との伝承が示すように、「貴人の墓」としての素朴な被葬者像が伝えられていたことは興味深い（京都府 1884）。その後、明治 38 年（1905）、岩井武俊がはじめてこの古墳を学会に紹介している（岩井 1905）。前述のように、昭和 28 年（1953）、古墳を寸断する鉄道の法面拡幅工事が実施され、偶然に見つかった竪穴式石室や「礫床」から、三角縁神獣鏡 30 数面を含む 40 面近い銅鏡や夥しい量の副葬品が出土したことは、

考古学史上の事件としてあまりにも有名である（山城町教育委員会 1998）。しかも、これら三角縁神獣鏡を中心とした小林行雄の論考（小林 1955）は、その後の古墳時代研究を飛躍的に前進させ、三角縁神獣鏡のもつ意義と椿井大塚山古墳の被葬者像を決定的なものとして印象づけた。

　椿井大塚山古墳の三角縁神獣鏡、特に各地の古墳に分有される同笵鏡の存在に注目した小林行雄は、そこに古代史上の意義をみいだそうとした（小林 1961）。すなわち、魏が卑弥呼の遣使に応じて下賜すべく特別に鋳造した三角縁神獣鏡は、いったん大和に保管され、椿井大塚山古墳の被葬者によって、九州から関東に及ぶ各地の首長に配布されたもので、その配布活動が、大和の勢力を中核とする広範な政治秩序を創始したものと考えた。ここに、列島の広範な政治秩序の中枢において、その権威の伝達者（配布者）としての椿井大塚山古墳の被葬者像が描かれたのである。今日では、庄内期以前の巨大墳丘墓の調査が進展し、さらに、天理市黒塚古墳での三角縁神獣鏡大量出土など、古墳の発生とそれに果たした三角縁神獣鏡の役割について、多くの点で小林理論の修正が迫られている。

　椿井大塚山古墳の石室内の状況については、工事中の発見であったため、その詳細は不明であったが、黒塚古墳などの調査成果によって椿井大塚山古墳の石室内の状況を復元することが可能となった。ここで注目すべきは鏡の副葬の仕方である。黒塚古墳の様相から復元すると、石室の輪郭に沿って棺外に立てならべられたのは三角縁神獣鏡と方格規矩鏡の二種となり、画文帯神獣鏡のみがその遺存状態のよさからも棺内にあった可能性が高い。また、黒塚古墳では、石室北面に椿井大塚山古墳と同笵・同型の波文帯盤龍鏡が1面のみ立てかけられていた。三角縁神獣鏡と方格規矩鏡の共伴については、高槻市の安満宮山古墳（高槻市立埋蔵文化財センター 2000）で魏の年号である青龍3年（235）銘の方格規矩四神鏡が三角縁神獣鏡とともに出土しており、その関連が注目される。また、椿井大塚山古墳と黒塚古墳で型式の判明している三角縁神獣鏡（椿井大塚山古墳31面、黒塚古墳33面）を比較すると、両古墳で9型式の同笵関係（椿井大塚山古墳10面、黒塚古墳11面）が成立しており、3割以上の非常に高い同笵比率となる。椿井大塚山古墳と黒塚古墳における鏡の副葬状況や時期には、きわめて近似した状況がみられるのである（奈良県立橿原考古学研究所付属博物館ほか 2001）。しかし、鏡面の向きは両者で正反対となる。椿井大塚山古墳では鏡面を棺の外側に向け、黒塚古墳では棺に向けているのである。もし、棺を囲む副葬品としての役割を三角縁神獣鏡が辟邪として担うとしたら、鏡面は外側に向けて棺を守るべきであろう。黒塚古墳ではむしろ閉じ込めているようにみえるのは、考えすぎであろうか。いずれにしても、この様相は、椿井大塚山古墳と黒塚古墳における被葬者の性格を暗示する。なお、椿井大塚山古墳に三角縁仏獣鏡（天・王・日・月・獣文帯四神四獣鏡・M24号鏡）があることはすでに記したが、黒塚古墳からも神人龍虎画像鏡（黒塚8号鏡）に菩薩や飛天の表現がみられるのである。石室外の礫床から出土したとされる3面の鏡については、内向花文鏡2面が候補となる。この礫床については、石室と同一墓壙内の可能性が高く、副室と考えられる。これは、巨大な墓壙内に石室と副室がならぶ下池山古墳（奈良県立橿原考古学研究所編 1997）の副室から出土した内向花文鏡の様相を想起させるものである。

　以上のことから、小林行雄が描いた三角縁神獣鏡の配布仲介者としての椿井大塚山古墳の被葬者

像は、そのまま黒塚古墳の被葬者像と重なることとなり、三角縁神獣鏡の同笵・同型鏡分有関係図は二大拠点をもつこととなった。その同時代性を考えるならば、倭国（後のヤマト王権？）にとって、いずれかが三角縁神獣鏡頒布の管掌者であり、他一方が特別な受領者となるであろう。いずれにしても、椿井大塚山古墳の被葬者像は、前方後円墳体制成立期における畿内政権中枢部の人物として誤りはない。ところで、副葬品に含まれる鉄製品の復元により、花弁形装飾付鉄製品の存在が明らかとなった（京都大学考古学研究室 1989）。そのかたちは三角縁神獣鏡などにみられる神像の被物（三山冠）と類似し、仮に冠を被って横たわる被葬者の姿を想像するとき、武人とは異なる宗教的権威の保持者としての被葬者像が、具体的イメージとして湧き上がるのである。

3. 反乱伝承

『古事記』に崇神天皇代のこととして、「山代之幣羅坂」が登場する。この坂は奈良山を越えて大和から山城国に至る般若寺越えの道の坂で、現在も木津川市市坂に「幣羅坂神社」が鎮座する。『古事記』では、四道将軍のひとり大毘古命が高志国に下る際、この地で不思議な歌を歌う少女に出あう。まさにこの歌こそが健波邇安王の叛乱を予兆するものだったのである。なお、『日本書紀』でも、同様の話が人物表記を変えて記されており、少女の登場場面も「和珥坂上」と場所を変えているが、割注に山背「平坂」とする説を記している。また、『古事記』上巻でも、黄泉国とこの世を分ける坂のことを「黄泉比良坂」（ヨモツヒラサカ）と記し、死者の国と生者の国を分ける国境の坂を表している。地理的な境界と宗教的（精神的）な境界の違いはあるが、奈良時代以前の王宮の所在地である大和からみると、やはり奈良山は異界へ赴く長いトンネルだったのである。また、『日本書紀』崇神天皇10年9月条には、奈良山の地名起源説話としても、武埴安彦（『古事記』では健波邇安）討伐の記事がある。これは、那羅山（奈良山）に布陣した大彦（『古事記』では大毘古）らの軍勢が、奈良山の草木を踏みなら（平）したため、そこが後に「那羅山」（ナラヤマ）と呼ばれるようになったとするもので、同様に、両軍が河をはさんで対峙したその河が「挑河」（イドミガワ）と名付けられ、それが訛って現在の木津川の古名である泉河（イヅミガワ）となったともしている。また、敗れた武埴安彦の軍勢の死体が累々として横たわる地が「羽振苑」（ハフリソノ）で、現在の相楽郡精華町祝園（ホウソノ）にあたり、「伽和羅」（現在の京田辺市河原）や「屎褌」（枚方市楠葉）などの地名起源説話も紹介している。まさに、この反乱伝承は南山城が舞台となっているのである。

この伝承の登場人物をみると、まず、初代のヤマト王権の王と考えられる崇神天皇は、『日本書紀』に「御肇国天皇」、『古事記』で「初国所知らしし御真木天皇」と記され、「はつくにしらすスメラミコト」と修飾している。陵墓としては柳本行燈山古墳が比定されている。不思議な少女の歌の意味を解読したのは、『日本書紀』では崇神天皇の姑で大物主神の妻である「倭迹迹日百襲媛命」であり、陵墓として箸墓古墳が比定されている。そして、南山城に勢力をもつ武埴安彦は崇神天皇の庶兄にあたり、ヤマト王権の成立期における動乱の主役となっているのである。『記紀』が編纂された奈良時代にあってもなお、大和東南部の王墓と椿井大塚山古墳のあるこの南山城を結びつけ

る伝承が記憶されていたのである。

　かつて小林行雄が描いた三角縁神獣鏡の配布仲介者としての椿井大塚山古墳の被葬者像は、そのまま黒塚古墳の被葬者像と重なることとなり、いずれかあるいは両者が三角縁神獣鏡頒布の管掌者であり、他一方が特別な受領者となるであろう。しかし、大和東南部の王墓と椿井大塚山古墳のあるこの南山城を結びつける伝承をみるとき、三角縁神獣鏡の配布仲介者とする以上の結びつきを感じる。「邪馬台国を盟主とする倭国の時代」から「ヤマト王権の時代」への変革期、初代のヤマト王権に拮抗しその権威を簒奪しようと企てた勢力がこの南山城に伝承され、しかも箸墓古墳や柳本行燈山古墳などの王陵との結びつきが伝えられているのである。椿井大塚山古墳の被葬者像として、王権に連なる宗教的権威の保持者でもある武埴安彦のような人物をイメージすることは、無謀であろうか。

　いずれにしても、「ヤマト王権の時代」への変革期の倭国において、王権の近くで重要な役割を演じた人物として、椿井大塚山古墳の被葬者像を描くことは可能であろう。

第3節　椿井大塚山古墳での二つの祭祀痕跡

　第1節でみたように、椿井大塚山古墳における墳丘の規模等確認調査（平成7〜10年度）（山城町教育委員会 1999）では、墳丘盛土内外から多くの土器資料が出土している。前方部の盛土内からは縄文時代中期末から後・晩期の土器が出土しており、後円部盛土内からは弥生時代末（畿内第Ⅴ様式）〜古墳築造時の土器の出土が顕著である。これは、盛土の採取場所・墳丘の整形場所の差を反映しており、墳丘が立地する東西二段の段丘面それぞれの歴史に対応していた。ここでは、古墳築造以後の土器類について概観し、この古墳に対する「祭祀」の状況を考えてみたい。

1．古墳築造直後の祭祀痕跡

　古墳後円部（東側三段、北側四段）の築造過程でみたように、後円部の上二段はすべて盛土であり、最上段の裾の高さが墓壙基底面の高さに対応する。そして、この高さから構築された竪穴式石室（内法寸法で南北6.9ｍ×東西1.1ｍ×高さ約3ｍ）は、墳頂上面で南北21ｍ×東西13ｍ、深さ約1.6ｍの墓壙中央に大きく口を開けることとなる。この段階で墓壙内にベンガラの塗布がなされており、墓壙の整形・構築や遺骸の埋葬にともなう何らか祀りがあったようである。その後、巨大な板石によって石室は密封され、墓壙は完全に埋められて墳頂には大型の二重口縁壺型土器が配置されるのである。おそらくはこの段階でも何らかの祀りが行われたと考えられるが判然としない。ところが、二段築成の前方部北側の上部一段裾テラス面で、小規模ながら土器を使った祭祀の痕跡がみられるのである（第8図）。祭祀の目的等は不明であるが、葺石の根石に面して直径30cm程

度のサークル状に残存する配石があり、その内外からまとまって土器（第9図）が出土した。

　出土土器の器種としては、壺・高杯・器台・小型の甕がある。壺には無飾の二重口縁壺、加飾の二重口縁壺、直口壺がある。高杯には脚柱部など4点があるが、形態などにバリエーションがみられる。大型で比較的杯部の深い口縁をもつタイプのものには、柱部が中実で表面に縦方向のミガキのみを施すタイプと、柱部に心棒を使用して中空にし表面に横方向のミガキのみを施すタイプがある。小型の高杯には、柱頂部を粘土塊で充填し塞ぐタイプのものと、杯部内外面に放射状のミガキをもち柱頂部を塞がないタイプのものがある。甕には、口縁を「く」の字状に外反させ端部をやや肥厚させるタイプと、端部をややつまみあげるものがある。前者の外面肩部には横ハケが、内面にはヘラケズリが施される。壺の一部は盛土内からの紛れ込みと考えられる古墳築造前夜のものも含むが、他は一括性が高く、後円部墳頂付近で出土した大型の二重口縁壺型土器と同様、古墳築造後の早い時期の所産である。

　後円部における大規模な埋葬と王位継承にともなう祀りとは別に、前方部の片隅では小規模な祭祀が行われていたのである。これを墳丘の築造過程におけるある段階の祭祀と考えるか、後の古墳時代後期横穴式石室墳にみられるような墓前祭祀に類似したものとするかどうかは判断を保留すべきであろう。なお、この祭祀痕跡がある位置は、北西側に視界が開けたこの古墳にとっては正面にあたり、木津川を遡る地からは墳丘全体を最も良好に視認できる場所にあたる。木津川からの景観を考えるならば、無視できない視点であろう。

2. もう一つの墓前祭祀

　古墳築造後の早い段階での何らかの祭祀が行われた後、椿井大塚山古墳では継続的な祭祀を含む人間の営みは、出土土器でみる限り存在しない。この忘れられた古墳からは、その後、古墳時代後期と中世以後の遺物（第8図）が出土している。古墳後円部東側の墳丘段築が一段分省略されていることはすでに記したが、この付近は自然の段丘崖裾を整形して掘割状となっており、近世以後、水田化されている。それ以前の13世紀後半（鎌倉時代）には、この付近は古墳の周溝状に滞水した状態となっており、灰釉陶器、大和型の瓦器椀、東播系の捏鉢、土師皿や倒木等をまじえて1.5m以上の暗灰色粘質土が堆積していた。したがって、低い段築最下段は、現状で水田下に完全に埋没している。

　当該地の発掘調査では、この最下段葺石裾の根石直上から、須恵器杯蓋（第10図1）のなかに滑石製紡錘車（第10図4）が入った状態で、あたかも祀られたように出土しているのである（第12図）。この須恵器杯蓋は陶邑編年のTK47段階のもので、近くからは同時期の杯身（第10図2）も出土しており、セットの可能性が高い。また、別の箇所からは大型化したTK10段階の杯身（第10図3）や円筒埴輪片（第10図5）も出土している。

　椿井大塚山古墳周辺には、横穴式石室を内蔵した後期の群集墳（西ケ峰古墳群、宮城谷古墳群、松尾古墳群、田護池古墳群ほか）が分布しており（山城町教育委員会 1989）、横穴式石室墳としては比較的早いこの時期に群集墳の形成が開始されるのであろう。しかし、根石直上で風化してぼろ

第8図　椿井大塚山古墳前方部の祭祀痕跡
（山城町教育委員会 1999）

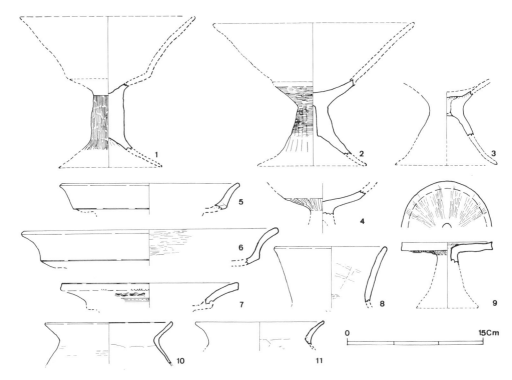

第9図　椿井大塚山古墳前方部の祭祀痕跡出土土器（山城町教育委員会 1999）

ぼろになった花崗岩の葺石になかば埋もれるようにして置かれていた須恵器杯蓋と滑石製紡錘車の様相は、あたかも横穴式石室内に副葬あるいは石室前庭部での墓前祭のような様相を呈していた。
　後の畿内周辺において、5世紀後半に新たな墓制として横穴式石室を採用した群集墳の形成者たちにとっては、巨大な前方後円墳に埋葬された偉大なる被葬者こそ、拝むべき偉大なる祖霊としての観念が芽生えたのかもしれない。このことは、偉大な祖霊に対する継続的な墓前祭祀を必要としない前中期古墳の王たちとは異なる、新たな時代の幕開けである。このような事例は、近隣の八幡市美濃山のヒル塚古墳（4世紀後半、一辺52.4m、方墳）（八幡市教育委員会 1990）でもみられ、樹立された円筒埴輪内から後世の須恵器有蓋高杯が4個体分出土している。この古墳は、木津川・

第1章 椿井大塚山古墳と歴史認識 31

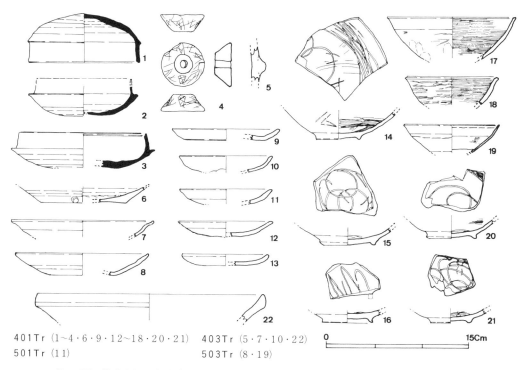

401Tr (1〜4・6・9・12〜18・20・21)
501Tr (11)
403Tr (5・7・10・22)
503Tr (8・19)

第10図 椿井大塚山古墳後円部東側出土古墳時代後期以後の土器 (山城町教育委員会 1999)

第11図 椿井大塚山古墳後円部の祭祀痕跡 (山城町教育委員会 1999)

第12図　滑石製紡錘車出土状況

宇治川が合流する旧巨椋池に突出して築かれており、交通の要衝にある。現在、旧巨椋池は江戸時代に干拓が行われ、かつての姿はない。

椿井大塚山古墳にみられるこの様相は、後期古墳での墓前祭祀とは明らかに異なり、そこにはまったく連続性がない。すでに前節でみたように、椿井大塚山古墳が明らかに木津川流域・淀川流域で突出しており、その存在は単独で系列が後に続くことはなく、在地の勢力としての性格は希薄なのである。にもかかわらず、この古墳とは断絶した時期に墓前祭祀を擬したような行為が行われていることを、どう解釈すべきであろうか。この地域における横穴式石室の導入期、新たな墓制とともに特別な祖霊を必要とした新たな勢力があったとすべきであろうか。「邪馬台国を盟主とする倭国の時代」から「ヤマト王権の時代」への変革期に、初代のヤマト王権に拮抗しその権威を簒奪しようと企てた勢力がこの南山城に存在したとする『記紀』の伝承は、それが同一のものであるかどうかは別として、5世紀後半段階のこの地域にも伝承として存在した可能性がある。偉大なる祖霊が宿る場所こそ、聖なる地としての観念が生まれる起点となったのではないだろうか。ここで「もう一つの墓前祭祀」とした理由は、ここにあるのである。なお、明確な祭祀痕跡とはなっていないが、比較的規模の大きな前中期古墳においては、古墳とは断絶した時期の須恵器等が出土する例をみることができる。ひょっとしたら、5世紀後半から6世紀代には、その地を聖地として祀った可能性も考えられないだろうか。

　5世紀代の倭国は、いわゆる『宋書』倭国伝に登場する「倭の五王（讃・珍・済・興・武）」の時代である。五王のうち、最後の「武」に比定されるのが『記紀』に記された後の雄略天皇であり、その時代は、椿井大塚山古墳で「もう一つの墓前祭祀」が行われた頃にあたる。この頃の同時代資料としては、埼玉県行田市の「稲荷山古墳出土金錯銘鉄剣」と、熊本県和水町の「江田舟山古墳出土銀錯銘太刀」があることは有名である。それぞれ金・銀の象嵌で銘が刻まれており、ともに「獲加多支鹵（ワカタケル）」の名がみえる。これは、『古事記』に「大長谷若建」、『日本書紀』に「大泊瀬幼武」と記された雄略天皇（オオハツセノワカタケル）のことである（白石 2009、吉村 2010）。特に、稲荷山古墳出土金錯銘鉄剣には、「斯鬼（シキ）宮」に宮をかまえる雄略天皇の「辛亥年（471）」のとき、「杖刀人首」として天皇に仕える「乎獲居（オワケ）」の始祖が「意富比垝（オオヒコ）」であることが記されている。このオオヒコ（『古事記』では「大彦」、『日本書紀』では「大毘古」）については、崇神天皇代の四道将軍の一人であり、南山城での武埴安彦の反乱を鎮圧した将軍なのである。つまり、稲荷山古墳の被葬者であるオワケは雄略天皇に仕える武人であり、その8代前の始祖が崇神天皇に仕えたオオヒコであるとする「王統譜」が、この鉄剣に記されている。

このオワケの系譜は、「ヤマト王権の初代の王」と関連づけて伝承されているのである。『記紀』に記された伝承は、5世紀の後半には成立していたようである。

　ならば、椿井大塚山古墳での「もう一つの墓前祭祀」は、この時期の歴史認識（伝承）を背景として、この地域での新たな墓制である横穴式石室の導入期に行われたものと考えられるのである。祖霊崇拝と聖地の出現、そして新たな墓制と歴史認識の成立、これらの観念こそ、後の仏教文化受容の基盤となるものなのである。

第2章　古墳と古代氏族と仏教文化

　かつて石田茂作は、飛鳥時代の寺の付近には多くの古墳があることから、「古墳と寺と氏族とは不可分の三角関係に於いて考えねばならぬ」と指摘している（石田 1934）。また、考古学的にも菅谷文則が「氏寺と古墳は七世紀前半以前は共存しており、寺院建立は古墳造営を拒否するものではない」としている（菅谷 1973）。これは、初期の寺院と終末期の古墳は矛盾対立するものではなく、豪族層の共通の信仰基盤に共存していると考えるのである。したがって、古墳の機能を継承する氏寺の発生は、古墳から寺院へのスムーズな転換が行われたと単純化すべきではなく、むしろ共通の信仰基盤に立脚するものとして共存したとすべきであろう。

　古墳時代を通じて各地で形成された首長墓の系譜は、中期での前方後円墳の巨大化をピークとして後期で小型化する傾向がある。ここには、地域差・時期差はあるものの、群集墳の形成と横穴式石室の導入を契機とする場合がみられるのである。古墳の副葬品は、中期になると宝器から祭器へと変化するが、これが古墳の被葬者をいわば神的なものと意識する観念の誕生と解釈するならば、中期古墳の大型化も理解可能である。巨大な墳墓を築造しなければならないような少数の特殊身分の被葬者は、神格化によって祖先神となるのである。こうして発生した祖先神は、後期になると大和朝廷の中央集権化にともなう氏族制度の再編の過程で氏神（霊異神）＝祖先神と観念され、歴史認識（伝承）を成立させるのである。

　『日本書紀』推古天皇元年（593）正月15日、法興寺（飛鳥寺）の塔心礎に仏舎利が埋納される。このとき、心礎周辺に置かれたものが後に発掘されており、勾玉・管玉・小玉等の玉類、金環、銀環、金・銀の延板・小粒、金銅製飾金具類、青銅製馬鈴、蛇行状鉄器、挂甲、刀子等が出土している（奈良国立文化財研究所 1958、飛鳥資料館 1986）。それらは、まさに同時代の古墳の副葬品そのものと言ってもよいほどのものである。そして、推古天皇14年（606）、法興寺に丈六本尊を安置した年以来、寺ごとに4月8日と7月15日に設斎したと『日本書紀』は記している。これが「灌仏会」と「盂蘭盆会」のはじまりである。飛鳥時代から奈良時代の仏教信仰の主流が「祖霊追善」であったことは、よく説かれることであるが、寺院における「祖霊追善」の行事を代表するのが「盂蘭盆会」である。まさに古墳における「墓前祭祀」と共通するのである。

　本章では、南山城における横穴式石室導入の様相を概観し、新たな歴史認識を成立させたこの地域の古代氏族と仏教文化受容の契機について述べることとする。そこには、断絶した首長系譜と新たな勢力によるモザイク構造があり、仏教文化の受容を容易にした普遍性と特異性があったのである。

第1節　南山城における横穴式石室の導入と展開

1. 山城地域の古墳時代首長系譜

　山城盆地中央部では、木津川・宇治川・桂川の三川が合流して淀川となるが、その合流地点にはかつて巨椋池があり、盆地を南北に二分していた。古墳時代、この地域でも複数の首長墓の系譜が存在し、栄枯盛衰を繰り広げていた。

　巨椋池以北の北山城では、桂川右岸の長岡・向日・樫原の三地域で4世紀にはじまる首長系譜をみることができる（都出 1974）。前方後方墳である向日市の元稲荷古墳（向日市教育委員会 2014）は、この地域最古の首長墳とみなされ、椿井大塚山古墳（山城町教育委員会 1998・1999）と同様に大和東南部の箸墓古墳（奈良県立橿原考古学研究所編 1997）との類似性が指摘されている。ここには、五塚原古墳（小野山編 1981）、寺戸大塚古墳（梅原 1923c）、妙見山古墳（梅原 1922b）と続く全長100 m を越す前方後円墳の首長系譜を4世紀代にたどることができる。元稲荷古墳に遅れて長岡・樫原の地域でも首長系譜が新たに誕生する。長岡では、4世紀の後半に元稲荷古墳と同じ前方後方墳である長法寺南原古墳（梅原 1937、長岡京市教育委員会 1992）が出現し、5世紀前半の盾形周濠をもつ恵解山古墳（120 m）（長岡京市教育委員会 1981）をピークとする前方後円墳の系譜があり、規模は縮小するものの6世紀中頃まで首長系譜をたどることができる。樫原では、長岡にやや先行して一本松塚古墳（梅原 1920c）が出現し、4世紀末の天皇ノ杜古墳（83 m）（（財）京都市埋蔵文化財研究所 1989）をピークとする前方後円墳の系譜があり、長岡と同様に規模は縮小するものの6世紀中頃までの首長系譜をたどることができる。ここで特筆すべきは、これらの地域で首長墳の衰退にかわって、5世紀後半から嵯峨野に新たな前方後円墳の系譜が登場し、6世紀後葉の蛇塚古墳（全長75 m？）（梅原編 1938）まで続くのである。渡来系氏族・秦氏の登場である。なお、東部の伏見にも、4世紀末に前方後円墳の黄金塚2号墳（140 m）が出現するが、その系譜は次の黄金塚1号墳（全長100 m）（以上、花園大学文学部考古学研究室 1997）までしか続かない。この地域で新たに巨大前方後円墳が出現するのは、6世紀初頭の継体朝との関連が指摘される宇治の五ヶ庄二子塚古墳（112 m）（宇治市教育委員会 1992）である。

　南山城では、3世紀後半に定形化した巨大前方後円墳として後の相楽郡に椿井大塚山古墳が出現するが単発的で、4世紀初頭の平尾城山古墳（近藤喬編 1990）、瓦谷1号墳（（財）京都府埋蔵文化財調査研究センター 1997）で前方後円墳の造営は途絶える。かわって、4世紀代には綴喜郡に八幡西車塚古墳（梅原 1919b）、八幡東車塚古墳（梅原 1920a）、石不動古墳（梅原 1955）、飯岡車塚古墳（梅原 1920b）、などの全長100 m 前後の前方後円墳も出現するが、5世紀代にはほぼ帆立貝形・円墳・方墳となり、永続性はない。5世紀になると久世郡に久津川古墳群が出現し、箱塚古墳（90 m）、車塚古墳（180 m）、芭蕉塚古墳（143 m）（以上、城陽市 1999）と巨大前方後円墳

の首長系譜が続く。これら巨大古墳の周囲には、墳形・規模とも様々な中小の古墳が従属する状況は、河内・和泉の大王墓とその周辺の様相と酷似しており、中期古墳の秩序の成立を反映するものと考えられている。南山城全体でみても、久津川古墳群の巨大前方後円墳が最高首長として卓抜しているのである（龍谷大学文学部考古学資料室 1972）。5世紀後葉、芭蕉塚古墳を最後に南山城では巨大前方後円墳は途絶え、小規模な前方後円墳の築造が散発的にみられる程度である。

　古墳時代後期、山城では嵯峨野の前方後円墳による首長系譜以外、宇治二子塚古墳を除き、目立った首長の出現はみられない。

2. 山城地域の後期古墳

　山城において古墳時代後期で唯一首長系譜がたどれるのは、北山城は嵯峨野の前方後円墳である。天塚古墳（梅原 1922c）は周濠・陪塚・埴輪をもつ全長71mの前方後円墳で、三つの主体部をもつ6世紀前半築造の古墳である。初葬段階の主体部構造等は不明であるが、後円部とくびれ部に二つの横穴式石室を残している。秦河勝墓ともされる蛇塚古墳は全長70mの前方後円墳で、主体部として全長19mにも及ぶ巨石を使用した両袖式の横穴式石室を内蔵している。このような巨石墓としては、周辺に円墳であるが双ヶ丘1号墳（径45m）や大覚寺円山古墳（径50m）、御堂ヶ池1号墳（径30m）（以上、京都大学考古学研究会 1971）がある。北山城の群集墳としては、桂川流域に左岸の嵯峨野古墳群（京都大学考古学研究会 1971）のほか、右岸に松尾山古墳群、西芳寺古墳群（以上、京都大学考古学研究会 1967）が形成される。北山城の乙訓地域では、物集車塚古墳（向日市教育委員会 1988）が全長48mの前方後円墳で、後円部の右片袖の横穴式石室には組み合わせ式の家型石棺が安置されていた。また、全長46mの前方後円墳である井ノ内稲荷塚古墳（大阪大学稲荷塚古墳発掘調査団 2005）は、後円部に右片袖の横穴式石室を内蔵し、前方部には木棺直葬の主体部をもつ古墳である。ともに6世紀前半の築造である。乙訓地域の群集墳としては、大枝山古墳群（（財）京都市埋蔵文化財研究所 1989b）や福西古墳群（京都市開発局洛西開発室 1970）が知られており、ともに30基程度の横穴式石室を内蔵する小型古墳群である。

　北山城でも宇治川以北の地域は、嵯峨野の前方後円墳と同様、古墳時代中期に目立った首長系譜のみられない地域であるが、6世紀前半、宇治に二子塚古墳が突如出現する。この古墳は、全長112mの墳丘に2重の周濠をもつ前方後円墳である。墳形は継体天皇の墓とされる高槻市今城塚古墳（高槻市立埋蔵文化財調査センター 2007・2008）の2/3規模をもつ相似形で、巨石を用いた横穴式石室を内蔵していたようである。なお、宇治川右岸の丘陵上に形成された小幡古墳群（京都府教育委員会 1985）は、総数120基を越す山城最大の群集墳である。二子塚古墳の出現を契機として、6世紀半ば以降に形成されたものであろう。他には、醍醐古墳群（京都市文化観光局 1986）、旭山古墳群（（財）京都市埋蔵文化財研究所 1981）などの終末期古墳が、東山から醍醐にかけて群集墳として形成される。

　南山城の古墳時代後期は、中期とは一転して大型の前方後円墳が築かれなくなる。卓抜した最高首長として巨大前方後円墳を築き君臨した久津川古墳群の周辺地域では、宇治市広野の坊主山1号

第13図 山城の後期古墳分布図（内田 2007）

墳（45m）（京都府教育委員会 1965）、城陽市青谷の冑山古墳（25m）、石神1号墳（40m）、丸山1号墳（30m）（以上、城陽市 1999）で前方後円墳が築かれるが、その衰退は歴然としている。他には、相楽郡の木津川市山城町の天竺堂1号墳（27m）（京都府埋蔵文化財研究会 2000）が前方後円墳であり、奈良山丘陵の音乗ヶ谷古墳（奈良文化財研究所 2005）が全長22mの帆立貝式古墳である。ところで、南山城の後期古墳を特徴づけるのは、その地域相である。古墳の主体部として積極的に横穴式石室を採用する地域、木棺直葬に固執する地域、横穴墓が稠密に分布する地域に分けることができる。久津川古墳群が営まれた後の久世郡域では木棺直葬を主体とする古墳が引き続き卓越してみられ、相楽郡域と木津川右岸の綴喜郡域では積極的に横穴式石室を採用する。そして、木津川左岸の綴喜郡北半域では横穴墓が稠密に分布するのである。

山城における古墳時代後期は、北山城で嵯峨野に新たな卓抜した首長系譜が誕生し、後の宇治郡に単発的な首長が登場するが、南山城では中期の卓抜した首長系譜が途絶えた後、モザイク状の地域支配がなされたようである。

3. 南山城の横穴式石室墳

後の畿内とその周辺地域において最も古いとされる横穴式石室は、現在のところ大阪府藤井寺市の古市古墳群中にある藤の森古墳（帝塚山考古学研究所古墳部会 1990）とされている。その後5世紀末葉までに奈良県桜井市の桜井公園2号墳（伊達・小島 1959）や同県葛城市の寺口忍海古墳群（E-21、D-27号墳）（千賀編 1988）、橿原市新沢千塚221号墳（伊達編 1981）のほか、大阪府柏原市の高井田山古墳（柏原市教育委員会 1996）や木津川市の天竺堂1号墳などの小型古墳に採用される。大型の前方後円墳に横穴式石室が採用されるのは、6世紀になってからである。

山城地域において最も早く横穴式石室を採用したのは、南山城の天竺堂1号墳（京都府埋蔵文化財研究会 2000）である。木津川市山城町上狛天竺堂に所在する天竺堂古墳群は、木津川を望む中位段丘上に立地し、史跡高麗寺跡に隣接する。検出した3基の古墳のうち、丘陵南西端に立

第14図　車谷2号墳全景（山城町教育委員会 2003）

地する1号墳は、前方部を北に向けた全長27mを測る前方後円墳で、後円部2段、前方部1段の築成をもつ。後円部テラス面には円筒埴輪をめぐらせ、一段低い前方部には多数の形象埴輪を樹立していた。埋葬主体は南面する右片袖の横穴式石室で、玄室の内法寸法で長さ約3.6m×幅約1.7mの規模をもつ。初葬では粘土床に長さ2.7m×幅0.8mの船形木棺を安置し、棺内から五獣形鏡1枚のほか、3,000点を超すガラス玉（粟玉・小玉）、碧玉製管玉、瑪瑙製・琥珀製勾玉など豊富な玉類が出土した。初葬の時期は5世紀の末（陶邑編年TK47）と考えられ、後に小型の組み合わせ石棺をもつ二次埋葬が6世紀前半（MT15）に行われている。3号墳は周溝をもつ1辺約15mの方墳で、やはり5世紀の末頃（TK47）に高坏を用いた墓前祭を行っているが、横穴式石室を内蔵していた可能性は低い。なお、天竺堂古墳群から木津川をはさんで対岸にある精華町森垣外遺跡（(財)京都府埋蔵文化財調査研究センター 1999b）は、この時期の渡来系工人集団が居住した集落跡である。

　車谷古墳群（山城町 1987、山城町教育委員会 1989a・2002a、木津川市教育委員会 2009）は、木津川市山城町綺田車谷・地獄谷に所在する横穴式石室墳を主体とする後期の群集墳である。白鳳寺院蟹満寺の東方山中には、車谷南古墳群・光明山古墳・山際古墳群と合わせ、総数40数基の古墳を確認している（山城町教育委員会 1989a・2002a）。丘陵突端部に位置する車谷42号墳は、木棺直葬の主体部や小石室と埴輪の樹立を確認しており、馬具や鉄刀などの鉄製品や玉類を副葬していた。周囲からは、TK47段階の須恵器が採取されている。近接する43号墳は、墳丘自体はすでに失われていたが、やはりTK47段階の須恵器が出土している（木津川市教育委員会 2009）。尾根の頂部に築かれた車谷2号墳は直径18mを測る円墳で、左片袖式の横穴式石室を内蔵している。石室規模は、やや胴張に玄室で長さ4.6m×幅2.0～2.2m、羨道幅0.9mを測る。MT15段階の築造である。尾根稜部に築かれた山際1号墳は、直径24mを測る円墳で円筒埴輪を樹立している。玄室幅2.2mを測る横穴式石室からはMT15ないしTK10段階の須恵器が出土している。埴輪は川西編年のV期に相当する。他には、車谷9号墳・40号墳や車谷南2号墳で横穴式石室玄室に板石を積んでいる古式の様相をもつものがある。なお、車谷2号墳南側の24号墳石室内からはTK217段階の須恵器とともに飛鳥編年Ⅲ～Ⅳの土師器坏が出土した。これを最終の副葬とするなら7世紀後半まで古墳としての機能がみられ、24号墳南側には小型石室をもつ単葬墓が同時期まで構築されていた（山城町教育委員会 2003）。車谷古墳群の形成はTK47段階からはじまるが、MT15段階で横穴式石室を採用して7世紀後半まで継続するのである（木津川市教育委員会 2009）。

　車谷古墳群から天竺堂古墳群・千両岩古墳群（山城町 1987、山城町教育委員会 1989a）に至る木津川市山城町域東方山中には、現在まで170基程度の後期古墳を確認しており、稠密に分布する。椿井大塚山古墳の後円部裾に置かれた須恵器もTK47段階のものであり（第1章第3節2）、周囲の群集墳の形成もこの段階からはじまると考えられる。しかし、天竺堂古墳群や車谷古墳群でみたように、初期の段階では横穴式石室と木棺直葬が混在あるいは木棺直葬が先行しており、群集墳としての出発時期と横穴式石室の導入時期にはやや時間差が存在するようである。

　久津川古墳群南側に近接する城陽市冑山古墳群のうち2号墳は、左片袖式の横穴式石室を内蔵した小型の前方後円墳である。冑山古墳群に7基の古墳が確認されているが、2号墳が最も古く、MT

15段階から群集墳が形成される。青谷地区では黒土1号墳（城陽市教育委員会 2001）が巨石を使用した両袖式の横穴式石室を内蔵しており、MT85からTK43段階の築造であり、この時期の首長墳と考えられる。また、綴喜郡井手町の小玉岩古墳群（井手町教育委員会 1979）は、標高310mの丘陵頂部付近に築かれた列石をもつ終末期の小方墳群である。木津川市山城町の神童子稲葉古墳群（山城町教育委員会 1989a）のうち稲葉5号墳（山城町教育委員会 2001a）は、右片袖式の横穴式石室内に組み合わせ式石棺をもつ7世紀中頃の楕円形墳である。城陽市南半部の青谷から木津川市山城町までの木津川右岸域は、小型の横穴式石室墳を主体とする群集墳が広範囲に形成されている。その期間は、5世紀の末から7世紀代の長期間に及ぶのである。

　木津川左岸域では、右岸域より遅れて横穴式石室を主体とする群集墳が形成される。相楽郡精華町の畑ノ前古墳群（精華町教育委員会・(財)古代学協会 1987）、畑ノ前東古墳群（精華町 1996）は10数基の横穴式石室墳で構成されており、6世紀後半～7世紀前半にかけて営まれた小型円墳を主体とする群集墳である。埋葬主体部の確認できる畑ノ前3・4・7号墳は右片袖式の横穴式石室をもち、壁材として花崗岩の割石を使用している。畑ノ前東4・5号墳は畑ノ前3・4・7号墳と同様に花崗岩の割石を使用した横穴式石室で、畑ノ前東3号墳は木棺直葬、畑ノ前東1・2・7号墳は川原石を使用した胴張の両袖式横穴式石室を内蔵する。この石室の川原石は羨道部から墳丘裾を連続してめぐっており、特殊な構造をもつ。花崗岩割石積みの石室墳は6世紀代、他は7世紀代のものである。なお、使用している花崗岩は、木津川右岸域の石材であることがわかっている（山城町教育委員会 2003）。

　綴喜郡域の京田辺市の下司古墳群（同志社大学校地学術調査委員会 1985）は普賢寺に隣接しており、横穴式石室を主体とする8基の小円墳からなる群集墳である。下司6号墳は両袖式の花崗岩割石を用いた小石室を内蔵し、7世紀前半の単次葬墓である。京田辺市大住の一休寺北方にある掘切古墳群（田辺町教育委員会 1989、京田辺市教育委員会 2006）は、10基の横穴式石室墳と10基の横穴が混在している。この古墳群より北方の綴喜郡北半部は、横穴墓の卓越する地域である。

　山城地域における横穴式石室の導入は、5世紀末（TK47）の天竺堂1号墳で先駆的に開始され、6世紀前半（MT15）には南山城の群集墳に採用されて拡散する。この時期には北山城の宇治二子塚古墳で卓越した首長墳に横穴式石室が採用され、本格的に北山城の首長系譜に採用されるのは6世紀後半（TK10）以後である。南山城では、卓越した首長墳は存在しないが、中期古墳の不在地域である木津川右岸の久世郡南部から相楽郡域で積極的に新たな墓制としての横穴式石室が採用され、やや遅れて木津川左岸の相楽郡域から綴喜郡南半部に拡散していくのである。

第2節　南山城における古墳と寺院造営氏族

　平安遷都前の山背国内には、現在まで約50の寺院が確認されている（第1表）。その分布は、多

第1表　山城の古代寺院一覧（中島 1997a を一部改変）

郡名	番号	寺院名	法号・別名・推定寺院名	所在地	発願者・造営氏族・その他	創建年代
葛野郡	1	北野廃寺	蜂岡寺（本広隆寺）（野寺・常住寺・鵤室）	京都市北区北野白梅町	秦河勝・秦氏	7世紀第Ⅰ四半期（推古11 or 30）
	2	広隆寺	秦公寺・蜂岡寺・葛野寺・葛野秦寺	京都市右京区太秦蜂岡町	秦河勝・秦氏　秦氏寺？大酒神社	7世紀第Ⅱ四半期（移転？）
乙訓郡	3	樫原廃寺		京都市右京区樫原内垣外町	八角瓦積塔基壇（高麗系）	7世紀第Ⅳ四半期
	4	南春日町廃寺		京都市西京区大原野春日町	秦氏？石作氏？大歳神社	8世紀
	5	吉備廃寺		向日市上植野吉備寺	秦氏？長岡郷	8世紀？
	6	宝菩提院廃寺	仏華林山願徳寺・座光堂	向日市寺戸西垣内	秦氏？長岡寺？向神社	7世紀第Ⅳ四半期
	7	乙訓寺	法皇寺・法皇禅寺	長岡京市今里	秦氏？六人部氏？乙訓神社	7世紀第Ⅳ四半期
	8	鞆岡廃寺		長岡京市友岡	田辺氏？百済系？鞆岡郷	7世紀第Ⅰ四半期
	9	山崎廃寺	観音寺	大山崎町大山崎	秦氏？山崎郷	7世紀第Ⅱ四半期
	10	山崎院跡		大山崎町大山崎	塔心礎	8世紀？
愛宕郡	11	出雲寺跡	御霊寺	京都市上京区御霊竪町	出雲氏　上御霊神社	7世紀末～8世紀初
	12	北白川廃寺	粟田寺・円覚寺	京都市左京区北白川大堂町	粟田氏（王仁系）百済系	7世紀第Ⅲ四半期？
	13	法観寺	八坂寺	京都市東山区八坂上町	八坂造・高麗系　八坂の塔	7世紀第Ⅲ四半期？
	14	珍皇寺	愛宕寺・来定寺	京都市東山区小松町	山代淡海・山代氏？	8世紀
紀伊郡	15	おうせんどう廃寺	法禅院・檜尾寺	京都市伏見区深草鞍ヶ谷町	行基創建？稲荷神社	7世紀末～8世紀初
	16	がんせんどう廃寺	法恩寺	京都市伏見区深草谷口町	判大納言の道場？	7世紀末～8世紀初
	17	深草寺跡	法長寺	京都市伏見区深草谷口町	行基創建？	7世紀末～8世紀初
	18	板橋廃寺		京都市伏見区下板橋町	秦氏？	7世紀末～8世紀初
	19	御香宮廃寺		京都市伏見区桃山御香宮	秦氏？御香宮神社	7世紀末～8世紀初
宇治郡	20	大宅寺	大宅寺・山階寺	京都市山科区大宅烏井脇町	中臣鎌足・中臣（藤原）氏？大宅氏（王仁系）百済系	7世紀第Ⅳ四半期
	21	元屋敷廃寺		京都市山科区大塚本屋敷町	宇治氏？	7世紀末～8世紀初
	22	法琳寺跡		京都市伏見区小栗栖北谷町	定恵・藤原氏・常暁	7世紀第Ⅳ四半期
	23	醍醐御霊廃寺		京都市伏見区醍醐西大路町	藤原氏？宇治氏？	7世紀末～8世紀初
	24	小野寺		京都市伏見区醍醐大高町	小野氏（王仁系）百済系	7世紀末～8世紀初
	25	岡本廃寺		宇治市五ヶ庄岡本	岡屋公氏（岡屋郷）・百済系	7世紀末～8世紀初
	26	大鳳寺跡		宇治市莵道西中	宇治氏？	7世紀第Ⅳ四半期
久世郡	27	広野廃寺		宇治市広野東裏	栗隈氏（栗隈県主）栗前郷	7世紀末～8世紀初
	28	平川廃寺		城陽市平川古宮	黄文氏・高麗系　久世郷	7世紀第Ⅱ四半期
	29	正道寺		城陽市寺田正道	山背氏（山代国造）久世郷	7世紀第Ⅱ四半期
	30	久世寺		城陽市久世芝ヶ原	山背氏（山代国造）久世郷　久世神社	7世紀第Ⅱ四半期
綴喜郡	31	西山廃寺（足立寺）	（河内国茨田郡楠葉郷）	八幡市八幡男山長沢	和気清磨？	7世紀第Ⅲ四半期
	32	志水廃寺		八幡市八幡月夜田	有智郷・内氏？	7世紀第Ⅱ四半期
	33	美濃山廃寺		八幡市美濃古寺	有智郷・内氏？・内神社	7世紀第Ⅱ四半期
	34	興戸廃寺		京田辺市興戸山添	中臣酒屋連氏　酒屋神社	7世紀末～8世紀初
	35	普賢寺（筒城寺）	長息山普賢教法寺（観心山親山寺・観音寺）	京田辺市普賢寺下大門	長息氏・新羅系　良弁（筒城の韓人）・百済系　多々良公氏・任那系	7世紀第Ⅰ四半期
	36	三山木廃寺		京田辺市宮津佐牙垣内	山本郷・高麗系？	7世紀第Ⅱ四半期
	37	山瀧寺跡		宇治田原町荒木	田原郷	7世紀第Ⅳ四半期
相楽郡	38	井手跡	円提寺	井手町井出西高月	橘諸兄・橘氏	8世紀
	39	里廃寺	百済寺・法光寺	精華町下狛里垣外	恵弁　下狛郷（高麗系）	7世紀第Ⅱ四半期
	40	下狛廃寺	狛寺	精華町下狛拝田	山村？下狛郷（高麗系）	7世紀第Ⅱ四半期
	41	蟹満寺	蟹満多寺・紙幡寺・蝦蟆寺・薬上寺・蟹幡寺	木津川市山城町綺田浜	秦河勝、和賀・秦氏　高麗系？綺郷（綺氏？）	7世紀第Ⅳ四半期
	42	松尾廃寺		木津川市山城町椿井松尾	大狛郷（高麗系）	7世紀第Ⅳ四半期
	43	高麗寺跡	狛寺	木津川市山城町上狛高麗寺	狛僧恵弁・狛氏・高麗系	7世紀第Ⅰ四半期
	44	泉橋寺	橘寺・泉橋院	木津川市山城町上狛西下	行基　大狛郷（高麗系）	7世紀第Ⅳ四半期
	45	燈籠寺跡	（山背国分尼寺）	木津川市木津宮ノ裏	水泉郷・出水氏（高麗系）	7世紀第Ⅱ四半期
	46	鹿山寺跡		木津川市鹿背山古寺	水泉郷	8世紀
	47	樋ノ口遺跡	山田寺？	木津川市相楽城西	土師郷・土師氏、稲蜂間氏	8世紀
	48	神雄寺跡	（馬場南遺跡）カムノヲ？	木津川市木津天神山・糟田	橘氏、光明皇后	8世紀
	49	法華寺野遺跡	（山背国分尼寺・甕原離宮）	木津川市加茂町法花寺野ノ平	加茂郷・加茂氏　瓦窯	8世紀
	50	山城国分寺跡		木津川市加茂町例幣中切	恭仁郷・恭仁宮	8世紀
	51	釈迦寺跡		木津川市加茂町小上	白鳳小金銅仏出土	7世紀末？
	52	笠置寺		笠置町笠置笠置山		7世紀後半？

少の疎密はあっても各郡にくまなく配されており、北山城地域5郡（葛野・乙訓・愛宕・紀伊・宇治郡）と南山城地域3郡（久世・綴喜・相楽郡）でほぼ同数の寺院が存在したようである（第15図）。とはいえ、それらの創建時期や出土する軒瓦などの様相は異なり、そこには、創建氏族の違いや時の中央政権との関わりの度合いが、当然反映しているものと考える。なお、これらのうち、その創建に渡来系氏族との関わりが想定できる寺院は、約半数に上る。

ここでは、まず、山背国内の寺院造営の過程を、主として出土する軒瓦の様相から概観し、予想される造営主体の古代氏族との関連を積極的に評価する。その上で、寺院周辺に所在する後期古墳のあり方を検討し、寺院と古墳との有機的な関連を抽出することを試みたい。

1. 山背国の寺院造営

山背国の寺院造営は、北山城は葛野郡の北野廃寺（藤沢 1938）と南山城は相楽郡の高麗寺（梅原 1939a、田中 1938a・1944a、山城町教育委員会 1989b、木津川市教育委員会 2011）で、ほぼ同時期に開始される。そ

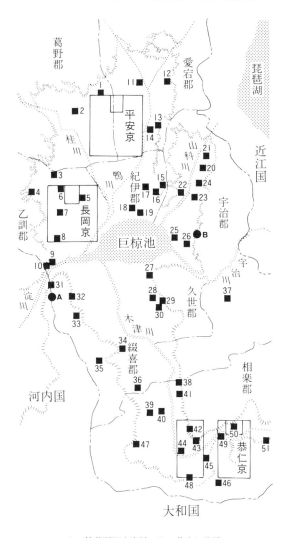

A：楠葉平野山窯跡，B：隼上り窯跡

第15図　山城の古代寺院分布図（中島 1997aを一部改変）

の時期は、蘇我氏の氏寺・飛鳥寺の造営が終了する前後の時期、7世紀第Ⅰ四半期のことである。しかも、両寺とも、渡来系氏族・秦氏と高麗（狛）氏の両拠点に営まれた。

北山城の様相

京都盆地を中心とする北山城は、新羅系とされる渡来氏族・秦氏の圧倒的な勢力圏である。その渡来時期は、応仁朝（5世紀初頭）と考えられ、現在も「太秦」の地名を残し松尾大社のある葛野郡がその拠点となる。この地に営まれた北野廃寺は、『日本書紀』推古天皇11年（603）条にみる、秦河勝創建の蜂岡寺に比定され、蜂岡寺を広隆寺の前身（元広隆寺）とする『広隆寺縁起』では、推古天皇30年（622）の建立としている。

創建期の軒瓦には、蘇我氏の氏寺・飛鳥寺の創建瓦（素弁十弁蓮華文軒丸瓦）に酷似した桜花弁

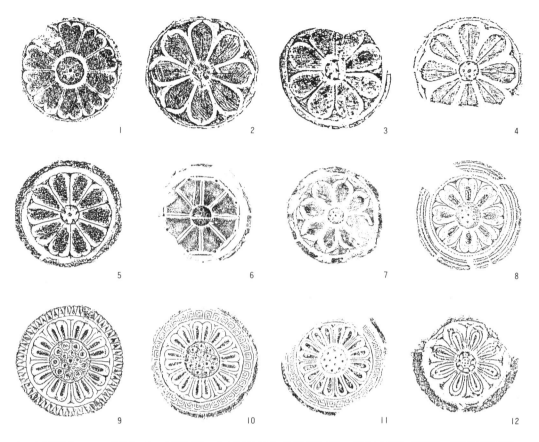

1・2 北野廃寺，3・4 広隆寺，5・9 高麗寺跡，6 大和奥山廃寺（久世廃寺同笵），7 三山木廃寺（普賢寺，燈籠廃寺同笵），8 北白川廃寺，10 大和紀寺跡（蟹満寺同笵），11 大宅廃寺，12 樫原廃寺

第16図　山城の古瓦（中島 1997a）

式（花組）のものが3型式（第16図1）あり、他にいわゆる高句麗系の素弁八弁のもの（第16図2）が知られている。この高句麗系の製品は、愛宕郡の幡枝元稲荷窯で生産され、笵型は宇治郡の隼上り窯（宇治市教育委員会 1983）から移動している。しかも、この隼上り窯で生産されたほかの高句麗系の製品は、蘇我氏との関係が想定される大和の豊浦寺所用瓦である。

　続いて、葛野郡に広隆寺（田中 1944b）が創建される。北野廃寺が元広隆寺であるか否かは別として（網 1995）、現広隆寺が秦氏の寺であることは疑いない。創建期の軒丸瓦には、素弁八弁のものが3型式あり、うち2型式（第16図3）が飛鳥寺でいう星組の末裔で、他は高句麗系のもの（第16図4）である。いずれも北野廃寺の製品より後出的で、瓦当文様の系譜にも違いがみられる。他には、表採資料として、乙訓郡の鞆岡廃寺（小田切 1987）と山崎廃寺（林 1987）で7世紀前半の軒瓦が出土している。なお、鞆岡廃寺の資料は、河内国茨田郡の楠葉平野山窯跡（平野山窯、楠葉東遺跡第五瓦窯跡）（（財）枚方市文化財研究調査会 1980、八幡市教育委員会 1985）の製品である可能性が高いという。

　北山城においては、確実に7世紀前半まで遡りうる寺院は、今のところ北野廃寺と広隆寺以外に

はない。他は、7世紀第Ⅳ四半期以後の創建と考えられ、乙訓郡の二寺がやや遡りうる可能性を残すにすぎない。このことは、この地域の寺院造営の初期において、蘇我氏と関係をもちえる程の氏族、あるいは、仏教文化を積極的に受容すべき氏族が、秦氏以外になく、しかも、秦氏の影響力が絶大であったことによるのであろうか。

7世紀の第Ⅳ四半期以後、北山城の寺院造営は一気に活発化する。その嚆矢となるのが愛宕郡の北白川廃寺（梅原 1939b）である。この寺跡は和爾氏と同族の粟田氏の氏寺と考えられている。創建時に使用された山田寺式の軒丸瓦（第16図8）は、山背国で出土する山田寺式の最古型式で、後に特異な周縁文様をもつ「北白川廃寺式」（山田寺亜式）の祖型となる。なお、北白川廃寺式の製品の一部は洛北の岩倉窯（（財）京都市埋蔵文化財研究所 1980・1996）で生産され、北野廃寺や広隆寺でも出土する。愛宕郡は鴨県主（鴨氏）の勢力圏とされるが、粟田氏のほかに、出雲氏の氏寺・出雲寺や高句麗系渡来氏族の八坂造氏の法観寺（八坂寺）、山代国造氏の珍皇寺（以上、田中 1938b）などもあり、秦氏と混在する。なお、法観寺からは、近江地域との関連を示唆する輻線文縁の素弁軒丸瓦が出土しており、注目される。

紀伊郡は、葛野郡とならび秦氏の居住が濃厚な地域である。特に稲荷から深草にかけての地域が、その拠点と考えられ、おうせんどう廃寺・がんぜんどう廃寺・深草寺跡（以上、（財）京都市埋蔵文化財研究所 1980・1996）がある。

宇治郡については、宇治氏の勢力圏であるが、やはり和爾氏と同族の大宅氏・小野氏や中臣氏、道守氏、百済系渡来氏族の岡屋公氏の居住が知られている。ここで注目されるのが、大宅氏の氏寺と考えられる大宅廃寺（梅原 1920d）である。創建期に使用された紀寺式軒丸瓦（第16図11）は、愛宕郡・紀伊郡・宇治郡に広く分布する紀寺式の祖型であり、当初、重弧文軒平瓦とセットであったものが、藤原宮式の偏向唐草文軒平瓦と組み合わさって広まった。紀寺式軒丸瓦の出土は、愛宕の北白川廃寺・法観寺、紀伊郡のおうせんどう廃寺・がんぜんどう廃寺・深草寺跡・板橋廃寺、宇治郡の大宅廃寺・法琳寺跡・醍醐御霊廃寺（以上、（財）古代学協会・古代学研究所編 1994）でみられる。なお、大宅廃寺の藤原宮式軒平瓦は、近江産と考えられている藤原宮6646A型式を模倣している。

他に、宇治郡では大鳳寺（宇治市教育委員会 1987a）が、南山背地域で濃密な分布を示す川原寺式軒丸瓦を創建期に使用しており、紀伊郡の御香宮廃寺（（財）京都市埋蔵文化財研究所 1980）とともに異質である。また、百済系渡来氏族・岡屋氏の氏寺に比定される岡本廃寺（宇治市教育委員会 1987b）は、川原寺式の亜式といえる軒丸瓦を創建期に使用している。これらの寺院には、南山背の影響がみられる。

乙訓郡については、他の氏族の存在も知られているが、秦氏の居住が濃厚な地域である。葛野郡と接する樫原廃寺（京都府教育委員会 1967a）は、八角形の瓦積塔基壇をもち、創建時には重弁八弁の特異な軒丸瓦（第16図12）が使用される。この「樫原廃寺式」とも呼ばれる型式は、北野廃寺・広隆寺から出土する高句麗系の軒丸瓦か山田寺式を祖型とし、この系統は乙訓郡の宝菩提院廃寺・乙訓寺・山崎廃寺で採用され、愛宕郡の北白川廃寺でもわずかに出土する（高橋 1970a）。他には素弁系の軒丸瓦が宝菩提院廃寺（高橋 1987）・乙訓寺（京都府教育委員会 1967b）・山崎廃寺

で創建期に使用されており、愛宕・紀伊・宇治の三郡とは異った地域色をもつ。

南山城の様相

北山城の秦氏に対して、南山城は、高麗（狛）氏を中心とした高句麗系渡来氏族の偏在する地域であった。秦氏らの「古渡り」に対して、雄略朝以後の「今来」の渡来人と考えられる。

『日本書記』欽明天皇31年（570）夏4月2日条には、高句麗の使節が越の海岸に漂着した記事がある。この使節は、船で琵琶湖を縦断し宇治川・木津川を通って、山背の高槻館（相楽館）に迎え入れられた。南山城における寺院造営は、この古代の迎賓館にほど近い相楽郡の高麗寺をもって開始される。

高麗（狛）氏の氏寺とされる高麗寺跡からは、飛鳥寺の創建瓦（素弁十弁蓮華文軒丸瓦）と同范の桜花弁式（花組）のものが2型式（第16図5）出土している。胎土・焼成とも飛鳥寺出土例に同じものがあり、飛鳥寺に供給すべく生産した製品が、高麗寺にもたらされたと考えられる。そこには、蘇我氏と高麗氏との密接な関係がうかがわれ、7世紀第Ⅰ四半期における創建は疑いない。この高麗寺の創建以後、南山城においては、7世紀中頃までに各郡で寺院の造営が開始される。

まず、久世郡で注目されるのは、栗隈（前）氏（栗隈県主）と山代（背）氏（山背国造）の存在である。国県制度の実態については、種々議論のあるところであるが、いずれにしろ、大化前の古い段階で強い郡域支配が行われていたようである。久世郷では、近接して久世廃寺（城陽市教育委員会 1976・1980・1981）・正道廃寺（城陽市教育委員会 1993）・平川廃寺（城陽市教育委員会 1971・1974・1975）の3ケ寺が、7世紀中頃までに造営を開始する。

久世廃寺の創建に使用された素弁八弁の軒丸瓦は、大和の奥山廃寺で出土する製品（第16図6）と同范で、綴喜郡に接する河内国茨田郡の楠葉平野山窯の製品である。なお、この窯では、摂津四天王寺の創建瓦も焼成している。このように、久世廃寺は、楠葉平野山窯・奥山廃寺を通して蘇我氏や上宮王家とつながりをもつ。正道廃寺からは、久世廃寺例よりやや後出的な要素をもつ同文の製品が出土し、平川廃寺からは、飛鳥時代末期様式の素弁八弁の製品が出土している。なお、久世郡には、高句麗系渡来氏族・黄文（書）氏の居住も知られており、平川廃寺の創建氏族にあてる説もある。

綴喜郡については、大住郷に関係すると考えられる「隼人計帳」『正倉院文書』があり、隼人系氏族の居住や内氏、高句麗系の高井氏、任那系の多々良氏などが存在した。また、綴喜郷は、継体天皇の筒城宮の推定地であり、息長氏の居住を推定する説がある。綴喜郡では、志水廃寺（八幡市教育委員会 1978）・普賢寺（田辺町教育委員会 1982）・三山木廃寺（田辺町教育委員会 1982）がいちはやく造営を開始し、やや遅れて西山廃寺（足立寺）（八幡市教育委員会 1971）が創建される。普賢寺・三山木廃寺から出土する素弁八弁の軒丸瓦（第16図7）は、肉厚の花弁の先端をわずかに反転させ、整った表現をもつ同范品である。

相楽郡については、大狛郷・下狛郷の高麗（狛）氏のほかに、出水氏・福当氏などの高句麗系渡来氏族の存在が知られており、その濃密な分布が予想される。高麗寺の創建以後、木津川をはさんで対岸の水泉郷には、燈籠寺廃寺（木津町 1984）が造営される。創建時には、普賢寺・三山木廃

寺同范例が用いられ、高麗寺よりも、むしろ綴喜郡との関連が深い。下狛郷の里廃寺（同志社大学歴史資料館 2010）からは素弁系百済末期様式の瓦が出土しており、高麗寺にやや遅れて創建された。

寺院造営の初期において、南山城の様相は北山城と異なり、ほぼ三郡並立の状態と言えよう。このことは、秦氏と高麗氏の勢力の違いであり、蘇我氏との関わり方の違いとも言えようか。南山城においても、7世紀第Ⅳ四半期に伽藍造営の大きな変革が訪れる。その出発点は、やはり高麗寺からはじまった。

高麗寺では、天智天皇の大津宮遷都（667）前後に、瓦積基壇による大規模な伽藍整備が実施される。使用された軒瓦はすべて川原寺式であり、大和の川原寺創建瓦（A類）の同范例（第16図9）とその退化型式（高麗寺式）である。この高麗寺式は相楽郡を中心に分布し、郡内の蟹満寺（山城町教育委員会 1995、蟹満寺釈迦如来坐像調査委員会 2011）・松尾廃寺（天沼 1926）・泉橋寺（田中 1938b）が同笵品を、下狛廃寺（田中 1938b）・里廃寺（星野 1981・2000）・綴喜郡の山瀧寺（宇治田原町教育委員会 2006）が同文品を用いて創建され、久世郡の正道廃寺でも同文例が採用される。なお、蟹満寺において、高麗寺式とともに大和紀寺創建瓦（第16図10）同范例が創建時に使用されており、山背国における紀寺式導入の初例となる。

他には、久世郡の平川廃寺で高麗寺式とは系譜の異なる川原寺式が採用され、同郡の広野廃寺（（財）京都市埋蔵文化財研究所 1996）では、宇治郡の岡本廃寺と同様に、川原寺式亜式の製品を用いて造営が開始される。綴喜郡については、川原寺式・紀寺式ともみられず、北山城の乙訓郡同様、独自の様相を示す。

以上、山背国の寺院造営のあり方を概観した結果、北山城と南山城では、「大和飛鳥寺の造営以後、7世紀前半の寺院造営初期の段階」と「近江朝遷都・壬申乱以後、7世紀後半の段階」で大きな違いがみられる。

7世紀前半の段階からみると、山背国の寺院造営の端緒を開くのは、渡来系氏族・秦氏と高麗氏である。その拠点となったのが山背国の南北両端であり、蘇我氏・上宮王家との密接な関係がうかがえる。ただ、その渡来時期にもよるのであろうか、両者の勢力・影響力には格段の差がある。前者が広域的であるのに対して、後者は拠点的である。北山城においては、北野廃寺・広隆寺以来、造寺活動に空白期間がみられる。それに対し南山城では、在地の勢力も大きく、久世郡では蘇我氏・上宮王家との直接的な交渉がみられ、綴喜郡では独自の勢力による造寺活動が続くのである。

7世紀後半になると、北山城では山田寺式軒丸瓦を採用した北白川廃寺と紀寺式を採用した大宅廃寺が拠点となり、南山城では川原寺式の高麗寺や平川廃寺、紀寺同范の蟹満寺が寺院造営・伽藍整備伝播の拠点となる。これら標準型式の軒瓦の分布が、中央政権との政治的な関係を示すことは、多くの先学が認めるところである。ただ、北山城の乙訓郡と南山城の綴喜郡については、ここでも独自の展開をみせている。この段階は、寺院造営を積極的に推進した渡来系氏族が、在地勢力と融和・均質化した段階と言えようか。

2. 寺院造営と周辺の古墳

　ここでは、造寺活動の背景として、前節でみた周辺に形成された古墳（主に後期・終末期古墳）を補足的に概観し、渡来系氏族との関わりをみることとする。

　北山城では、北野廃寺・広隆寺にほど近い嵯峨野丘陵一帯に、5世紀後半から突如として前方後円墳が出現する。なかでも蛇塚古墳は全長70mを越し、巨大な横穴式石室が露出する。これらは秦氏の首長墓と考えられ、蛇塚古墳の被葬者を秦河勝とする説がある。それに対して桂川右岸の乙訓地域では、前期初頭の元稲荷古墳以来連綿と続く首長墓が、5世紀後半から急速にその規模を縮小する。葛野・乙訓地域では、新興の秦氏の勢力拡大と在地勢力の駆逐・融合の過程は明らかである。

　また、中小の横穴式石室を内蔵する群集墳としては、桂川左岸の丘陵に御堂ケ池古墳群、福西古墳群、音戸山古墳群が、右岸に西芳寺古墳群、大枝山古墳群などが形成され、西芳寺古墳群の東にある松室遺跡からは、秦氏の「葛野大堰」に関連すると考えられる大溝が検出されている。なお、御堂ケ池古墳群、音戸山古墳群などにみられる外護列石の存在は、渡来系の技術として注目される。

　紀伊郡は、乙訓郡同様、前期以来古墳の築かれた地域であるが、中期の黄金塚1・2号墳以後は顕著な古墳はみられない。6世紀代において秦氏が、完全に北山城の覇権を握った結果であろう。

　宇治郡では、山科盆地周辺に旭山古墳群、醍醐古墳群、中臣十三塚古墳群など後期から終末期にかけての群集墳が形成される。特に旭山古墳群、醍醐古墳群は、7世紀代の横穴式石室をもつ小型方墳がほとんどで、列石はなく周溝で区画する。類例は近江の横尾山古墳群などにみられるが、音戸山古墳群とも共通する。なお、大宅廃寺では、境内に横穴式石室墳が温存されていたようで、古墳と寺院を直接結びつける稀有な例と言えよう。

　南山城では、前期初頭の椿井大塚山古墳を筆頭に、久世郡の久津川古墳群に至る大型前方後円墳の系譜がある。後期の状況については、発掘例が乏しく不明な点が多い。

　久世郡は、前代に比べて極端に後期古墳が減少する地域である。横穴式石室墳はほとんどみられず、横穴式石室不採用に近い状況である。それに対して、綴喜郡南半部以南の地域では積極的に横穴式石室が採用され、綴喜郡北半部では横穴墳が発達する。綴喜郡は横穴式石室墳と横穴墳が混在する地域である。このような状況は、先にみた綴喜郡における寺院造営の独自性や、久世郡域における強固な郡域支配の状況を反映しているものと考えられる。

　相楽郡の蟹満寺・松尾廃寺・高麗寺跡の背後の丘陵には、それぞれ30基以上の横穴式石室墳が群集しており、特に、発掘調査が行われた蟹満寺東方の車谷古墳群では、5世紀末から7世紀の前半にかけて40数基の古墳が築かれ、7世紀代のものは小型の単次葬墓である。また、蟹満寺北方の井手町小玉岩古墳群は、列石をもつ終末期の小方墳群である。精華町の畑ノ前東古墳群にも終末期の列石をもつ円墳があり、稲八妻氏の居館跡とされる畑ノ前遺跡では、居館内に大宅廃寺同様、横穴式石室墳が温存されていた。綴喜郡の下司古墳群は普賢寺の東方にあり、8基からなる終末期の単次葬墓群である。相楽郡における横穴式石室墳の採用は、高麗氏の勢力圏と一致する。

さて、ここまで山城国の寺院造営の過程とその背景としての古墳のあり方について概観した。その結果、北山城においては、5世紀の後半以後、葛野郡を拠点として渡来系氏族・秦氏の勢力が増大し、在地の勢力を駆逐・融合することによって、6世紀の後半には、北山城一帯に絶大な影響力をもつようになったことがわかった。7世紀初頭に秦氏は、自らの拠点でいちはやく造寺活動を開始する。そこには、蘇我氏・上宮王家との密接な関係がうかがえた。北山城における7世紀第Ⅳ四半期までの長い造寺活動の空白については、秦氏の隔絶した勢力に起因すると解釈したい。7世紀第Ⅳ四半期以後、北山城の造寺活動は活発化する。この段階は秦氏と在地系氏族の融合が完成した段階と言えよう。

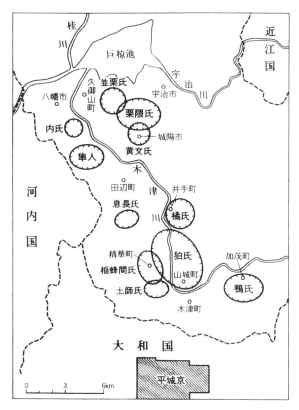

第17図　南山城の古代氏族（山城町 1987）

南山城においては、6世紀代において隔絶した勢力は存在しない。そのかわり、古墳において、横穴式石室を採用する地域（相楽郡）、しない地域（久世郡）、横穴墳と横穴式石室墳が混在する地域（綴喜郡）の区別が可能である。7世紀初頭において、渡来系氏族・高麗（狛）氏がいちはやく造寺活動に着手するが、蘇我氏・上宮王家と関係をもちえたのは高麗氏のみではなく、久世郡の在地勢力があり、綴喜郡では独自の造寺活動もみられた。7世紀後半になると、軒瓦の様相は北山城同様、相楽郡と久世郡の氏族に融合がみられるのである。

3. 南山城の古代氏族と寺院

ここまで山背国内の寺院と古墳について、渡来系氏族としての秦氏と高麗（狛）を中心として概観した。ここでは、南山城における古代氏族について『新撰姓氏録』等をもとに概観しながら、寺院と創建氏族の関係をみてみよう。

久世郡

栗隈（前）氏（栗隈県主）、山背氏（山代国造）、石作氏、水尾氏、黄文氏、並栗氏、日下部氏、六人部氏、秦氏、三輪栗隈氏、水主氏、奈葵氏、葉栗氏、巨椋氏、息長竹原氏、榎室氏。

久世郡での居住が明らかな氏族のうち、栗隈（前）氏、山背氏については、律令制以前の倭王権

の地域支配の名残として、県主・国造という在地首長名が記されており、貴重である。栗隈県主については、『日本書紀』仁徳天皇12年10月条に、「大溝を山背の栗隈に掘りて田に潤く」とあり、栗隈の地は後の栗隈（前）郷で、現在の宇治市広野町・大久保町付近にあたる。山代国造については、『日本書紀』巻第一に、山代直らの祖として「天津彦根命」（『古事記』上巻では「天津日子根命」）を記しており、後の水主郷（城陽市水主付近）の式内社である水主神社に、御祭神として「水主坐山背大国魂命」の名がみえる。この地域は、古墳時代後期には前節でみたように、横穴式石室の導入に消極的で「木棺直葬に固執する地域」にあたる。

黄文氏については、『新撰姓氏録』（山城国・諸蕃・高麗）から高句麗系渡来氏族であり、『日本書紀』推古天皇12年（604）9月是月条には、「始めて黄書画師・山背画師を定む」とあり、高句麗系渡来人である。また、『日本書紀』欽明天皇26年（565）5月条によると、奈羅（八幡市上奈良・下奈良付近）にも高句麗系渡来人の分布していたことがわかる。なお、『新撰姓氏録』には、水主氏、奈癸氏、葉栗氏、巨椋氏、息長竹原氏といった、それぞれ水主郷、那紀郷、羽栗郷、巨椋・麻倉郷竹原里といった郷名・地名を負う氏族がいた。

この地域には、広野廃寺（宇治市）、平川廃寺（城陽市）、久世廃寺（城陽市）、正道廃寺（城陽市）が所在するが、その造営氏族として予想されるのは、広野廃寺－栗隈（前）氏、平川廃寺－黄文氏、平川廃寺・久世廃寺・正道廃寺－山背氏の組み合わせが考えられる。

綴喜郡

隼人氏（隼人系氏族）、内氏、石作氏、葦屋氏、錦部氏、甲作客氏、粟田氏、高井氏、多々良氏。

綴喜郡では、大住郷（京田辺市大住付近）に関係すると考えられる「隼人計帳」（『正倉院文書』）がある。ここには、隼人系氏族のほかに内氏、石作氏、葦屋氏が記されている。この地域以北は、古墳時代後期には前節でみたように、横穴墓の卓越する地域である。

『新撰姓氏録』によると、高井氏、多々良氏については、それぞれ多可郷、多々羅といった郷名・地名を負う氏族がおり、高井氏は高句麗系、多々良氏は任那系の渡来氏族である。また、『古事記』仁徳天皇条には、筒城の韓人の記述があり、百済系渡来人の居住もあったようである。

この地域には、西山寺跡（八幡市）、志水廃寺（八幡市）、興戸廃寺（京田辺市）、三山木廃寺（京田辺市）、普賢寺跡（京田辺市）、山瀧寺（宇治田原町）が所在するが、その造営氏族として予想されるのは、志水廃寺－内氏、普賢寺跡－息長氏・百済系渡来氏族（筒城の韓人）・多々良氏（任那系の渡来氏族）の組み合わせが考えられる。

相楽郡

掃守氏、阿刀氏、鴨氏、狛氏、稲蜂間氏、客氏、日奉氏、綾部氏、山村日佐氏、出水氏、福当氏、額田氏、土師氏、橘氏、綺氏。

掃守氏は相楽郡令、阿刀氏は祝園郷長として名がみえ、賀茂郷の鴨氏、大狛郷・下狛郷の狛氏、稲蜂間氏は祝園郷の稲蜂間の地名を負う氏族である。山村日佐氏は『新撰姓氏録』で山城国・皇別としているが、百済系渡来氏族である。また、『新撰姓氏録』によると、出水氏、福当氏は左京・

諸蕃下・高麗で、狛氏と同じ高句麗系渡来氏族である。この地域は、古墳時代後期には前節でみたように、横穴式石室を積極的に導入した地域である。

　土師氏は、現在の木津川市に東吐師・西吐師の地名を残しており、綺氏は綺郷（綺田）の地名を、橘氏は綺郷に別業をかまえてここを本拠地としていた。

　この地域には、下狛廃寺（精華町）、里廃寺（精華町）、樋ノ口遺跡（精華町）、井手寺（井手町）、蟹満寺（木津川市）、松尾廃寺（木津川市）、高麗寺（木津川市）、泉橋寺（木津川市）、燈籠寺廃寺（木津川市）、鹿山寺（木津川市）、法華寺野遺跡（木津川市）、山背国分寺（木津川市）、釈迦寺（木津川市）、神雄寺（木津川市）、笠置寺（笠置町）が所在するが、その造営氏族として予想されるのは、下狛廃寺・里廃寺・蟹満寺・松尾廃寺・高麗寺－狛（高麗）氏、蟹満寺－掃守氏・綺氏・狛（高麗）氏、燈籠寺廃寺－出水氏の組み合わせが考えられる。

　以上、本節では、山背国における古墳と初期の古代寺院、古代氏族の様相を概観したが、北山城と南山城のあり方に大きな相違があることがわかった。そこには様々な要因が交錯するとしても、仏教文化受容に対する渡来人の存在と役割が大きく作用していることは明らかである。山背国における寺院造営を促した要因としては、まず、古墳文化を主導してきた従来の地域支配勢力の衰退と新たな新興勢力の勃興に求めることができそうである。新たな新興勢力とは、渡来系氏族であり、北山城の秦氏と南山城の高麗（狛）氏に代表される。しかし、その勢力の差は歴然としており、北山城では5世紀後半から嵯峨野に前方後円墳の新興首長系譜が登場し、北野廃寺・広隆寺造営の基盤を準備した。まさに、絶大なる勢力をもつ秦氏の拠点に、首長墳と寺院が同居するのである。

　南山城においては、古墳文化を主導してきた地域支配勢力の衰退以後、顕著な首長墳の系譜はみられない。そのかわり、新たな墓制としての横穴式石室を採用する地域（相楽郡）、しない地域（久世郡）、横穴墳と横穴式石室墳が混在する地域（綴喜郡）の区別が可能であった。7世紀初頭、小規模な横穴式石室墳を主体とする群集墳を背景として高麗（狛）氏がいちはやく造寺活動に着手するが、その後、旧来の墓制を墨守し、横穴式石室を採用しない地域でも寺院造営が開始される。栗隈（前）氏（栗隈県主）、山背氏（山代国造）などの旧来の勢力と高麗（狛）氏に代表される新興勢力が、拮抗している状況と言えよう。むしろ、各郡で渡来系氏族と旧来の中小氏族が混在している様相からは、仏教文化受容の端緒を渡来系氏族が開くとしても、旧来の豪族層との融和のうちに、寺院造営が促進されたとすべきであろう。

第3節　仏教文化受容の痕跡

1. 推古天皇32年寺四十六所

　欽明朝におけるいわゆる「仏教公伝」以後、ほぼ半世紀を経て、『日本書紀』崇峻天皇元年（588）、

飛鳥の地に七堂伽藍を備えた列島最初の寺院として、飛鳥寺が産声をあげる。そして、推古天皇2年（594）の「三宝興隆詔」から30年後の推古天皇32年（624）、寺と僧尼の実態を調査したところ、寺院総数46所、僧816人、尼569人、併せて1385人いたと記している。しかし、この調査の10年前の推古天皇22年には、蘇我馬子の病に際して「大臣の爲に、男女幷て一千人、家出す」とする記事があり、いかに臨時・緊急の措置とはいえ、まさに、推古朝での仏教政策は蘇我氏の専権事項であり、僧尼の出家も自在なのである。そして、「三宝興隆詔」を契機として、大夫たちが「競ひて仏舎を造」ったとする「寺」とは、いかなるものであったろうか。

この推古天皇32年段階での寺四十六所の比定については、戦前に石田茂作が遺跡遺物の考古学的研究で知りうるもの46ケ寺、文献から知りうるもの3ケ寺、計49ケ寺の飛鳥時代建立寺院をあげている（石田 1944）。戦後では、福山敏男が推古・舒明朝の頃と推定しうるもの十四、飛鳥末から白鳳初期のもの22、白鳳初期のもの19の計55ケ寺をあげ（福山 1968）、稲垣晋也は、飛鳥時代前期と推定しうる寺院16（大和10、山城2、河内3、摂津1）、飛鳥時代後期（太子没後）と推定しうる寺院19（大和10、山城2、河内5、播磨1、備中1）をあげている（奈良国立博物館 1970、稲垣 1971）。

ただし、大化改新までの飛鳥時代に成立し、あるいは造営に着手したであろう寺院が、主要堂塔（塔、金堂、講堂ほか）を備えた「伽藍」と呼べるような体裁を整えたかどうかは疑問である。複数の堂・塔によって構成される伽藍と呼べるような形態が一般化するのは、7世紀の後半の白鳳期に至ってからである。それ以前に端緒をみいだせる寺院においても、7世紀の後半に伽藍が整備されたと考えられるものがほとんどである。したがって、7世紀第Ⅰ四半期の推古天皇32年段階までの寺については、建築部材として寺院建築の存在を予想させる瓦の出土によってのみ予測可能であり、現状ではその検討こそが唯一の方法と言えよう。その場合、「山田寺式」の単弁蓮華文軒丸瓦が出現する舒明朝の百済大寺造営開始（639年）前の素弁系軒丸瓦の検討を通して、逆に該当する初期寺院の存在を可能性として示すこととなるのである。なお、当時はまだ捨宅仏教、草堂仏教の時代であり、瓦葺ではない寺の存在も予想されるが、現状では考古学的な検討対象とはならない。

2003年に帝塚山大学考古学研究所が実施したシンポジウム「推古朝の四十六か寺をめぐって」では、この寺四十六所の比定を行っている（帝塚山大学考古学研究所 2004）。検討の結果、後の律令国制でいう大和国では、飛鳥寺、斑鳩寺、片岡王寺、豊浦寺、坂田寺、橘寺、和田廃寺（葛城尼寺）、法起寺（池尻尼寺）、中宮寺、奥山廃寺（小治田寺）、檜隈寺、西安寺、平群寺、姫寺、海竜王寺、横井廃寺、願興寺、巨勢寺、古宮遺跡の計19ケ寺と、候補地として日向寺、只塚廃寺、比蘇寺、長林寺の4ケ寺があげられている。後の摂津・河内・和泉の地域では、四天王寺、新堂廃寺、衣縫廃寺、船橋廃寺、龍泉寺の計5ケ寺をあげ、『日本書紀』記載の難波大別王の寺に将来の発見を期待した。後の山背・近江の地域では、高麗寺、北野廃寺、広隆寺の計3ケ寺をあげ、鞆岡廃寺、里廃寺のほかに久世廃寺、正道廃寺、近江の衣川廃寺を候補地としたがその可能性は低い。したがって、現時点で確実に「推古天皇32年（624）段階での寺四十六所」に該当する遺跡は、27箇所、候補地を含めても34箇所となった。後の畿内の地域以外では、吉備国（末ノ奥瓦窯跡）や筑前国（神ノ前2号窯、月ノ浦1号窯）などで古式の瓦が生産されているが、近辺での寺院の実態は

不明である。また、東国では、武蔵国の寺谷廃寺は伽藍等不明であるが、桜花弁式の花組の特徴をもつ古式の軒丸瓦が3種確認されている。近接する平谷窯から供給されたと考えられている。

以上の考古学的な検討は、あくまでも「推古天皇32年（624）段階での寺四十六所」を、出土瓦を根拠として比定したものである。しかも、その範囲は後の畿内の範囲に収まり、この時代までに造られたと考えられる遺構の検出は皆無に近く、建築資材としての瓦のみを根拠とした結果なのである。当然、はじめに記したように、当時の状況を捨宅仏教、草堂仏教の時代とするならば、瓦葺建物のまったく存在しない仏堂を寺として勘定することも可能である。ましてや、僧・尼とみなす基準すら曖昧なのである。

2. 山背（代）国飛鳥期寺院の瓦

飛鳥寺造営を契機とした寺院造営の波及は、山背（代）国において、南端の相楽郡高麗寺と北端の葛野郡北野廃寺から開始される。しかも、その営まれた地は、高句麗系渡来氏族狛（高麗）氏と新羅系渡来氏族秦氏の両拠点であった。そして、その時期は、高麗寺跡から出土する飛鳥寺創建期軒丸瓦同笵例からみて、7世紀初頭にはすでに開始されており、あたかも飛鳥寺造営が示す仏教文化受容の確実な合図を待っていたかの様相を呈している。その後、山城国内では、相楽郡に隣接する久世郡、葛野郡に隣接する乙訓郡に寺院造営が波及し、7世紀中頃までには綴喜郡に及ぶ。

ここでは、大化前の飛鳥時代に寺院造営の端緒あるいは前身寺院の存在が認められる遺跡について概観し、その造営の契機について考えてみたい。

高麗寺跡（相楽郡木津川市山城町上狛　第16図5）（梅原 1939a、田中 1938a・1944a、山城町教育委員会 1989b、木津川市教育委員会 2011）

高句麗系渡来氏族狛（高麗）氏の氏寺と考えられ、同氏の本拠地大狛郷に小字高麗寺の地名を残す。付近には、『日本書紀』欽明天皇31年（570）条の高句麗使節を迎え入れた高椓館（相楽館）が営まれたと考えられ、近江から宇治川・木津川を通って大和に至る基点である。伽藍は大和川原寺同笵軒丸瓦やその退化型式（高麗寺式）により瓦積基壇を用いて整備されるが、先行型式として花組の大和飛鳥寺同笵軒丸瓦 KmM11A、11B（飛鳥寺Ⅰ、A）が出土する。これらの型式は現在までの発掘調査ですでに10数点出土しており、当該期の遺構は未確認であるが、同期の丸・平瓦を含め、高麗寺の創建に係る建築資材と認定できる。なお、飛鳥寺A型式は飛鳥寺での出土点数は少なく、奈良市姫寺廃寺から飛鳥寺、奈良市海竜王寺や高麗寺へ搬入された可能性が指摘されている。

里廃寺（相楽郡精華町下狛）（星野 1981・2000）

高麗寺同様、狛氏の拠点のひとつと考えられる下狛郷に営まれ、かつて法光寺址として紹介された。伽藍は高麗寺式軒丸瓦により瓦積基壇を用いて整備されるが、先行型式として百済系の素弁式軒丸瓦が1点出土している。小振りな製品でT字間弁と弁端の返りの表現がみられ、奥山廃寺式

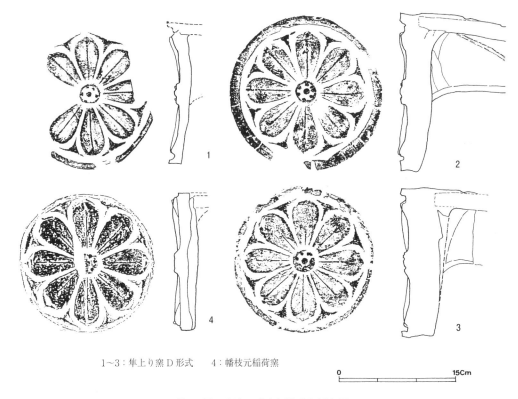

1〜3：隼上り窯D形式　　4：幡枝元稲荷窯

第18図　山城の「高句麗系」軒丸瓦

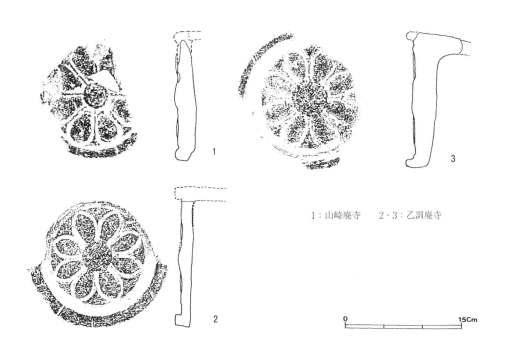

1：山崎廃寺　　2・3：乙訓廃寺

第19図　山城の素弁系軒丸瓦（1）

の系譜にある。ただし、この瓦をもって伽藍造営の端緒とみるか否かは不明である。飛鳥期の遺構は未検出である。

燈籠寺廃寺（相楽郡木津川市木津　第20図8）（木津町 1984）
　木津川をはさんで高麗寺対岸の水泉郷に営まれた燈籠寺廃寺は、やはり高句麗系渡来氏族出水氏の拠点で、山背国分尼寺に比定する説もあるが詳細は不明である。土壇周辺からは、いわゆる百済系で三山木廃寺・普賢寺出土例と同笵の弁端がわずかに尖った肉厚の花弁をもつ軒丸瓦が採集されている。焼成はやや硬質で淡灰色を呈している。また、1点のみではあるが、ほぼ直線顎で瓦当部をわずかに肥厚させた大振りの忍冬様唐草軒平瓦が出土しており、あるいは百済大寺における型押忍冬唐草文軒平瓦の存在を考慮するとき、あまりにも示唆的である。飛鳥末期の製品とすることができる。飛鳥期の遺構は未検出である。

三山木廃寺（綴喜郡京田辺市宮津　第20図6）（田辺町教育委員会 1982）
　山本郷に所在し、顎面施文軒平瓦を用いて7世紀後半に伽藍が整備されたと考えられるが詳細は不明である。前記燈籠寺廃寺、普賢寺同笵例が出土しており、外縁に一条の圏線がめぐる。この圏線の存在については、燈籠寺廃寺同様、百済大寺との関連が予想される。細部の調整は不明であるが、瓦当裏面を中くぼみに仕上げている。焼成は軟質で灰白色を呈している。飛鳥期の遺構は未検出である。

普賢寺（綴喜郡京田辺市普賢寺　第20図7）（田辺町教育委員会 1982）
　長息山普賢教法寺あるいは筒城寺とも記されており、新羅系渡来氏族長息氏の氏寺である可能性が指摘され、郷名を冠する寺院である。詳細は不明であるが、塔跡は川原寺式系の軒丸瓦により瓦積基壇を用いて整備されたようである。やはり、先行型式として燈籠寺廃寺、三山木廃寺同笵例が出土している。外縁上の圏線が明瞭である。接合する丸瓦は端部未加工のままベタ付けしており、凸面側の補足粘土は少ない。飛鳥期の遺構は未検出である。

志水廃寺（綴喜郡八幡市八幡　第20図5）（八幡市教育委員会 1971、江谷 1978）
　有智郷に所在し、内氏との関連が考えられる。やはり瓦積基壇が検出されており、川原寺式軒丸瓦の段階に整備されたようである。先行型式には、燈籠寺廃寺、三山木廃寺、普賢寺同笵例に似た素弁の軒丸瓦や、河内衣縫廃寺や船橋廃寺同笵の獣面文軒丸瓦がある。飛鳥期の遺構は未検出である。やや肉厚の花弁の先端を尖らせている。文様の特徴は以下の第20図6〜8に近い。摩滅のため調整は不明。焼成は軟質で灰白色を呈す。

西山廃寺（河内国茨田郡八幡市八幡　第20図4）（八幡市教育委員会 1971）
　かつての河内国茨田郡楠葉郷に所在し、和気清麻呂創建の足立寺に比定する説がある。8世紀代の瓦積基壇が検出されているが、いわゆる百済系や高句麗系の軒丸瓦が出土している。前者は彫り

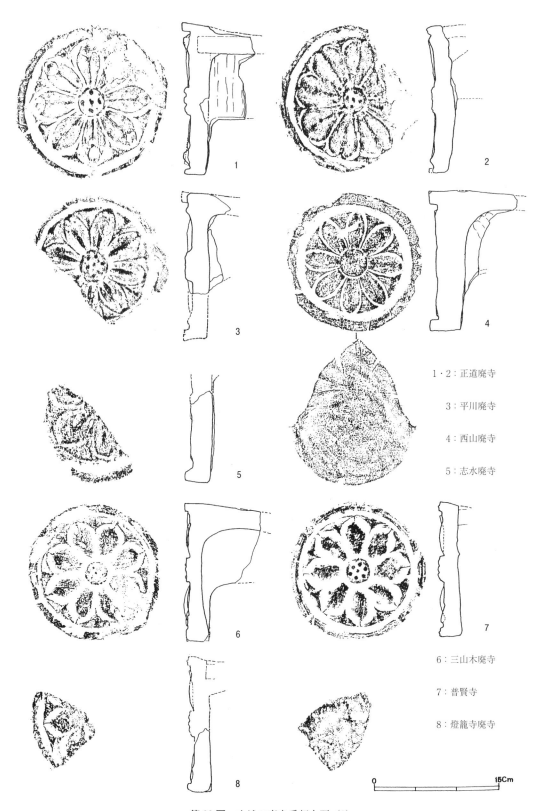

1・2：正道廃寺

3：平川廃寺

4：西山廃寺

5：志水廃寺

6：三山木廃寺

7：普賢寺

8：燈籠寺廃寺

第20図　山城の素弁系軒丸瓦（2）

の浅い平板な製品であり、乙訓寺例（第19図2）に似るが異笵である。瓦当は厚く側面は回転ナデで仕上げる。接合部凹面側の補足粘土は比較的多めで、裏面はナデて平坦に仕上げ縁に沿った強い指ナデを施す。焼成は硬緻で灰色を呈す。後述する乙訓寺例に近似する。後者は楔形間弁をもつ高句麗系隼上り窯Dの退化型式である。

　平川廃寺（久世郡城陽市平川　第20図3）（城陽市教育委員会 1971・1974・1975）
　文様の彫りが比較的深く、花弁の端が尖り反転を表現している。弁中央の稜線も比較的明瞭である。中房はなで肩に盛り上がり1＋9の蓮子を変則的に配す。丸瓦の接合位置は比較的高く、摩滅のため調整は不明であるがナデを主体としているようである。軟質の焼成で黄褐色を呈す。

　久世廃寺（久世郡城陽市久世）（城陽市教育委員会 1976・1980・1981）
　久世郷に所在し、山背氏（山代国造）との関連が考えられる。川原寺式軒丸瓦段階以後の大規模な瓦積基壇塔跡が、久世神社境内で検出されている。先行型式には、奥山廃寺式の奥山廃寺ⅡD同笵例（第18図1）が出土しており、楠葉平野山窯の製品である。

　正道廃寺（久世郡城陽市寺田　第20図1）（城陽市教育委員会 1993）
　久世郡衙に比定されている正道官衙遺跡に隣接する寺院跡と考えられるが、実態は不明である。高麗寺式軒丸瓦の出土量が多く、この段階での伽藍整備が予想される。先行型式には奥山廃寺式をもつが、弁端の珠点を消失している。また、楔形間弁をもつ高句麗系のものが2型式ある。第20図1は文様の彫りが深く花弁中央の稜線は明瞭である。中房の突出は高く1＋4の蓮子は花弁稜線に対応して割り付けられている。丸瓦の接合位置は内区外縁に沿っており、凹凸両面の補足粘土は比較的多めで、凸面側を平行タタキで整える。瓦当裏面はナデて平坦に仕上げ、縁に沿った強い指ナデを施す。この製品は楔形間弁の高句麗系隼上り窯D（第18図1～3）を祖型としているようで、瓦当が厚くなる段階に対応する。焼成は軟質で淡褐色を呈す。第18図2は1に比べ文様の彫りが浅く花弁の先端にやや丸みをもつ。丸瓦の接合位置は高く、凹面側の補足粘土は多めである。調整はナデを主体としており、笵は外縁にかぶさる。第18図1に後続する型式である。焼成は軟質で、黄褐色を呈す。

　鞆岡廃寺（乙訓郡長岡京市友岡）（小田切 1987）
　鞆岡郷に所在する鞆岡廃寺については、「田辺史牟也毛」銘平瓦の出土により、百済系渡来氏族田辺氏と関連するとする説がある。長岡京内の寺院であるが、表採資料に星組の四天王寺ⅠA（斑鳩寺4A）同笵例があり、楠葉平野山窯の製品である可能性が高い。

　乙訓寺（乙訓郡長岡京市今里　第19図2・3）（京都府教育委員会 1967b）
　長井郷に属す京内の寺院である。西山廃寺例に近似した百済系の平板な軒丸瓦が出土している。素弁系のもの2型式のうち、第20図2は弁の隆起を欠き、蓮弁と楔状間弁の輪郭を同一の凹線で

表現している。弁端は尖り中房はわずかに丸みをもって隆起する。蓮子数は不明。薄手の製品で、丸瓦との接合位置は高く凹面側の補足粘土は少ない。焼成は軟質で淡灰褐色を呈す。第20図3は弁にボリュウムをもち、間弁の先端は中房に達する。弁端はやや尖り中房はわずかに丸みをもつ。中房周縁に細溝をめぐらせ、蓮子数1＋4。三重弧文軒平瓦とのセットが考えられている。

山崎廃寺（乙訓郡大山崎町大山崎　第19図1）（林 1987）

山崎郷に所在するが詳細は不明である。山崎宝寺付近採集と伝わる資料は、弁端がやや尖り中房に丸みをもつ。楠葉平野山窯で焼成した四天王寺ⅠAに近似するが、弁端の珠点をもたない。蓮子の有無は不明。丸瓦の接合位置は高いようで凹面の補足粘土は少ない。軟質の焼成で灰白色を呈す。星組の系譜にある百済系の軒丸瓦があるが、弁端の珠点をすでに消失している。船橋廃寺式の特徴をもつ。

北野廃寺（葛野郡京都北区北野白梅町　第16図1・2）（藤沢 1938）

新羅系渡来氏族秦氏の拠点葛野郡に営まれた北野廃寺は、『日本書紀』推古天皇11年（603）条にみる秦河勝創建の「蜂岡寺」や「葛野秦寺」に比定する説があり、蜂岡寺を広隆寺の前身（元広隆寺）とする『広隆寺縁起』では、推古天皇30年（622）創建としている。瓦積基壇を用いた伽藍整備は遅れるが、創建期の軒丸瓦は花組の飛鳥寺創建瓦酷似例2種と高句麗系1種がある。これらは幡枝元稲荷窯と北野廃寺窯の製品で、後者（第16図2）は隼上り窯Dと同范である。瓦范のみの移動が指摘されている。

広隆寺（葛野郡京都市右京区太秦蜂岡町　第16図3・4）（田中 1944b）

北野廃寺が元広隆寺であるかどうかは別にして、現広隆寺が秦氏の寺であることは誤りない。7世紀後半の基壇地業が確認されており、この時期に伽藍整備がなされたのであろう。創建期の軒丸瓦には退化の進んだ星組の末裔2種（第16図3）と楔形間弁をもつ高句麗系の1種（第16図4）がある。

3．山背（代）国における初期寺院造営

山背（代）国飛鳥期寺院の瓦においては、高句麗系渡来氏族狛（高麗）氏の拠点として高麗寺が、新羅系渡来氏族秦氏の拠点として北野廃寺が、飛鳥寺花組同范あるいは同文の軒丸瓦を用いて創建される。これらの型式は他に波及することはない。むしろ、次の第2段階は、四天王寺造営を目的とした楠葉平野山窯の生産を契機として、鞆岡廃寺で星組の四天王寺ⅠA（斑鳩寺4A）同范例が用いられ、別にこれを祖型として広隆寺の創建がなされたものと考えられる。この星組の波及は、鞆岡廃寺からおそらく山崎廃寺に展開したのであろう。また、同窯で生産された奥山廃寺式は、久世廃寺で奥山廃寺ⅡD同范例を用いて創建がなされ、正道廃寺、里廃寺へと波及したと考えられる。続く第3段階は、隼上り窯で生産された楔形間弁をもつ高句麗系の出現であろう。隼上り窯で

は、豊浦寺の塔の建立に用いられた弁間点珠の軒丸瓦生産終了後、楔形間弁をもつ上記の瓦が生産されたと考えられており、笵が移動して北野廃寺へ、そこから伝播して広隆寺へ波及したようである。また、この波及は近江の穴太廃寺に及んだ可能性がある。

いずれにしても、推古天皇32年（624）段階での寺院四十六所に該当する寺院は、山背（代）の高麗寺、北野廃寺、広隆寺があり、他にも鞆岡廃寺、里廃寺がその可能性を残すのである。

最後に本節では、山背（代）における本格的な伽藍造営以前の状況について、飛鳥末期様式の軒丸瓦を通して再確認する。ここでは、通常、川原寺式に先行すると考えられる山田寺式軒丸瓦の導入以前の「船橋廃寺式」について確認する。言うまでもなく、いわゆる「船橋廃寺式」軒丸瓦の最大の特徴は、素弁の端が尖って花弁の反転を表現し、中房の輪郭が丸みをもつか半球状を呈する点にある。これらの特徴は豊浦寺講堂の創建瓦ⅢAや斑鳩寺7Aなどにみられ、後に単弁型式の「木之本廃寺式」軒丸瓦へとつながる。しかし、山城においては、今のところ「船橋廃寺式」と呼べる型式の導入・展開は確認できていない。したがって、ここでは「船橋廃寺式」に名を借りて、「花組」「星組」の百済系や「豊浦寺式」の高句麗系、「奥山久米寺式」などを除く素弁系軒丸瓦を取りあげ、山田寺式導入前の状況を確認したい（奈良国立文化財研究所 2000）。

平安遷都前の山背国内には、現在までに約50ヶ寺の古代寺院が知られているが、そのうち、出土した軒瓦からみて7世紀中頃までに創建されたと考えられる寺院は10ヶ寺あまりである。これら寺院の造営は、まず北山背は葛野郡の北野廃寺、南山背は相楽郡の高麗寺で開始される。創建時に使用された瓦は、ともに桜花弁式の「花組」で、高麗寺のものは飛鳥寺Ⅰ、A型式同笵、北野廃寺のものは飛鳥寺近似例である。葛野郡の広隆寺は「星組」、乙訓郡の鞆岡廃寺は四天王寺ⅠA型式同笵の「星組」、久世郡の久世廃寺は奥山廃寺ⅡD型式同笵の「奥山廃寺式」、同郡正道廃寺も「奥山廃寺式」を用いて創建された。また、宇治郡の隼上り窯は豊浦寺の瓦窯として「豊浦寺式」の高句麗系、現八幡市の河内国茨田郡楠葉平野山窯は四天王寺の瓦窯として「星組」の製品などを生産していた。まとめると、以下のようになる。

1）基本的に「星組」の系譜をひく楠葉平野山窯に近い西山廃寺や乙訓郡の乙訓寺、山崎廃寺例は、「船橋廃寺式」に比較的似た様相をもつ。このことは、奥山久廃寺式から派生する「船橋廃寺式」の状況に似る。なお、西山廃寺には高句麗系隼上り窯D型式の退化型式と考えられる瓦が存在するが、楔形間弁が珠点に変化しており、その展開は決して一様ではない。

2）高句麗系の楔形間弁をもつ隼上り窯D型式は、豊浦寺へは搬入されず山背国内で独自の展開をする。窯跡に近い久世郡の正道廃寺、平川廃寺例は、高句麗系の楔形間弁をもち、隼上り窯D型式に近似する。ただ、正道廃寺例は中房の蓮子が1＋4で、近傍の久世廃寺創建瓦の奥山久米寺式の影響も看取できる。また、平川廃寺例の中房が比較的大きいのも、その影響であろう。

3）木津川左岸に分布する綴喜郡の志水廃寺、三山木廃寺、普賢寺、燈籠寺廃寺例は、三山木廃寺以下3例が同笵であり、志水廃寺例も近似している。中房以外は「船橋廃寺」式の特徴をもつが、外縁に圏線をもっている。この圏線は「木之本廃寺式」の吉備池廃寺式を初例としており、それ以後の製品である。おそらくは、1）の山崎廃寺、乙訓寺例の系譜をひく展開として理解できよう。

以上のことは、杉本宏が隼上り窯出土資料を通して検討した「山背国の寺院では、楔形間弁高句麗系は、百済系と併用されていると考えてよい」とする結論（杉本1998）に一致し、上原真人が「隼上り窯における軒丸瓦の変遷は、（中略）しかも、瓦当径が大きくなった「高句麗系軒丸瓦」は、軽寺式の百済系軒丸瓦の瓦当文様にも共通性がある」とする指摘（上原1996）にもあう。山城における「船橋廃寺式」的な展開と言えないだろうか。

第4節　高句麗移民の痕跡

　『日本書紀』欽明天皇31年（570）、越の海岸に漂着した高句麗の使節は、「近江の北の山」を越え、船で琵琶湖を縦断して宇治川を下り木津川を遡って、南山城（京都府南部）の高槻館に迎え入れられ、相楽館において饗応されている。これは、倭国（大和王権）と高句麗との正式な国交を示す最初の記事である。このとき、高句麗では平原王が王位にあったが、隣国新羅では真興王の治世下で国力が強大化しており、新羅・百済との対抗上、高句麗は倭国との緊密化を企図したものと考えられる。その後、使節が携えた国書は、『日本書紀』敏達天皇元年（572）、敏達天皇の百済大井宮に送られて解読されるが、使節内の内紛により返書を待たずして帰国することとなる。この古代の迎賓館とも言える高槻館（相楽館）が設けられた地（『和名類聚抄』にいう山城国相楽郡大狛郷・相楽郷・下狛郷）は、現在の京都府木津川市・相楽郡精華町に所在し、ちょうど大和王権中枢部が所在する大和国への北の玄関口に相当する。

　貞観3年（861）の『日本三代実録』に記す大伴氏の家記によると、『日本書紀』欽明天皇23年（562）の大伴狭手彦の高句麗攻略記事と関連して、このときの俘因が山城国の狛人となったとしている。また、『日本書紀』欽明天皇26年（565）には、高麗人の頭霧利耶陛らによる九州の筑紫への渡来記事があり、彼らは山城国に安置されて、畝原・奈羅・山村の高麗人の祖となったことを記している。なお、奈羅はかつての久世郡那良郷（現在の京都府八幡市上奈良・下奈良）にあたり、畝原・山村はかつての大狛郷・下狛郷付近のことを指していると考えられる。山城国においては、京都盆地を中心とする北山城地域（京都市・乙訓郡域・宇治市北部）が新羅系渡来氏族・秦氏の勢力圏であるのに対し、宇治川・巨椋池以南の南山城は、かねてより、高槻館（相楽館）が設けられる以前から高句麗系の人々の偏在する地域だったのである。

　高句麗移民が日本列島に渡来するルートとしては、「頭霧利耶陛らの渡来記事」にみるような、朝鮮半島から対馬海峡を横断して北九州に上陸するという方法のほかに、冒頭の「高句麗使節来朝記事」にみるような、高句麗東岸から対馬海流や北西の季節風を利用して直接日本海（東海）をわたり北陸に上陸する方法が存在した。『日本書紀』によれば、敏達天皇2・3年（573・574）、天智天皇7年（668）来朝の高句麗使節は、いずれも越の沿岸に到着している。高槻館（相楽館）が設けられた相楽郡は、北陸地方と大和を結ぶ交通ルートの要衝に位置しており、7世紀初頭、ここに高句麗移民の精神的シンボルとして高麗寺が建立されるのである。しかも、この寺は、渡来氏族狛

第 21 図　木津川と高麗寺（山城町 1987）

（高麗）氏の氏寺として創建されたと考えられている。

1. 高麗寺の概要と周辺の遺跡

　史跡高麗寺跡は、京都府木津川市山城町上狛に所在し、西流する木津川が奈良山の低丘陵に阻まれて一気に流れを北に転じるその内懐に位置している。段丘上に築かれた伽藍は南面し、眼前に迫る木津川の雄大な流れを透かして間近にみえる奈良山の峠を越せば、そこはもう大和国である。
　周囲を水田に囲まれた高麗寺の寺域は、東西約 190 m、南北約 180 m の規模をもち、主要堂塔を含む伽藍中枢部 5,195.22 m^2 の土地が、昭和 15 年（1940）8 月 30 日付けで国の史跡指定を受けた。寺域周辺には、高麗寺に付属する高麗寺瓦窯跡（山城町教育委員会 1989b）、高井手瓦窯跡（山城町教育委員会 2000a）等の生産遺跡や、寺院造営氏族の居館跡を含む高麗寺の広域の経済基盤としての上狛東遺跡（山城町教育委員会 2000b）があり、北側背後の丘陵には、天竺堂古墳群・蓮池古墳群・千両岩古墳群等の初期横穴式石室をもつ群集墳がある。特に、天竺堂 1 号墳（全長約 27 m の前方後円墳、5 世紀末）は、大和川流域の高井田山古墳（大阪府柏原市）とともに大和への横穴式石室導入の嚆矢となった遺跡であり、石室内からはガラス製玉類等 3,000 点以上の装身具が出土した。また、木津川対岸の森垣外遺跡（相楽郡精華町）は、この頃の大壁住居を含む渡来系の集落であり、韓式土器や馬骨、製塩土器等が出土している（（財）京都府埋蔵文化財調査研究センター 1999b）。

高麗寺の名がはじめて文献に登場するのは、9世紀前葉に奈良薬師寺の僧景戒が著した『日本霊異記』に、天平年中のこととして高麗寺僧栄常の記事があり、『今昔物語集』ほかにも同様の説話が収録されている。また、『播磨増位山随願寺集記』（姫路市随願寺蔵）には中世の縁起ではあるが、天平15年（743）3月、興福寺・薬師寺・播磨増位寺の僧等が内裏（恭仁宮）で読経した後、増位寺僧栄常が高麗寺（恭仁京右京に位置）から戻らなかったとしている。これは『続日本紀』の同年3月4日条に、1月から49日間49人の衆僧を金光寺に集めて行った金光明最勝王経転読の行事が終わり、衆僧を慰労したとする記事と関連するようである（高橋 1998）。なお、この地には現在も「高麗寺」の地名を残しており、かつての相楽郡大狛郷に属していた。

　奈良時代以前（8世紀末以前）の山背国内には、現在までに約50の寺院が確認されている。その分布は、多少の疎密はあっても国内各郡にくまなく配されており、北山城と南山城でほぼ同数の寺院が存在したようである。とはいえ、それらの創建時期や出土する軒瓦などの様相は異なり、そこには、創建氏族の違いや時の中央政権との関わりの度合いが、当然反映しているものと考える。なお、これらのうち、その創建に渡来系氏族との関わりが想定できる寺院は、約半数に上るのである。

　山背国の寺院造営は、北山城は葛野郡の北野廃寺（京都市右京区）と南山城は相楽郡の高麗寺で、ほぼ同時期に開始される。その時期は、蘇我氏の氏寺・飛鳥寺（奈良県明日香村）の造営が終了する前後の時期、7世紀第Ⅰ四半期のことである。しかも、両寺とも、渡来系氏族・秦氏と高麗氏の両拠点に営まれていた。

2. 高麗寺跡の発掘調査

　高麗寺跡では、国史跡指定に先立つ昭和13年（1938）の二度にわたる調査（Ⅰ期）（田中 1938a・1944a、梅原 1939a）や指定後の昭和59～63年度（1984～88）の寺域確認調査（Ⅱ期第1～5次）（山城町教育委員会 1989b）、平成17～21年度（2005～09）の史跡整備にともなう基礎調査（Ⅲ期第6～10次）（木津川市教育委員会 2011）に及ぶ発掘調査が実施された。なお、高麗寺の創建は飛鳥時代の7世紀初頭に遡るが、七堂伽藍が整備されるのは白鳳期の7世紀後半のことである。したがって、発掘調査で確認できる遺構のほとんどは、7世紀後半以後のものとなる。

　高麗寺の伽藍は、東に塔、西に金堂を配したいわゆる法起寺式の配置である。中枢部の塔・金堂・講堂はすべて整美な瓦積基壇で、塔・金堂は周囲に玉石敷を、講堂は石積の下成基壇と石敷を付設している。講堂両翼から派生し塔・金堂を囲む回廊は、低い石積基壇をもつ単廊で、金堂正面の西に偏って設けられた中門に至る。中門の正面には礎石建八脚の南門が設けられており、南門・中門・金堂が南北一直線にならぶ法起寺式でも特異な伽藍配置となる。南門両翼には堅固な築地塀を構築しているが、東門は掘立柱の八脚門であり、木津川に面した南側以外は一本柱塀等で寺域を区画していたようである。僧房等他の諸堂については不明であるが、講堂背後の地域に配置されたのであろう。寺域北東部には院内金属工房が、南西部には寺院内瓦窯（高麗寺1・2号窯跡）も置かれていた。

第22図　高麗寺伽藍復元図（作画：早川和子、木津川市 2011）

　7世紀後半の白鳳期に整備された主要堂塔のうち、まず、その規模・構造がある程度発掘調査により判明している塔・金堂・講堂と回廊跡について、それぞれを比較しながら概略を述べ、その位置関係について整理する。記述に際して用いる造営尺度は、唐尺（1尺＝29.7cm）である。なお、塔・金堂はほぼ真北に主軸をそろえるが、講堂は北に対して1度40分東に傾く。

　塔・金堂・講堂基壇は、すべて瓦の平積を基本とする瓦積基壇であるが、塔・金堂基壇は地覆石を用いずに整地面から直接に瓦を積み上げてその周囲に石敷をめぐらすのに対して、講堂基壇はやや外方に張り出した地覆石を用いてその周りに石積の犬走りを設け、さらにその周りに石敷をめぐらしている。各堂塔の基壇規模については、塔が一辺約12.7m（43尺）の正方形、金堂が東西約16.0m（54尺）×南北約13.4m（45尺）の瓦積をもち、それぞれその周りに幅約1.65m（5.5尺）の石敷がめぐる。講堂基壇は瓦積で東西約23.7m（80尺）×南北約19.5m（66尺）となり、その周りに幅約0.75m（2.5尺）の犬走りを設けるが、さらに外側の石敷規模は不明である。この講堂に取りつく回廊基壇は石積の外装をもち、講堂基壇側面のやや南側に直行して接続する幅約5.4m（18尺）の規模をもつ。各堂塔の基壇高については、塔で1.5m（5尺）、金堂で1.2m（4尺）、講堂で0.6m（2.5尺）、回廊基壇は講堂接続部から徐々に降って0.3m（1尺）程度となろう。基壇上の建物構造については、金堂・講堂・回廊基壇において礎石あるいはその据付穴を確認しており、その概要を知ることができる。金堂では桁行23尺（7尺・9尺・7尺）×梁間14尺（7尺・7尺）の身舎四面に8尺幅の庇がめぐる構造を、講堂では桁行39尺（13尺・13尺・13尺）×梁間25尺（12.5尺・12.5尺）の身舎四面に13尺幅の庇がめぐる入母屋造の構造を復元した。講堂に接続する北回廊は、梁間約3.0m（10尺）で桁行西側5間、東側6間の8尺等間となり、講堂は1間分西に偏ることとなる。

第23図　高麗寺金堂跡（山城町教育委員会 1989b）

第24図　高麗寺金堂跡瓦積基壇（山城町教育委員会 1989b）

　各堂塔の位置関係については、並立する塔と金堂の向かい合う基壇石敷の縁と縁で約5.2m（17.5尺）の間隔をもち、塔と東回廊を結ぶ幅1.8m（6尺）の石敷長さ4.8mや回廊基壇内側の石組側溝幅を勘案すると、ほぼ塔・金堂の間隙と塔・東回廊間距離は一致する。この数値（17.5尺）は、予想される金堂基壇石敷と西回廊基壇の内法寸法にもあてはまり、塔・金堂・東西回廊の間隔をそろえた伽藍設計があったようである。しかもこの間隙の寸法は、塔基壇瓦積辺長の4倍にあたる東西回廊基壇内法幅（43尺×4＝172尺）から石敷を含めた塔・金堂の東西規模（54尺＋65尺＝119尺）を差し引いた寸法（53尺）をさらに間隙3で割り戻した値に相当する。なお、講堂基壇の南北中軸線は、ほぼ金堂基壇の石敷東辺を通過しており、ここから西回廊基壇外縁までがほぼ100尺、東回廊基壇外縁までで108尺となる。また、回廊の南北規模については中門・南回廊が未検出であるが、南門・中門間に敷設された幅6尺の石敷参道を検出しており、おおよその位置が特定できる。その規模はほぼ東西規模に等しく、回廊の形状は正方形に近いものとなろう。

　寺域を画する遺構としては、南門と南辺築地跡、東門跡、西辺礫敷溝を検出している。北辺の遺構については未検出であるが、字界付近に想定でき、南北600尺×東西650尺の規模が考えられる。

　段丘端部で検出した南門跡は伽藍整備期当初のものではないが、桁行20尺（6尺・8尺・6尺）×梁間12尺（6尺・6尺）の規模をもつ小振りな八脚門である。屋根の両妻には建物とは不釣合いな大型三尺鴟尾が据えられていた。基壇はほとんど高さをもたず石列をもって区画する程度で、南北約6.5m（22尺）×東西約8.3m（28尺）の規模をもつ。南門と中門をつなぐ石敷参道は南門基壇内に入り込んでおり、ほぼ石敷の幅（6尺）が扉の幅に対応する。なお、検出した石敷参道下層には白鳳当初の石敷が遺存しており、検出した南門跡についても当初の南門基壇上に嵩上げして再構築されている。南門両翼に接続する築地塀は白鳳当初のものであり、基底幅約5尺の規模をもつ。南門の主軸は北に対して1度程度西に傾くが、築地塀の法線は地形に沿って大きく約4度27分西に傾いている。掘立柱の東門は桁行20尺（6尺・8尺・6尺）×梁間14尺（7尺・7尺）の規模をもち、南辺築地に対応してか、北に対して約3度西に傾く。寺域西限を画すと考えられる礫敷溝は

寺域南西部で検出しており、上肩幅で約5m、深さ1m以上を測る。底面は平坦で礫・瓦片が敷き詰められていた。おそらくは、この溝の東側に接して区画施設が設けられていたのであろう。

　他には、講堂基壇背後の東西溝に橋脚状の檜丸太が立てられており、寺域北東部で風鐸鋳型や金属片を含む廃棄遺構や礫敷整地層を確認した。また、寺域周辺部では、北西部で掘立柱の建物群を、南東部で高麗寺瓦窯（1～3号窯）を検出している。

3．高麗寺の沿革と諸堂塔の変遷

　高麗寺の創建は、蘇我馬子による飛鳥寺創建軒丸瓦（素弁十弁蓮華文軒丸瓦）と同笵品（KmM11A・B）が使用される飛鳥時代（7世紀初頭）に小規模な寺院として出発するが、発掘調査では当該期の明確な遺構はいまだ確認できていない。なお、塔跡基壇は白鳳期瓦積外装の内側に石積を内包しており、この石積が飛鳥創建期の基壇外装なのか、瓦積が基壇内部から受ける土圧を緩和するための施設なのかで、意見が分かれている。また、飛鳥寺創建軒丸瓦同笵品の使用建物を、高麗寺とは別の高槻館（相楽館）内の仏堂に求める意見もある（小笠原 2005）が、7世紀初頭段階で瓦葺建物をもつ官衙の確認例はなく、高麗寺の草創期のものと考えるべきである。いずれにしても高麗寺は、『日本書紀』推古天皇32年（624）条にある国内の寺四六所のひとつとすることができよう。

　高麗寺創建瓦のうちKmM11A型式は、飛鳥寺Ⅰ型式と同笵であるが、飛鳥寺における笵改刻前後のa・b段階や外縁の広いc段階の製品がそれぞれ出土している。また、もう一つのKmM11B型式は飛鳥寺A型式同笵で、姫寺廃寺（奈良県奈良市）や海龍王寺（同）で主体的に使用された製品である。高麗寺の創建に関しては、飛鳥寺の造営と密接に連動していることがわかるのである。しかも、飛鳥寺Ⅰ型式の最終段階の製品が高麗寺に存在することは、飛鳥寺の完成が予想される609年までに、飛鳥寺から高麗寺への瓦の搬入と高麗寺の創建を求めることができる。

　高麗寺の伽藍整備は、天智天皇発願の川原寺（奈良県明日香村）金堂創建瓦と同笵品（複弁八弁蓮華文軒丸瓦）により大津宮遷都（667年）前に開始され、瓦積基壇を用いた南山城の寺院造営の先駆けとなる。伽藍整備期に使用された軒丸瓦は、川原寺同笵瓦（KmM21）とそこから派生した高麗寺式（KmM22～27）の製品であり、これらの型式変化とその出土比率から主要堂塔の造営過程を知ることができる。伽藍は、金堂→塔→講堂→中門・南門・南辺築地の順に整備され、周辺の寺観も徐々に整えられたようである。

　高麗寺式軒丸瓦の祖型であるKmM21型式は、川原寺A類と同笵であるが、川原寺金堂の造営途中の早い段階で荒坂瓦窯（奈良県五条市）から笵が移動し、高麗寺造営のための瓦窯で使用される。その後、大津宮遷都にともない宮周辺に造営された崇福寺（滋賀県大津市）や南滋賀廃寺（同）の瓦窯へ笵は移動する（金子 1983）。高麗寺の伽藍整備は、天智朝の仏教政策と大津宮遷都に連動するのである。しかも、川原寺式軒丸瓦と瓦積基壇をともなう寺院造営は、その後、天武・持統朝を通じて全国に波及するのである。

　そもそも高麗寺の伽藍配置は、「川原寺式伽藍配置」から「法起寺式伽藍配置」へ変化する初例

第 25 図　高麗寺出土飛鳥期軒丸瓦
（山城町教育委員会 1989b）

第 26 図　高麗寺出土川原寺式軒瓦
（山城町教育委員会 1989b）

と考えられるが、南門・中門・金堂が南北一直線にならぶ特異な構造となる。このことは、創建期高麗寺の配置が影響した結果とも考えられる。

　蘇我氏との密接な関係により創建され、天智朝の直接的な関与により整備された高麗寺の伽藍は、奈良時代（8世紀代）になっても平城京の外港である泉津（京都府木津川市）に面した寺院として、また恭仁京内の寺院として維持整備されるが、その重要性は多彩な平城宮式軒瓦の出土に示される。このことは、聖武朝を中心とした奈良朝の仏教政策と連動することは明らかである。その高麗寺において恭仁京遷都以後、大規模な修理事業が行われるのは、奈良時代末から長岡京期にかけての時期である。この時期、塔・金堂基壇瓦積の南面に石の階段が設置され、石敷も小石で嵩上げされて周囲には素掘りの溝が設けられる。そして、南門の建替えと同時に中門・南門の鴟尾も新調され、中門に続く石敷参道も嵩上げされて新たに敷設されている。また、高麗寺3号瓦窯、高井手瓦窯が新たに築かれてこの修理事業は推進されるが、そのために高井手瓦窯には、称徳天皇創建の西隆寺（奈良県奈良市）創建軒平瓦の范が導入されるのである（山城町教育委員会 2000a）。この大規模な修理事業には、『続日本紀』延暦10年（791）4月14日条の記事が関連すると考えられる。このいわゆる「山背国の浮図修理令」に象徴される桓武朝の仏教政策の影響は、南山城の古代寺院において散見できる。おそらくは高麗寺における播磨国府系瓦の導入についても、この時期の状況として理解可能である（中島 1990a・1990b）。

　高麗寺の伽藍は桓武朝における大規模な修理を最後として衰退するが、廃絶の時期は定かではない。ただ、講堂跡の一部で基壇が焼けた火災痕を確認しているが、他の堂塔では確認できていない。鎌倉時代初頭（13世紀初頭）、寺域内各所で瓦溜の形成等大幅な造成による地形の改変が行われており、この段階で高麗寺は完全にその姿を消したと考えられる（木津川市教育委員会 2011）。

　いわゆる欽明朝における「仏教公伝」以来、長い争乱を経て崇峻天皇元年（588）、ようやく飛鳥真神原に飛鳥寺（法興寺）の造営が開始される。『日本書紀』にはこれ以前にも、欽明天皇14年（553）の「吉野寺（比蘇寺）」、敏達天皇6年（577）の「難波の大別王の寺」、同13年（584）の「石

第 2 章 古墳と古代氏族と仏教文化　67

第 27 図　高麗寺跡出土軒丸瓦型式一覧（1）（木津川市教育委員会 2011）

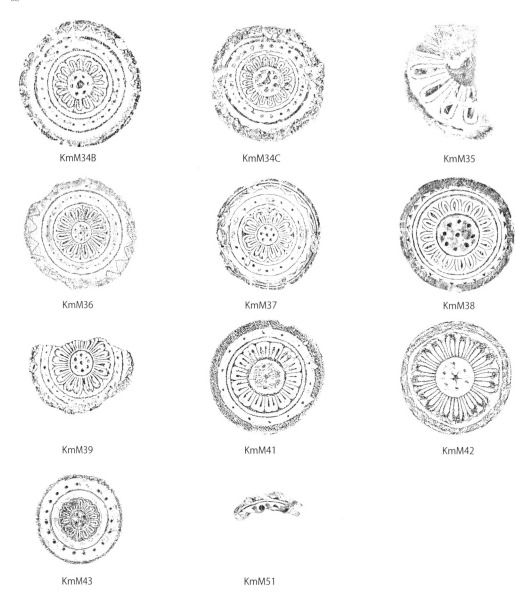

第 28 図　高麗寺跡出土軒丸瓦型式一覧（2）（木津川市教育委員会 2011）

川精舎」、同 14 年（585）の「大野丘の北塔」が登場し、草堂や捨宅寺院だけではなく、新たな堂塔の建築がすでになされていたことがわかる。しかし、いわゆる七堂伽藍を備えたような本格的寺院としての造営は、飛鳥寺が最初であり、その後、推古天皇 32 年（624）にはすでに寺四十六所を数えたとしているが、この頃でも基壇上に建つ瓦葺建物で構成された本格的寺院が飛鳥寺以外に存在していた可能性は低い。しかも、この頃創建されたことが出土瓦等で確認されている寺においても、本格的に伽藍が整備され寺容が整うのは、7 世紀中葉以降と考えられるものがほとんどである。また、これらの寺の所在地はほぼ畿内に限定され、現在 30 箇所程度の候補地があげられているが、そのほとんどが蘇我氏、上宮王家、渡来系有力氏族を造営主体とすることが指摘されている。なお、

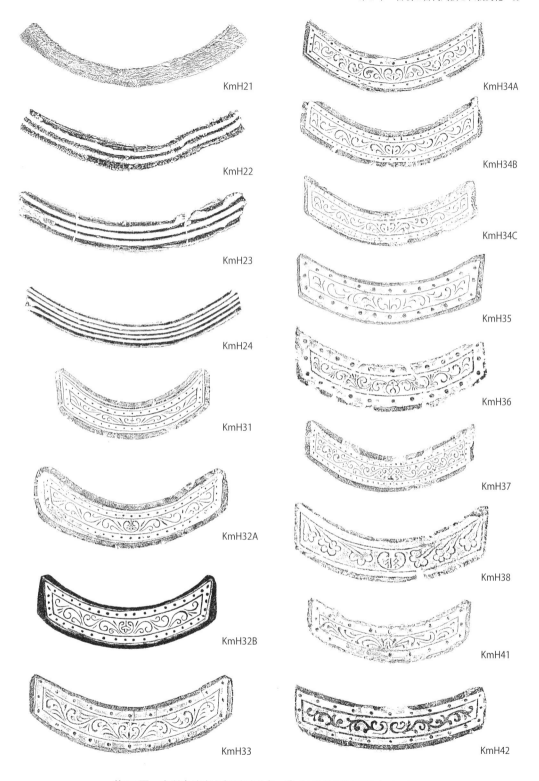

第29図　高麗寺跡出土軒平瓦型式一覧（木津川市教育委員会 2011）

『扶桑略記』によると、持統天皇6年（692）、天下の諸寺は545ケ寺に達しており、推古32年から約70年で約12倍に増加したこととなる。7世紀後半代の白鳳期が、本格的な伽藍整備をともなう造寺活動の大きなピークなのである。しかもその波及は陸奥国から肥後国の範囲に及び、当時の国家領域の大半をカバーする。そして、奈良朝の国分二寺造営に至って完結するのである。

　高麗寺が造営された南山城は、朝鮮半島と大和を結ぶ日本海ルートの要衝に位置しており、かねてより、高句麗系の人々の偏在する地域だった。そして、7世紀初頭、高句麗移民の本拠地としての「大狛郷」に、彼らの精神的シンボルとして高麗寺が建立されるのである。この時期は、日本列島における寺院造営の草創期にあたり、時の最有力氏族であり積極的な仏教政策を主導した蘇我氏との密接な関係のもとになされている。当然、新来の仏教受容の素地は、旧来の豪族と異なる彼ら「渡来人」の政治的基盤の脆弱性に由来するであろうし、『日本書紀』推古天皇12年（604）秋9月是月条にある「黄書画師」「山背画師」を定めたとする記事に関連して、彼らの技術者集団としての有益性が、より大和王権との結びつきを深めた結果と考えられる。

　ならば、日本仏教文化の草創期における高麗寺の実態とは、どのようなものであったのか。発掘調査では、東西にならぶ塔・金堂をもつ法起寺式伽藍配置でありながら、中門・南門を金堂正面に偏って配した構造であることや、白鳳期伽藍整備後の伽藍内部を不自然に貫く南北大溝が存在することを明らかにしている。これらは、金堂を中心とした飛鳥期伽藍の構成や、創建期寺域の外郭施設の名残と考えられ、高麗寺のみならず、草堂段階にあった日本列島の初期寺院にあって、その実態解明への糸口となった。

　高麗寺の伽藍が整備された時期、半島では、660年の百済滅亡とそれに続く復興運動も、663年の白村江の敗戦により潰えた。この戦乱により倭国へ亡命した多くの百済の皇族・貴族が天智朝にむかえられ、大津宮遷都（667年）へとつながることは周知のとおりである。高句麗もまた、668年、唐・新羅連合軍によってついに滅亡し、朝鮮三国の興亡は新羅による統一で終焉するのである。日本国内では、672年の壬申の乱を経て、天武天皇による天皇制と律令制が確立していく。高麗寺の伽藍整備は、激動の半島・国内情勢と決して無縁ではない。高麗寺の位置は、朝鮮半島と大和を結ぶ日本海ルートの要衝であるばかりか、倭京と大津京を結ぶ結節点でもあった。しかもこの地は、高麗（狛）氏を中心とする渡来系氏族の拠点であり、半島情勢に対して最も敏感に反応する人々が居住するのである。

　高麗寺の伽藍は、川原寺式や南滋賀廃寺式の一塔二金堂式の配置から、法起寺式の配置へと変化する端緒と考えられる。このことは、高麗寺式軒丸瓦の祖型である川原寺同笵軒丸瓦の笵の移動過程や、南側側面に舎利孔をもつ塔心礎の形態が崇福寺と同一である点、高麗寺講堂のプランが川原寺式や南滋賀廃寺式における中金堂に近似する点等によって導かれる。しかも、高麗寺講堂の基壇外装は特異な三重構造となっており、予想される軒の深さからも、通常の講堂とは異なる格の高さを示していた。三重に荘厳された講堂基壇は、中金堂から講堂への変化を、川原寺式から法起寺式伽藍配置への変化として示しているのである。高麗寺の伽藍整備は、法起寺式伽藍配置・川原寺式軒丸瓦・瓦積基壇のセットとして、7世紀後半における列島規模での寺院造営の爆発的増加の端緒に位置づけられる。

高麗寺の存在は、高句麗移民の痕跡であるばかりか、日本の律令国家形成と仏教文化形成に果たした渡来人の功績として、日本列島の歴史に大きな足跡を残しているのである。

　ところで、『日本書紀』雄略天皇7年是歳条には、百済からの渡来技術者らを「今来才伎」として「画部因斯羅」をあげている。推古天皇12年4月には「黄書画師、山背画師を定む」とあるが、この黄書画師は高句麗系の渡来人たちである。この黄書氏が伝統的に画師の技法を継承したことは知られており、山背国久世郡の人として画工師画部黄文川主が東大寺大仏殿の天井板の彩色を手掛けている。高麗寺跡出土仏像線刻瓦にも、このような高句麗系渡来氏族の伝統があったのかもしれない。

第 3 章　伽藍造営の伝播

　飛鳥・白鳳時代の豪族層が建立した寺を「氏寺」、その仏教を「氏族仏教」と呼ぶのは、単に氏族がその寺院を経済的に維持し、仏教を信仰したという意味にとどまらない。これは、『盂蘭盆経』に説くところの「七世父母報恩」の祖先信仰が、族長層の祖先崇拝に結びついたもので、氏神の信仰に対応する。既述したように、古墳の造営と寺の建立は何ら矛盾しないのである。むしろ、地域共同体共通の霊を祀る新たな形態と考えれば、その受容は容易である。したがって、仏教受容の端緒は渡来系氏族が開くとしても、渡来系氏族のみが氏寺の造営氏族ではないのである。

　既述したように、南山城においては、旧来の勢力はすでにこの時期に弱体化しており、時の中央政権の新たな政治秩序を柔軟に受け入れる素地をもっていた。しかも、モザイク状の地域勢力は、それぞれに新たな秩序の受容体となるのである。その端緒は高句麗系渡来氏族・高麗（狛）氏により開かれた。

　『日本書紀』推古天皇2年（594）2月丙寅朔条に「皇太子及び大臣に詔して、三寶を興し隆えしむ。是の時に、諸臣連等、各君親の恩の為に、競ひて佛舎を造る。卽ち是れを寺と謂う」として、「三宝興隆詔」が発せられる。天皇の仏教主導の真偽は別にしても、推古朝における「氏寺」の増加は、厩戸皇子や蘇我馬子によって進められた。本来、寺院・伽藍とは、僧侶が修行する清浄な場所であり、具体的にはその主要建物を指す。奈良時代に流行した南都六宗では、塔・金堂・講堂・食堂・経蔵・鐘楼・僧房を七堂伽藍と呼ぶが、これら機能分化した宗教施設を完備した寺院は、おそらく推古朝の飛鳥時代では飛鳥寺以外に存在しない。推古段階における寺院造営の拡大はきわめて限定的であり、後の畿内の範囲を超えるものではない。しかも、推古朝まで遡る建築資材としての瓦の出土はあっても、この時期まで遡る寺院としての遺構の検出は、きわめて例外的なのである。したがって、この段階は、地域共同体の首長層がだれでも寺院建立に着手できたとする段階には達していない。

　ただ単に仏像を祀る建物をもって「寺」、剃髪した僧形の人をもって「僧」とする段階から、ある程度定式化した主要堂塔の配置がみられる建物群をもって「寺院」、聖と俗との境界がある程度はっきりして「得度」を経た者が「僧尼」とするような観念が成立した段階に至って、寺院造営は大きく進展する。地域共同体の首長層がだれでも寺院建立に着手できるようになるのは、7世紀後半になってからである。『古事記』が閉じる推古朝から次の舒明朝以後、寺院造営は爆発的に地方へ拡散する。しかも、考古学的には、この段階に至って、瓦葺きの基壇建ち建物遺構群として「寺院」を認識できるのである。

仏教文化の受容は、伽藍造営の伝播というかたちをとって進展する。このことは、飛鳥時代にすでに仏教文化を受容した後の畿内の地域にあっても、確実な「伽藍」が営まれていくのである。

第1節　7世紀の伽藍配置

すでに記したように、『扶桑略記』によると持統天皇6年（692）、天下の諸寺は545ケ寺に達しており、推古天皇32年（624）の寺46所から約70年で十倍以上に増加したことになる。7世紀後半代の白鳳期が、本格的な伽藍整備をともなう造寺活動の大きなピークなのである。しかもその波及は陸奥国から肥後国の範囲に及び、当時の国家領域の大半をカバーする。そして、国分二寺の造営に至って、辺境の地での寺院造営も一応の完結をみるのである。

ここでは、7世紀代における寺院造営の様相をその伽藍配置の実態に即して概観し、伽藍配置変遷の背景を整理することとする。

1. 伽藍配置の分類

寺院を構成する建物配置に関する類型、すなわち伽藍配置については、現在に法灯を継ぐ摂津四天王寺や大和法隆寺・法起寺・薬師寺・興福寺・東大寺、筑前観世音寺などの古代寺院のほか、大和飛鳥寺・川原寺・大官大寺や近江南滋賀廃寺などの発掘調査で判明した寺院跡を加えて、その名を冠した型式名を用いることが慣例となっている（鈴木 1974）。日本におけるこの古代寺院の伝統的な分類は、主に塔と金堂の配置状況に主眼をおいたもので、石田茂作によってその基盤がつくられた。石田は、塔を中心に三金堂を配した飛鳥寺式伽藍配置から塔・金堂を縦列に配した四天王寺式、回廊内に二塔を並置した薬師寺式、回廊外に二塔を置く東大寺式への変化を想定し、仏舎利を納めた塔から仏像を安置した金堂へと重点が移動し、塔の信仰が衰退した結果と説明した（石田 1978）。

伽藍配置から仏教教義を明らかにしていく研究は石田以来の蓄積をもつが、森郁夫は、飛鳥寺式から四天王寺式、一塔二金堂式の川原寺式、回廊内に東に金堂・西に塔を並置する法隆寺式、薬師寺式と続き東大寺式と同様に回廊外に二塔を置く大安寺式に至る変化を整理し、その変化の要因を朝廷における鎮護国家のための仏教観の推移に求めた（森 1998）。菱田哲郎は、伽藍配置と特定の仏像に対する信仰との関係を整理し、金堂内の仏像の方位性を重視した伽藍配置の分類から、川原寺式（ⅠC類）や川原寺式から中金堂を省略した観世音寺式（ⅡA類）と阿弥陀仏、法隆寺式（ⅢB類）と薬師仏の関係を示し、護国思想としての仏教の普及とその伝播過程を追った（菱田 2005）。

上原真人は、仏舎利や仏像を祀る塔・金堂などの空間（仏地）と僧侶が生活し修行する講堂・食堂・僧（尼）房・鐘楼・経蔵などの空間（僧地）を区分し、両者の関連を回廊の閉じ方によって分類した（上原 1986）。それは、回廊が金堂に取りつき講堂は回廊外にあるもの（A型）、回廊が金

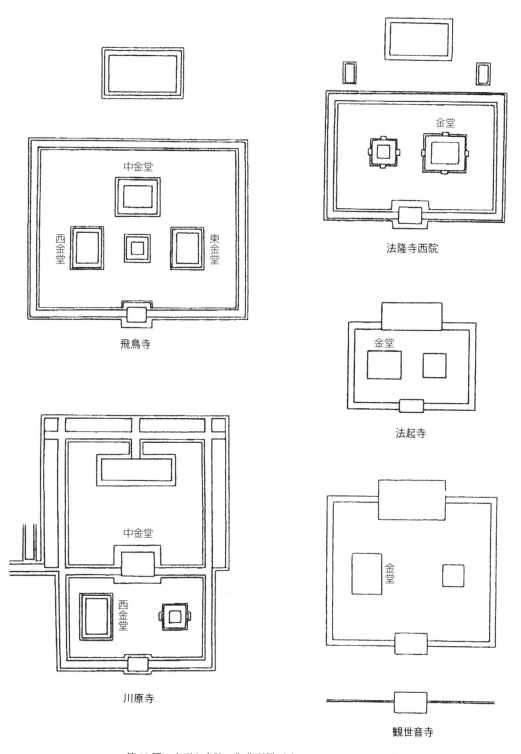

第30図　主要な寺院の伽藍配置（1）（中島 2006 を一部改変）

堂・塔を囲んで閉じ講堂は回廊外にあるもの（B型）、回廊が講堂に取りつくもの（C型）、回廊が講堂の背後で閉じ回廊内に講堂・金堂・塔を含むもの（D型）の4種であり、回廊内の建物配置により細分している。A型は金堂前面に儀式空間を確保する方向で変遷し、僧地では講堂を中心として三面僧房のような定型化がみられるのに対し、B・C型では金堂前面の儀式空間という意識が希薄で、僧地も定型化していない。なお、B型に関しては、塔・金堂の周囲をめぐる儀礼との関連を予想している。

　かつて石田茂作が『東大寺と国分寺』（石田 1959）のなかで構想した主要伽藍以外の付属施設をも含めた寺院空間での議論が、近年、上総・下総・武蔵・下野・但馬・安芸国分寺などの発掘調査成果で現実のものとなっている。坂詰秀一は、伽藍の修理や経営のための施設である政所などの空間である俗地をも含め、仏・僧・俗地全体を考慮した伽藍配置の設定を強調している（坂詰 1982）。また、国分寺に関する議論からは、山路直充が寺院の空間を寺院地・伽藍地・付属地に大別して分析することで国分寺の空間構成を分類し、特に大衆院の位置関係を重視することで宗教空間と運営空間の分離に着目した（山路 2011）。さらに、従来の伽藍配置論を超えた寺院地の議論は、官衙と国分寺、山林寺院を含めた広い空間にその視野を広げ（上原 2011）、国を超えた五畿七道のまとまりにも新たな地平を開くこととなった（菱田 2013）。

2．7世紀代の様相

　以上、伽藍配置を考える場合の主な視点を略述したが、7世紀中葉以降に各地で爆発的な増加をみせる造寺活動のピークにあたり、その契機となった百済大寺、川原寺の造営について概観する。まず、『日本書紀』舒明天皇11年（639）、百済大寺（吉備池廃寺）の造営が天皇自らの発願により開始される。ここで使用された単弁八弁蓮華文軒丸瓦を祖型とする山田寺式軒丸瓦は、同13年（641）に造営を開始した山田寺における定型化を経て、重弧文軒平瓦とセットで全国へと波及する。吉備池廃寺の発掘調査では、法隆寺式伽藍配置の大要が判明しており、この伽藍配置の祖型が百済大寺にあったことがわかった。また、この調査で出土した軒平瓦には、法隆寺若草伽藍（斑鳩寺）所用の型押忍冬文軒平瓦と同范のスタンプが使用されており、法隆寺との密接な関係をうかがわせる（奈良文化財研究所 2003）。法隆寺（西院）式伽藍配置については、上原分類B3型・菱田分類ⅢB類に該当する。

　川原寺についてみることとする。川原寺の創建については諸説あるが、大津宮遷都前の天智天皇代（662～667）創建説が最も有力である。造営に使用した複弁八弁蓮華文軒丸瓦を祖型とする川原寺式軒丸瓦は、先にみた山田寺式同様、全国に波及して造寺活動の契機となる。一塔二金堂式の川原寺式伽藍配置は西金堂を東面させる（奈良国立文化財研究所 1960）が、大津京内の南滋賀廃寺では南面し、山中の崇福寺でも尾根は分かれるが同様の配置となる。川原寺式から南滋賀廃寺式への変化は明らかで、上原分類A2型で定型化した三面僧房をもつ。川原寺式伽藍配置の中金堂が講堂に変化した形態が観世音寺式であり、南滋賀廃寺式伽藍配置の中金堂が講堂に変化した形態が法起寺式伽藍配置となる。上原分類のA2型からC2型への移行と捉えることができる。なお、金

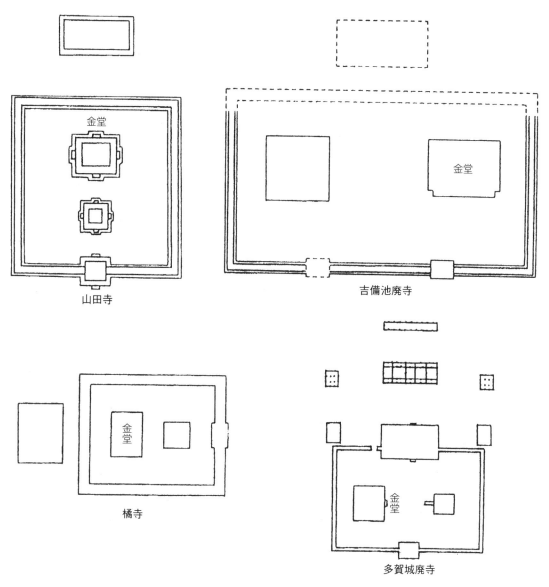

第31図　主要な寺院の伽藍配置（2）（中島 2006 を一部改変）

堂の方位を重視する菱田分類では、川原寺式（ⅠC類）から観世音寺式（ⅡA類）を介在させて法起寺式（ⅡB類）伽藍配置への変化を捉えている。観世音寺式伽藍配置は、伯耆の大御堂廃寺や陸奥の郡山廃寺、多賀城廃寺でも確認されており、観音信仰との関連が注目される。

　7世紀後半における寺院造営の各地への波及に際し、法隆寺式あるいは法起寺式伽藍配置を採用する例は、その配置が判明しているものの過半数に達する（菱田 2005）。にもかかわらず、中央の大寺においてこの型式を採用する例はほとんどなく、「氏寺型」と評価（鈴木 1974）されるゆえんである。これらの伽藍配置はともに7世紀中葉に成立した官寺のそれを源流としており、山田寺式・川原寺式軒丸瓦の波及と連動する。

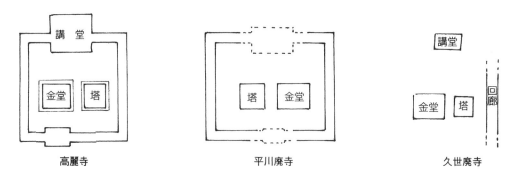

第32図　南山城の伽藍配置（中島 2006 を一部改変）

3. 南山城における寺院造営

　ここでは、高麗寺跡（木津川市）と隣接する平川・久世廃寺（城陽市）の二者を取りあげ、南山城における7世紀代の寺院造営と伽藍整備の実際について考えてみる。高句麗系渡来氏族である高麗（狛）氏の拠点と考えられる高麗寺跡からは、飛鳥寺創建期の素弁十弁蓮華文軒丸瓦（花組）同笵例が出土しており、7世紀初頭に創建されたことがわかる。しかし、伽藍が整備されるのは7世紀後半に降り、川原寺創建期の同笵例（A種）を主体として法起寺式の伽藍が整えられる。伽藍整備の開始時期については、川原寺や近江崇福寺・南滋賀廃寺同笵軒丸瓦にあらわれた笵キズの比較から、大津宮遷都（667年）前であることがわかっている。高麗寺の伽藍は、南面横に舎利孔をもつ塔心礎の形態が崇福寺と同じであり、瓦積基壇の採用など大津京の寺院との共通点が多い。また、講堂が5間×4間という正方形に近い特異な平面形態である点は、基本的に川原寺・南滋賀廃寺の中金堂の規模を踏襲しており、川原寺式・南滋賀廃寺式伽藍配置との近縁関係や法起寺式伽藍配置への変化を明瞭に示している。ただ、中門は予想される南辺回廊の中央に開かず、南門とともに金堂正面に南北にならぶ様相は、創建期の飛鳥時代の名残と予想される。したがって、高麗寺式ともすべき変則的な法起寺式伽藍配置となっているのである。なお、高麗寺における川原寺創建期同笵軒丸瓦は、南山城の寺院に分布する高麗寺式軒丸瓦の祖型であり、この地域における川原寺式軒丸瓦の波及は、高麗寺の伽藍造営を契機としている。

　平川廃寺からはいわゆる高句麗系楔型間弁をもつ軒丸瓦が出土しており、その創建は7世紀前半に遡る。しかし、伽藍の整備はやはり7世紀後半に降り、退化した山田寺式や川原寺式軒丸瓦を用いて法隆寺式の伽藍が整えられたようである。ここから南に500mほど離れて久世廃寺がある。ここからは奥山廃寺式や平川廃寺同様の高句麗系軒丸瓦が出土しており、その創建はやはり7世紀中頃に遡る。伽藍整備についてもやはり平川廃寺と連動しており、山田寺式や川原寺式軒丸瓦を用いて7世紀後半に降る。伽藍配置だけは平川廃寺と異なり、法起寺式となっている。このように二ケ寺が近接して立地する例は比較的西日本に多く、飛鳥寺－豊浦寺例をあげるまでもなく僧寺－尼寺の関係を平川廃寺－久世廃寺にあてはめることはできまいか。ならば、法輪寺－法起寺が法隆寺

式-法起寺式伽藍配置であることにもうまく符合する。なお、造営氏族については、高句麗系渡来氏族である黄文連氏をあてる説がある。

　このように、高麗寺と平川・久世廃寺については、7世紀前半にすでに寺院造営の端緒が開かれ、本格的な伽藍整備は7世紀後半に至ってからであり、ともに高句麗系渡来氏族による造営が想定されるという共通点がある。伽藍配置については、高麗寺に関しては川原寺式から法起寺式伽藍配置への移行が明らかであり、伽藍配置・軒瓦の双方からその共通点を追うことができる。平川廃寺については、山田寺式軒丸瓦の使用という点で山田寺式の祖型である百済大寺の法隆寺式伽藍配置との共通点を追うことは可能である。しかし、久世廃寺については、平川廃寺との共通点は多いが法起寺式の配置をとっており、高麗寺のような明確な対応はみられない。むしろ、平川廃寺・久世廃寺に関しては、近接した二寺の対応（セット）関係が、伽藍配置・軒瓦の系列に優先している状況を観取できるのである。7世紀後半における寺院造営の拡散は、一律な系統論では律しきれず、時間の経過と地域の実情に左右されていた。

　7世紀における寺院造営を伽藍配置という側面から、特に法隆寺式・法起寺式伽藍配置の成立によって追ってみた。この時期の伽藍配置は、三塔一金堂式の伯耆上淀廃寺例をあげるまでもなく、独自の配置をもつ寺院もあるが、その多くは朝廷における大寺の造営と連動して波及する。しかし、その波及は決して一律のものではない。地方豪族層がきそって造寺活動を開始する背景には、鎮護国家のイデオロギーが地方支配の機能として浸透したことにより、仏教を中心とした政治体制の成立が観取できるのである。

第2節　南山城における伽藍造営の伝播

　これまで述べてきたように、山城国内の寺院造営は7世紀初頭にすでにはじまっているものの、7世紀前半まで確実に遡りうる瓦葺建物跡（基壇？）は確認されておらず、出土する古瓦の検討から、その建物（寺院）の存在が裏付けられているのみである。主要堂塔が軒を連ね、伽藍と呼べるような形態が確実に認められるのは、今のところ7世紀後半に至ってからである。それ以前に端緒をみいだせる寺院においても、この時期に伽藍が整備されたと考えられるものが多い。

　ここでは、この7世紀後半を、山城国において伽藍造営が本格化する画期と捉え、特にその伝播の過程を、南山城地域においてこの時期に盛行する川原寺式軒丸瓦を中心に概観し、伽藍造営の実態について考察したい。

1.　川原寺式軒丸瓦伝播の定点

　川原寺式軒丸瓦とは、言うまでもなく大和の川原寺創建期に使用されたものを標識とする、面違鋸歯文縁複弁八弁蓮華文軒丸瓦とその退化型式をいう。山城国内では、特に相楽郡・久世郡の古代

寺院に集中して出土し、相楽郡の高麗寺跡・蟹満寺・泉橋寺・松尾廃寺・里廃寺・下狛廃寺、久世郡の平川廃寺・久世廃寺・正道廃寺・広野廃寺、綴喜郡の山瀧寺跡・普賢寺で確認されている。なお、北山城においても、宇治郡の大鳳寺跡、紀伊郡の御香宮廃寺、乙訓郡の宝菩提院廃寺でこの型式が出土する。山城国内における川原寺式軒丸瓦出土の偏在ぶりは明らかであろう。

　南山城、特に相楽郡・久世郡における川原寺式軒丸瓦の稠密な分布については、以前から「壬申乱の論功行賞」的な要因を想定する説（高橋 1970a）や「川原寺の寺領」との関連で捉える説（山崎 1983）、時の政権中枢部（官）における「主要交通路の確保」の過程を示すとする説（森 1986）などがとなえられ、その政治的・経済的な意義づけがなされてきた。ただ、これら諸説の可否についてはひとまずおくとして、まず、現在までの種々の調査で集積されている成果を確認しておくこととする。

　先記した川原寺式軒丸瓦を出土する寺院のうち、今日までの発掘調査で、伽藍の状態がほぼ判明しているのは高麗寺跡（梅原 1939a、田中 1938a・1944a、山城町教育委員会 1989b、木津川市教育委員会 2011）・平川廃寺（城陽市教育委員会 1971・1974・1975）・久世廃寺（城陽市教育委員会 1976・1980・1981）・大鳳寺跡（宇治市教育委員会 1987a）であり、伽藍の一部が検出されている蟹満寺（山城町教育委員会 1995、蟹満寺釈迦如来坐像調査委員会 2011）・里廃寺（同志社大学歴史資料館 2010）・広野廃寺（宇治市教育委員会 1991）のほかは、実態は不明であるが古瓦の様相が判明している正道廃寺（城陽市教育委員会 1993）・山瀧寺跡（宇治田原町教育委員会 2006）がある。なかでも高麗寺跡については、川原寺式軒丸瓦の原型式である大和川原寺創建期軒丸瓦の同笵例が、伽藍整備において主体的に使用されており、しかもその退化型式は「高麗寺式」と呼ばれ、瓦当文様や製作技術に共通性のみられるものが南山城を中心に分布するのである（森下 1988、菱田 1998）。また、高麗寺式の同笵例は、近隣の蟹満寺からも出土しており、笵や製品の移動順序・時期を知ることができる（金子 1983、蟹満寺釈迦如来坐像調査委員会 2011）。

　ここでは、まず高麗寺跡・蟹満寺から出土する軒瓦について検討し、山城国における川原寺式軒丸瓦の導入時期とその型式変化の過程を明らかにしたい。

高麗寺跡

　高麗寺跡は、木津川を望む河岸段丘上に立地しており、『日本霊異記』中にその名が記され、現在も高麗寺の地名を残している。伽藍配置はいわゆる法起寺式と考えられ、過去の調査によりほぼ200m四方の寺域が確定した。ここからは飛鳥時代から平安時代にわたる古瓦が出土しており、最古例は大和飛鳥寺創建期の素弁十弁蓮華文軒丸瓦2型式と同笵（KmM11A・B）である。しかし、高麗寺の伽藍が本格的に整備されるのは、次の白鳳時代になってからである。

　調査により確認している塔・金堂・講堂には、瓦積基壇が採用されている。伽藍整備期の軒丸瓦はすべて川原寺式で、笵の違いから8型式に分類した（第33図）。伽藍整備当初から造営の主体をなす型式は、大和川原寺出土A類と同笵（KmM21）であり、ほか（KmM22〜28）はすべてこの退化型式である。セットとなる軒平瓦はすべて型挽きの重弧文軒平瓦である。

　塔・金堂・講堂跡の調査では、伽藍整備期軒丸瓦出土総数のうち95％以上をKmM21〜24の四

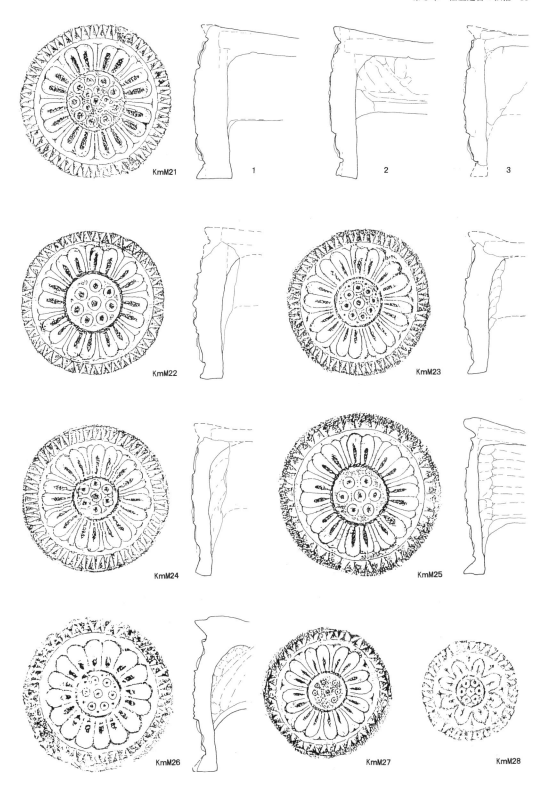

第33図 高麗寺跡出土軒丸瓦（中島 2009a）

型式が占めており、これらの型式が造営の主体であったことがわかる（山城町教育委員会 1989b）。また、文様構成・製作技法の相違からA系統（KmM21・22）、B系統（KmM23・24）を区別した。A系統の製品は、瓦当文様の彫りが深く中房半径と弁区長が等しいのに対して、B系統は文様の彫りが浅く平板で中房径も萎縮している。また、前者は各部の調整をケズリで仕上げるものが多いのに対して、後者はナデを主体とし、未調整のものも多く、枷型の痕跡を明瞭に残すものがある。A系統のなかでの型式変化は明らかであり、KmM21からKmM22への変化は蓮子数の減少にある。また、KmM21からB系統への変化は、中房径の縮小としてあらわれる。

なお、型式の前後関係が明らかなKmM21・22の各堂塔における出土比率をみると、金堂跡において前者が62.6％、後者が16.5％であったものが、塔跡では両者の出土比率がほぼ拮抗し、講堂跡に至って前者が11.9％、後者が54.8％と逆転する。これは、明らかに金堂→塔→講堂という造営順序を反映しており、一連の工事として造営が進められたことを示す。

続いて、中門・南門の造営段階に至ると、KmM21～24に比して瓦当文様の退化傾向が明らかなKmM25と26が積極的に使用される。KmM25は間弁の先端が花弁と接し、中房径が弁区長にほぼ等しいA系統。KmM26は間弁を失い単弁十六弁となっているが、中房径の小さなB系統の製品である。各系統内での出土比率の変化をみると、A系統ではKmM21が47.4％と相対的に占有率を増すが、KmM22が11.5％と使用量を減らし、かわってKmM25が17.9％とその不足分を補定する。B系統では、KmM24の使用停止にともない相対的な占有率を減じるが、KmM23が12.8％と一定の使用量を保持し、新たにKmM26が9.0％の使用を示す。なお、高麗寺においては、中門・南門造営時に新たな要素としてKmM25と26の積極的な使用が開始される点を重視し、塔・金堂・講堂の造営段階から中門・南門の造営への移行をもって、前者を伽藍造営の第Ⅰ段階、後者を第Ⅱ段階と区別した。ただ、この第Ⅰ段階・第Ⅱ段階の区別は、高麗寺伽藍造営の中断を意味するものではなく、一連の造営における画期と捉えたい。

以上のことから、高麗寺の伽藍造営の過程を軒丸瓦の変遷でみると、以下のようにまとめられる。

1）高麗寺の伽藍造営は、川原寺同笵例（KmM21）をもって開始される。

2）瓦当文様の変化は一系のものではなく、A・B二系統のなかであるいは相互の影響を受けながら変化する。したがって、型式的に後出的要素をもつB系統の笵も伽藍造営の比較的早い段階で出現する。

3）伽藍造営の経過は、両系統の型式変化と漸移的な使用状況の変化により把握できる。具体的には、より主体的な使用状況を示すA系統の変化（KmM21→22→25）が、金堂→塔→講堂→中門・南門という建立順序を端的に示す。

4）伽藍造営は軒丸瓦でみる限り間断なく進展しており、造営の長期化・中断はなかったものと考える。このことは、造営の当初から中門・南門の造営に至るまで、多少の増減はあっても一貫したKmM21の主体的な使用状況に変化がない点、そして、3）にみる造営経過が漸移的な使用状況の変化で把握できる点を根拠としている。

蟹満寺

　高麗寺跡と同じ木津川市山城町に所在する蟹満寺は、高麗寺がかつての大狛郷に属すのに対して北の綺郷に属している。『今昔物語』にも登場する蟹満寺縁起と国宝の丈六金銅仏はつとに有名である。なお、この丈六金銅仏については、その来歴と造立年代をめぐって、今も「蟹満寺論争」が展開されている（蟹満寺釈迦如来坐像調査委員会 2011）。

　発掘調査では、金堂と考えられる白鳳時代の瓦積基壇建物跡（SB101）と東回廊の一部と考えられるSC201を検出したが、伽藍配置等は不明である。創建期には、大和の紀寺創建期軒丸瓦との同笵品（KnM21）や高麗寺同笵の三型式（KmM22・24・26）が含まれる（山城町教育委員会 1995）。

　瓦積基壇建物跡周辺からは、調査により多量の白鳳期軒丸瓦が出土したが、87.9％までがKmM26同笵例で占められており、この建物の創建瓦であることは疑いえない。他の同笵例（KmM22・24）の出土は、わずかである。高麗寺跡出土KmM26と蟹満寺同笵例を比較すると、笵キズおよび笵の摩耗度合いは、明らかに高麗寺例の方が進行しており、蟹満寺における最終段階の製品が高麗寺の伽藍造営第Ⅱ段階で使用されていることがわかる。このことは、蟹満寺の少なくとも瓦積基壇建物の創建が、高麗寺の中門・南門造営に先立つものであることを示している。なお、蟹満寺出土のほかの高麗寺同笵例についても、高麗寺の伽藍造営第Ⅱ段階において、その使用量が半減、または停止している状況を考えると、蟹満寺の造営が高麗寺の造営に連動していることが理解できるのである。

　ところで、高麗寺同笵例が出土する遺跡は蟹満寺だけではない。他には高麗寺と同じ大狛郷の泉橋寺（山城町教育委員会 1989b）・松尾廃寺（天沼 1926）からKmM22同笵例が、蟹満寺と同じ綺郷の涌出宮遺跡（山城町教育委員会 2001b）からKmM26同笵例が出土している。しかし、これらの遺跡の実態は不明であり、ここでは検討の対象外とする。

　ここまでは、高麗寺跡出土川原寺式軒丸瓦の検討を通して、伽藍の整備状況と同笵例の様相を概観した。次に、それらの年代的な位置づけを試みたい。

　高麗寺の創建時期は、KmM21の年代を検討することにより決定できる。この型式は、天智天皇元年（662）から天武天皇2年（673）までの間に創建されたとされる川原寺の創建瓦（川原寺A類）と同笵関係にある。川原寺におけるこの型式は、創建期軒丸瓦（川原寺A・B・C・E類）のなかでも最も古式の技法痕跡しか残さないことが知られている。このことは、川原寺造営の初期の段階でその使用が停止されたことを示している。なお、川原寺例と高麗寺同笵例を比較すると、明らかに製作技法が異なり、笵の摩耗状態にも差が生じている。たとえば、川原寺例の使用されている丸瓦が玉縁式であるのに対して高麗寺例が行基式であり、また、川原寺例が瓦当裏面を中くぼみにするのに対して高麗寺例ではすべて平らに仕上げている。笵の状態は、実見した限り川原寺例が摩耗のほとんどないシャープな状態であるのに対して、高麗寺例では川原寺例とほとんど遜色のない状態のものから笵の摩耗がかなり進んだものまでを含んでいるのである。このことから、当初、川原寺への供給を目的としたこの型式の生産が川原寺造営の早い段階で終了し、その後、笵の傷みがほとんど進行していない状態で、笵のみが別の工人集団の手にわたり、そして、高麗寺の造営に

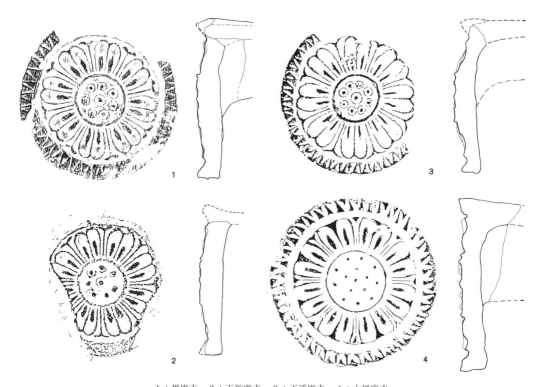

1：里廃寺　2：下狛廃寺　3：正道廃寺　4：大鳳廃寺
第34図　高麗寺式と周辺の川原寺式軒丸瓦（中島 2009a）

使用されたと考えられる。ならば、高麗寺の創建は、川原寺の創建にさほど遅れることなく開始されたものとしてよかろう。

ところで、この川原寺A類（KmM21）同笵例は、わずかではあるが高麗寺以外にも近江の崇福寺・南滋賀廃寺で出土する。これらの寺院は、天智天皇の大津宮遷都（667年）にともない、穴太廃寺（第Ⅱ期）や三井寺前身寺院などとともに宮の周囲に造営されたと考えられ、壬申乱（672年）によって廃都となるまでにはかなり造営が進んでいたようである。これら大津宮周辺寺院では、川原寺例に比してやや中房の小さな古式の川原寺式軒丸瓦が主に使用されており、製作技法も異なる。これらと川原寺のものとの時期的な前後関係については、議論の余地を残すが、川原寺A類同笵例に関しては、高麗寺例よりもさらに笵の劣化が進んでおり、笵キズを生じている。笵は、大和から山城そして近江へと移動しているのである。また、高麗寺における川原寺式軒丸瓦の型式変化は、明らかに中房の縮小化傾向を示しており、大和の川原寺式と近江のそれとの前後関係を示唆していると言えよう（上原 1996）。

以上のことから、高麗寺の伽藍造営は、大津宮遷都（667年）前に開始され、遅くとも壬申乱までにある程度の進展をみたものと解釈できる。660年代にその始点をもつものと言えよう。次に蟹満寺の創建時期について考えてみる。先に検討したように、蟹満寺の造営開始時期は、高麗寺の伽藍造営第Ⅱ段階に先立つものである。しかも、高麗寺の伽藍造営には、工事の長期化・大幅な中断

はなかったと考えられる。なお、通常の伽藍造営には、順調なものでも20数年の歳月が必要と言う。ならば、蟹満寺の伽藍造営開始時期は、680年頃に求められよう。高麗寺・蟹満寺の伽藍造営は、南山城における伽藍造営の定点となる。

2. 伽藍造営の伝播

　山城国内において、南山城に偏在する川原寺式軒丸瓦には、高麗寺跡出土の一連の退化型式と文様や断面形に共通性のみられる瓦がある。これらについて笵と製作技術の双方から詳細な検討を行った菱田哲郎は、その瓦を製作した工人集団の系列を「高麗寺系列」、製品としての軒丸瓦を「高麗寺系軒丸瓦」と呼び、その展開過程を考察した（菱田1988）。そこで把握している高麗寺系軒丸瓦とは、相楽郡の里廃寺出土例・下狛廃寺出土例、久世郡の正道廃寺出土例、綴喜郡の山瀧寺跡出土例であり、他に近江の蒲生郡に所在する雪野寺跡出土例をあげている。

　これら高麗寺系軒丸瓦の特徴を整理すると、以下のようになる。
1）瓦当文様の割付比が「中房径＝弁区長＋周縁幅」であり、間弁の形状がY字状を呈する点。
2）顎面に笵および枷型の痕跡をよくとどめる点。
3）瓦当裏面をナデで仕上げる点。

　これらのうち、中房の蓮子の特徴から、雪野寺例が高麗寺跡出土KmM23に、他はKmM24に対応させている。

　ところで、これら高麗寺系軒丸瓦として抽出した製品に対応するKmM23とKmM24、および本来は蟹満寺への供給を主目的として生産されたであろうKmM26は、高麗寺跡においてB系統の製品として分類したものである。高麗寺におけるB系統の製品の出土比率は、金堂で20.9％、塔で32.0％、講堂で30.9％、中門・南門地域で21.8％とほぼ2～3割の占有率を示しており、7～8割を占めるA系統の製品に対して、たえず補足的な使用状況に止まる。このことは、A系統の製品を生産する工人集団が、高麗寺への供給を主目的とした集中的な性格をもつのに対して、B系統の製品を生産する工人集団は、高麗寺に対する一定のシェアを確保しているとはいえ、より拡散的な性格をもっていたと解釈できる。よって、菱田が抽出した「高麗寺系列」の工人集団とは、高麗寺B系統の工人集団であり、「高麗寺系軒丸瓦」とは、高麗寺B系統の軒丸瓦に他ならないのである。

　だとしたら、高麗寺系列の工人集団が活発に活動する時期、つまり、高麗寺式軒丸瓦が拡散する時期は何時であろうか。これに関しては、蟹満寺の造営状況が参考となる。すでにみたように、蟹満寺の創建は、高麗寺の伽藍造営第Ⅱ段階（中門・南門造営時）に先立ち、その動きと連動していた。しかも、高麗寺の伽藍造営第Ⅱ段階において姿を消すKmM24は、蟹満寺においてその同笵例が出土し、南山城に分布する高麗寺式軒丸瓦の特徴と対応するのである。よって、高麗寺式軒丸瓦が拡散する時期は、ほぼ蟹満寺の創建と時期を同じくすると考えられる。

　次に、高麗寺式以外の川原寺式軒丸瓦について検討する。久世郡の平川廃寺出土例と宇治郡の大鳳寺跡出土例は、瓦当文様の構成が川原寺式軒丸瓦の原型式に近似した様相をもつ。とはいえ、平川廃寺例では周縁が平縁状となっており、大鳳寺例では中房の蓮子周環が失われ、花弁と間弁の先

端は接続している。原型式からの明確な飛躍と言えよう。なお、これらについては、その所属年代の解釈に大きな開きをもつ。

ところで、平川廃寺からは山田寺式の軒丸瓦が出土する。これは、蓮弁輪郭線が消え間弁が中房に達する後出的な製品である。同様のものは正道廃寺や山瀧寺跡からも出土しており、先にみた高麗寺式軒丸瓦と大きな年代の開きはないと考える。ならば、平川廃寺の川原寺式例についても、高麗寺式軒丸瓦が拡散する時期に相当する年代観が得られよう。大鳳寺例についても、同様の年代を与えて大過あるまい。

ここまで、南山城とその周辺の宇治郡の川原寺式軒丸瓦を概観し、そのおおよその年代観を示した。ただ、この地域には、他にも川原寺亜式とでも呼ぶべき製品がある。次にこれらについて若干触れておこう。平川廃寺・久世廃寺・広野廃寺からは、平川廃寺式と呼ばれる周縁の鋸歯文を凸面や凹線で表現した型式のものが出土する。これらについては、先にみた平川廃寺出土の川原寺式例から派生したとする見解がとなえられているが、これらには内区と外区の間に一条の圏線を設けるような、広野廃寺式とでも呼ぶべきまったく別の要素を含むものがあり、先の平川廃寺例からは派生しえないものである。むしろ、これらの製品の弁の様相は法隆寺式に近く、宇治郡の岡本廃寺（B）や法琳寺跡出土例との関連を考えるべきであろう。7世紀末葉から8世紀初頭の年代が考えられる。

また、綴喜郡の普賢寺出土例のように、中房の蓮子の配列を六角形にし、平縁に線鋸歯をめぐらす特異なものや、宇治郡の岡本廃寺例のような薬師寺式の周縁を除いたようなものもある。7世紀末葉の製品であろう。以上、南山城の川原寺式軒丸瓦とその亜式とでも呼ぶべき製品を概観した。続いて、各々の寺院のなかでのこれらの位置づけを検討したい。

今日までの発掘調査で、伽藍の様相がほぼ明らかになっている寺院のうち、高麗寺については、塔・金堂・講堂を含む主要伽藍のすべてが、川原寺同范例と高麗寺式軒丸瓦によって整備されている。また、久世廃寺については、塔・金堂・講堂の建立で主体を占めるのは、川原寺亜式の製品である。大鳳寺では金堂のみの検出であるが、出土瓦の大半を川原寺式が占め、創建瓦として認定できる。蟹満寺についても、金堂と考えられる瓦積基壇建物跡を検出しているが、高麗寺式軒丸瓦が圧倒的多数を占める。平川廃寺については、川原寺式軒丸瓦を含む白鳳期のものは、伽藍の周辺部からの出土に止まり、瓦積基壇の塔・金堂は奈良時代後期のものとされている。正道廃寺は、郡衙に付属した寺院跡と考えられているが、実態は不明である。ただ、古瓦の出土量からは、高麗寺式軒丸瓦の段階での伽藍整備が予想されている。岡本廃寺については、瓦積基壇の金堂と塔・講堂が検出され、川原寺亜式が伽藍造営の主体を占める瓦である。広野廃寺については、堂・塔の検出はないが、やはり川原寺亜式が造営に使用されている。なお、里廃寺・山瀧寺については、一部発掘調査は実施されているが、里廃寺では百済末期様式の素弁蓮華文軒丸瓦が、山瀧寺跡では山田寺式の軒丸瓦が採集されている。

以上のことから、南山城とその周辺では、川原寺式あるいはその亜式の導入を契機として、伽藍造営が展開したと考えられる。時期的には、天智朝で造営を開始する高麗寺を例外として、七世紀末頃がそのピークとなる。単なる宗教拠点としての寺院ではなく、七堂伽藍が求められた時期と言

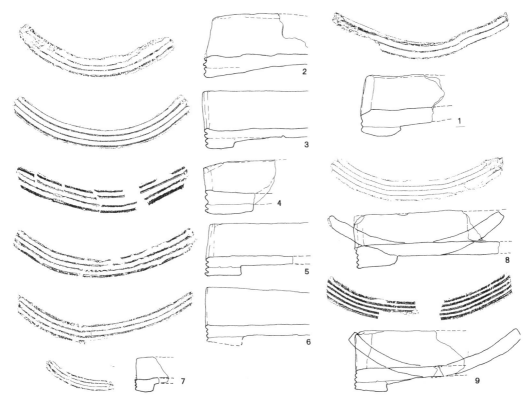

第35図　高麗寺跡出土軒平瓦（中島 2009a）

えよう。

3. 顎面施文軒平瓦の様相

　高麗寺跡において、川原寺式軒丸瓦にともなう軒平瓦は、すべて重弧文（無文、三〜五重）の製品であり、その主体は大和川原寺同様、型挽き四重弧文軒平瓦である（第35図）。弧線の凹凸はシャープで立体感をもつ。

　ここでは、高麗寺式軒丸瓦を出土する他遺跡での軒平瓦の状況を概観する。その場合、特に顎面施文軒平瓦（第36図）のあり方について注目したい。下顎面に何らかの文様が施された重弧文系の顎面施文軒平瓦については、特に南山城地域で隆盛し、各地に波及・展開したことが指摘されている（竹原 1992）。これらはすべて7世紀後半〜8世紀初頭の所産と考えられ、顎面に直線文を基調とした突帯あるいは沈線を施すなどの特徴を有している。

蟹満寺

　先記したように蟹満寺造営に際しては、KmM22・24・26の高麗寺同笵例が使用されるが、その主体となるKmM26は高麗寺本来の型式ではない。ともなう軒平瓦の大半は、高麗寺同様、大和

88

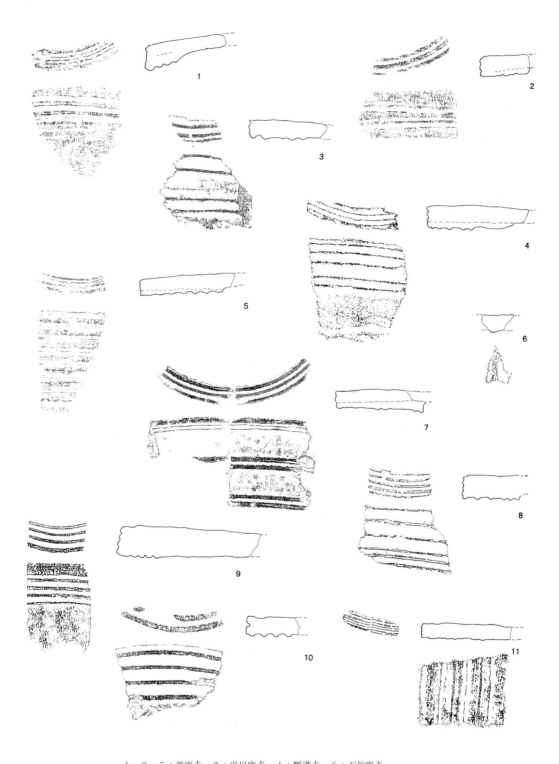

1・2・5：里廃寺　3：平川廃寺　4：蟹満寺　6：下狛廃寺
7：久世廃寺　8：山瀧寺跡　9：志水廃寺　10：正道廃寺　11：三山木廃寺

第36図　山城の顎面施文軒平瓦（中島 2009a）

川原寺の原型に近い段顎の押し引き四重弧文軒平瓦である。このなかにわずかではあるが、第36図4の四重弧文系顎面施文軒平瓦が含まれる。薄い段顎には、平行する三条と二条の低い直線突帯を、型挽きで施文している。竹原伸仁分類のⅡB類にあたる。

里廃寺

蟹満寺同様、ほぼ高麗寺式軒丸瓦のみで造営が成されたと考えられる里廃寺では、立体感の乏しい段顎の四重弧文軒平瓦のほかに、第36図1・2・5の顎面施文軒平瓦が使用されている。第36図1は、瓦当面に五重弧、顎面に四条の断面台形の直線突帯を、型挽きで施文している。竹原分類ⅡB類。第36図2は、瓦当面に三重弧、顎面に二条単位の沈線を計四条施している。同ⅢB類。第36図5は、瓦当面に四重弧、薄い顎面に七条の直線突帯を型挽きで施文している。同ⅡB類。なお、下狛廃寺から発掘調査で出土している第36図6も、顎面施文軒平瓦である。

正道廃寺

高麗寺式軒丸瓦以外に先行する山田寺式等も一定の割合で出土する正道廃寺では、直線顎の重弧文軒平瓦顎面に高い突帯を設けるものがある（第36図10）。先行する山田寺式を出土する近傍の平川廃寺例（第36図3）や、船橋廃寺式系の軒丸瓦を出土する綴喜郡の三山木廃寺例（第36図11）、志水廃寺例（第36図9）においても同様である。これらは、竹原分類ⅠA、ⅠB類に相当する。

山瀧寺跡

正道廃寺同様、高麗寺式以外の先行型式をもつ山瀧寺跡例（第36図8）は、段顎の瓦当面に四重弧、顎面に五条の低い直線突帯を型挽きで施文している。竹原分類ⅡB。

以上、高麗寺においてはまったくみられなかった顎面施文軒平瓦が、笵の移動により密接な関係をもつ蟹満寺でわずかではあるが出土し、ほぼ高麗寺式のみで造営された里廃寺で多様な展開をみせる。また、船橋廃寺式・山田寺式系軒丸瓦の先行型式をもつ寺院においては、やや先行する可能性をもつが、顎面施文軒平瓦をともなって伽藍整備が進行するようである。ここでは、高麗寺式の展開＝在地化の進行とする観点から、顎面施文軒平瓦の様相を概観した。

高麗寺の伽藍造営は、大和川原寺A型式同笵軒丸瓦（KmM21）をもって大津宮遷都（667年）前後の時期に開始され、一貫してA系列軒丸瓦（KmM21・22・25）が造営の主体となる。造営途中で案出されたB系列の軒丸瓦は、供給量全体の2～3割を占めるが、決して主体的な使用はなされず、高麗寺式として南山城地域を中心に各寺院へ拡散していく。この現象は、同一の技術伝統をもつ工人集団の拡散と捉えることができよう。その時期は、蟹満寺金堂の造営が進行し、KmM26として高麗寺の中門・南門造営に蟹満寺から笵が移動した時期に対応する。南山城における伽藍造営のひとつの画期と捉えることが可能である。

高麗寺B系列の拡散は、同時に高麗寺式としての在地化のあらわれである。久世郡、あるいは綴喜郡周辺で案出されたのであろうこの地域特有の顎面施文軒平瓦は、高麗寺式しかほとんど用い

ない蟹満寺や里廃寺でも出土し、時期的に先行する船橋廃寺式・山田寺式系の在地的技術伝統と融合する。いずれにしても、山城における川原寺式軒丸瓦の展開は、伽藍造営の需要を満たすため、大和の最新の技術とそれ以前から育っていた在地の技術が融合することによって波及したものと考えられる。

第3節　蟹満寺と丈六金銅仏の謎

　京都府木津川市山城町綺田浜36番地に所在する真言宗智山派の寺院・蟹満寺は、京都府南部の南山城地域を貫流する木津川の東岸に位置し、木津川の支流・天神川南岸に接する尾根の突端に立地している。記録では、長久4年（1043）頃に成立した『大日本国法華経験記』や『今昔物語集』などに、蟹にまつわる寺号起因説話（蟹満寺縁起）が収録されており、現在の蟹満寺も蟹供養放生会を催す寺院として著名である。境内の本堂には、中央に国宝本尊の丈六金銅釈迦如来坐像を、脇壇には蟹にまつわる縁起の本尊である木造聖観世音菩薩坐像（重美）を祀っている。

　蟹満寺が所在する木津川市は、京都府最南端の相楽郡の中核をなし、南の低丘陵・奈良山を介して奈良市に接する。その範囲は、天平12年（740）遷都の恭仁京の京域をほぼ占め、宮（大養徳恭仁大宮）が置かれた瓶原の地と平城宮とは、直線距離にして約10kmと至近の位置にある。蟹満寺が所在する綺田（カバタ）の地名は、承平年間（931～938）に成立した『和名類聚抄』に記す相楽七郷のひとつ蟹幡（加無波多）郷に由来し、蟹満寺の寺名も古く蟹満多寺・紙幡寺と記されていることから、本来の寺名は郷名を冠して「カムハタ寺」と訓じられたものであろう。なお、蟹幡郷は、高麗寺がある南の相楽郡大狛郷、北の綴喜郡多可郷に接していた。この地は、かつての恭仁京右京北郊の地であり、古北陸道に面した交通の要衝とすることができる。ここでは、前節でみた伽藍造営伝播の定点である蟹満寺について概観する。

1. 蟹満寺論争

　従来行われてきた「蟹満寺論争」には、主として二つの争点があった。一つは、仏像様式の解釈上の問題から、本尊釈迦如来坐像の白鳳造立説と天平説の対立があり、もう一つは、蟹満寺釈迦像の伝来についての疑念である。したがって、従来の論争では、釈迦像の造立時期を白鳳とするか天平とするか、ならば、その時期に創建され、この仏像にふさわしいどこの寺院から運ばれたのか、そこに焦点があてられてきたと言っても過言ではない。その根底には、「蟹満寺釈迦像ほどの優秀な仏像が、単なる地方寺院である蟹満寺に、創建当初から伝来するはずはない」とする前提があったことは事実である。それでもなお、ただ一人、田中重久のみが蟹満寺境内から出土する白鳳期の古瓦を根拠に、「蟹満寺旧仏説」をとなえた（田中 1938b）が、ほとんど顧みられることはなかった。

蟹満寺旧境内における考古学的な調査は、平成2年（1990）の現蟹満寺庫裏の建替えにともなう事前調査を出発点として、今日まで7次に及ぶ確認調査と、別に周辺の関連調査を実施している。これらの調査では、現蟹満寺本堂および庫裏の地下に白鳳期の東西棟瓦積基壇建物跡が遺存しており、予想される巨大な建物規模からはこれが金堂跡と考えられること、そして周辺部の調査からは、かつて方二町にも及ぶ広大な寺域を有していたことなどが判明している。しかも、この金堂跡のほぼ中央には、今日もなお、蟹満寺釈迦像が鎮座し続けているのである。このことは、かつて角田文衞が、東方山中に栄えた東大寺の別所である光明山寺の考古学的・文献学的調査成果を根拠に、地元で伝承のあった蟹満寺本尊の「光明山寺本尊説」を退けたように（角田 1936）、また、中野玄三が、近傍の飛鳥創建寺院である高麗寺跡の発掘調査成果を根拠に、角田の「高麗寺本尊説」を明快に退けたように（山城町 1987）、蟹満寺旧境内の発掘調査成果は、現蟹満寺本尊の「蟹満寺旧仏説」をほぼ決定づけたと言っても過言ではない。なお、恭仁宮跡（山背国分寺跡）や井手寺跡の今日までの発掘調査成果からは、山背国分寺旧仏説（杉山 1961）や井手寺旧仏説（足立 1944）も、すでに根拠のない憶測であることは明らかである。

　ところで、有名な「法隆寺再建・非再建論争」や「薬師寺論争」については、若草伽藍の発掘調査や藤原京本薬師寺の発掘調査成果により、法隆寺西院伽藍としての再建（島田 2007）や本薬師寺と平城薬師寺の同時併存の実態（花谷 1995）が明らかとなり、考古学的にはほぼ決着をみたとされている。しかし、それでもなお、前者にはいまだ建築様式論的な疑念が残り、後者には本尊台座等に関する疑念が完全に払拭されたわけではない。同様に、「蟹満寺論争」においても、「白鳳創建寺院としての蟹満寺」と「蟹満寺伝来の本尊像」が無関係であることを証明できない限り、他の寺からの移座説は論理的に成立しないことは明らかであるにもかかわらず、それでもなお、なぜ、この地に「蟹満寺釈迦像ほどの優秀な仏像が伝来するのか」とする当初からの疑念は、依然、残るのである。

2. 蟹満寺旧境内の伽藍構造と範囲

蟹満寺旧境内の伽藍構造

　蟹満寺旧境内の伽藍配置については、平成2年度の第1次調査以来7次に及ぶこれまでの調査（山城町教育委員会 1995、木津川市教育委員会 2008）でも判然としないが、検出した金堂跡（SB101）と東回廊跡（SC101）の規模・位置関係からは、南面し、塔・金堂を並置する法隆寺式・法起寺式の配置とは考えられず、また、金堂正面に塔を配した四天王寺式とする調査成果も得ることはできていない。なお、金堂西側に北回廊が取りつかないことからは、回廊が背後の講堂に取りつくか金堂・講堂間を通ると考えられる。薬師寺式あるいは大官大寺式のような配置についても検討すべきであろう。

金堂跡（SB101）

　金堂跡と考えられる瓦積基壇建物跡については、平成2・18・19年度（第1・6・7次）に調査を実施した。基壇外装の瓦積は上下2段の階段構造となっており、基壇の南北規模は下壇の瓦積で

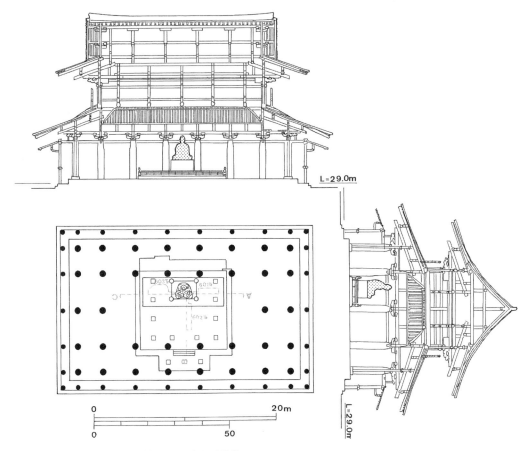

第 37 図　金堂建物復元図（同志社大学歴史資料館 2010）

17.8 m（60尺）、上段で 17.2 m（58尺）を測る。上・下段瓦積の間隔は1尺と狭く、下段瓦積の高さは平瓦の平積で4枚程度、約 10 cm と低い。上段の瓦積には近接して裳階と考えられる礎石が遺存しており、その上面まで瓦が積まれたとすると1尺程度の高さがあったようである。また、基壇上面では、根石をともなう礎石の据付痕跡と礎石が元位置から動いて落とし込まれた状態で出土しており、この礎石を据付け位置に復元すると、その高さは上段瓦積上面より2尺程度高くなってしまう。このことから、裳階と考えられる礎石列と庇の柱列との間にもう一段の段差が必要となるのである。したがって、基壇の高さは、下段瓦積の底面を当初の境内面の高さとすると、約1m程度となろう。このように礎石の高さが異なる類例としては、上成・下成基壇にそれぞれ礎石をもつ奈良県明日香村の飛鳥寺東・西金堂が想起される。基壇の東西規模については確定できていないが、平成19年度第7次調査で連続する基壇盛土を東辺部で確認しており、東西棟であることは明らかである。なお、基壇の方位は真北に対して4度30分程度西に偏しており、基準尺は唐尺（天平尺）で1尺＝0.297 m が用いられている。また、この基壇方位が、宝暦9年（1759）建立の前本堂にも踏襲されていたことは示唆的である。

　建物規模については、梁行の規模からして2間×5間の身舎四面に庇がつく構造が予想され、柱

第 38 図 蟹満寺本尊像実測図（同志社大学歴史資料館 2010）

間寸法は梁行 44 尺（9 尺・13 尺×2・9 尺）、桁行 78 尺（9 尺・12 尺×5・9 尺）で、その四周に 6 尺幅の裳階がめぐる構造を復元した。ならば、基壇の東西規模は下段の瓦積で約 28 m（94 尺）となろう。なお、基壇外装の瓦積は特に西・南側で一様に二次焼成を受けて赤変しており、焼土の整地層が基壇上面を覆う。この金堂建物が焼失したことは明らかである。

　白鳳創建金堂の焼失時期については、平安初頭での瓦の差し替え時期を上限としており、鎌倉期には基壇周囲に上肩幅 3 m 以上の堀（SD101）が造られたようで、瓦積は足元を抉られるように外方に滑っていた。その後、室町期には、堀の埋没後墓地化が進行したようで、多量の羽釜等骨蔵器が出土する。そして、基壇北辺に井戸（SE101）が掘られ、江戸期には基壇西側に石垣（SA101）

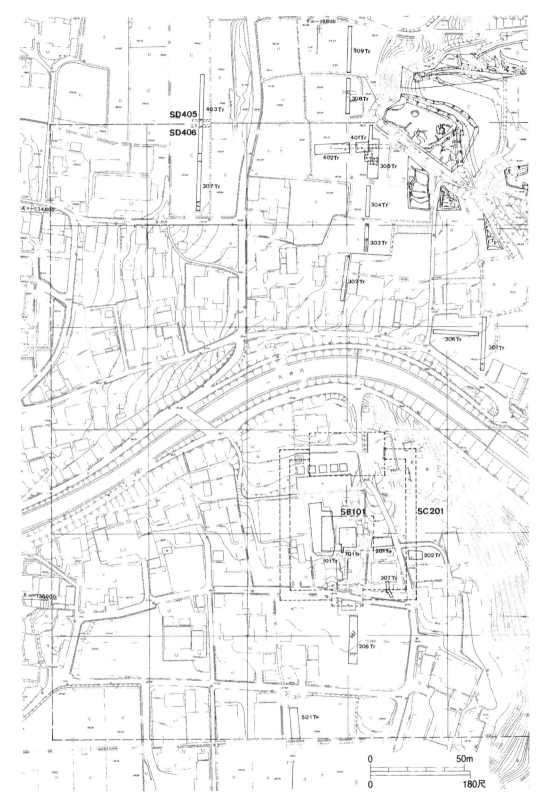

第 39 図　蟹満寺旧境内発掘調査図（蟹満寺釈迦如来坐像調査委員会 2011）

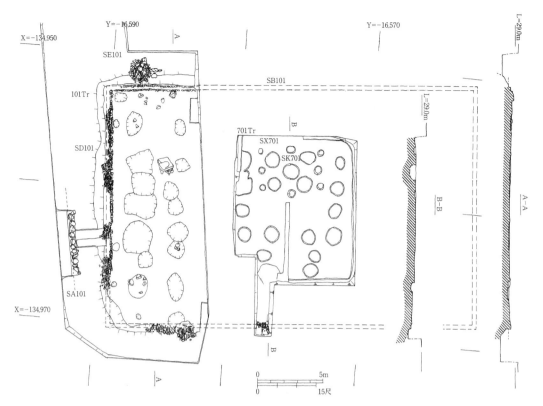

第40図　蟹満寺金堂跡発掘調査図（蟹満寺釈迦如来坐像調査委員会 2011）

を構築している。

　宝暦9年（1759）建立の旧本堂下層の状況については、小規模な建物（SB701）が本尊台座を覆うように存在していたようである。その西側には、近接して円形の前栽石組（SX601）と敷石列（SX602）があり、SB701では地鎮が行われている。宝暦台座石組直下で検出した土壙（SK701）は本尊の据付痕跡と考えられ、周囲八方の小土壙群はSK701とともに鎮壇遺構（SX701）の可能性をもつ。これらの遺構は、直接、白鳳創建期の基壇版築層を掘り込むが、当初の須弥壇等痕跡は確認できていない。宝暦9年（1759）直前の状況である。なお、台座の状況は、昭和28年（1953）の南山城水害により破損し、その後、補強のため周囲をコンクリートで覆う修理がなされていた。礎石の転用等の有無を確認するとともに台座を覆うコンクリートの除去作業を行ったが、台座そのものはかつて「石垣状に積まれた」様相は失われ水害時の改変が著しく、基底石のみが宝暦9年（1759）段階の状況をとどめていた。

　巨大な白鳳基壇の存在と丈六本尊像とを直接に結びつける遺構の検出には至らなかったが、丈六本尊像にふさわしい金堂規模は、両者の結びつきを示唆するものである。

回廊跡（SC201）

　金堂跡基壇東方では、東回廊基壇の一部と考えられる地山削り出しの高まりを検出した（202Tr）。検出箇所は基壇の東辺部で、花崗岩の割石列を外装としていたようである。金堂基壇西辺か

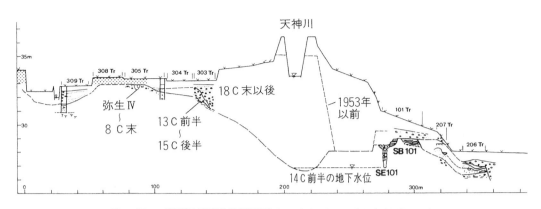

第41図　天神川沖積低地横断面図（蟹満寺釈迦如来坐像調査委員会 2011）

らこの割石までの距離は約50.8 m（171尺）を測り、予想される金堂南北中軸線からで124尺、左右対称だとすると東西回廊基壇外側でほぼ250尺の規模となる。南回廊については、207Trと206Trの間に道路をはさんで1.5 m以上の段差がみられることから、この上段にその位置を求めた。また、講堂跡と北回廊については、昭和28年の南山城水害の土砂が5 m以上も堆積しており調査不能であるが、水害前は、現蟹満寺境内より一段低い茶畑であったという。いずれにしても、天神川が屈曲する内懐に主要堂塔を配置するような伽藍設計が存在したようである。伽藍中枢部の状況は、金堂以外ほとんど不明である。

寺　域

　蟹満寺旧境内北辺部（天神川北側）については、平成5・6年度の第3・4次調査や平成20年度の北綺田地区圃場整備事業にともない発掘調査を実施している。これらの調査では、蟹満寺創建以来の地形環境の変化をたどることができた。古代蟹満寺の遺構群は、弥生時代中期の末頃（畿内第Ⅳ様式）を下限とし鎌倉時代を上限とする沖積低地に存在しており、13世紀前半から15世紀後半までは天神川による浸食を受けていることがわかった。現在の天神川が天井川化する年代は、18世紀後半をもって上限とし、現在の天神川河道に沿って厚く堆積する天井川地形の骨格が形成されるのである。金堂基壇（SB101）北側で検出した井戸（SE101）は、天神川の水位が低下した時期の遺構であり、現在の天神川河道に沿って厚く堆積する黄褐色砂礫層内から出土する京焼茶碗や肥前の染付（波佐見焼）は、天神川の急激な成長期（18世紀後半）の遺物である。この間、5.0〜6.5 mにも及ぶ急激な河床レベルの変化があったのである。そして、昭和28年（1953）の南山城水害では、天神川南側に大量の土砂が堆積することとなり、蟹満寺の寺観はさらに変化した。今まで周囲より一段高かった蟹満寺現境内は、周囲と同じ高さとなり、背後には高い壁が出現したのである。

　寺域北辺の調査では、東西方向に並行する柵列（SA301・302）や溝（SD405・406）を検出しており、寺域北辺を画する可能性をもつ遺構である。特に2条の溝は、ともに幅約3 m・深さ約1 m、心心間5.5 mを測り、間に約3 m（10尺）の平坦面を残す。溝埋土からは7世紀後半代の土器が多量に出土しており、金堂東西中軸線からの心心間距離で約214 m（720尺＝2町）と理想的な位置

にある。また、東側山裾付近では、7世紀後半から8世紀代の掘立柱建物群が密集しており、蟹満寺の伽藍造営期に重なる。建物は比較的小規模で、総柱の倉庫と考えられるものもあり、寺域縁辺部の雑舎群の様相と評価できる。ここからは、片面のみ三文字の墨書をもつ付札木簡が1点出土しており、［殿料カ］と読める。他には、墨書土器や円面硯・転用硯、漆が内面に付着した長頸壺片などが出土した。墨書土器には、「殿」「殿坏」銘をもつ須恵器坏や「殿物」「不見女」銘をもつ土師器坏などがある。これらは、蟹満寺造営氏族に係る文字資料と考えられる（木津川市教育委員会 2009）。

寺域東・西・南辺については不明であるが、東辺については丘陵が迫っており、延喜式内社の綺原坐健伊那大比売神社境内付近が目安となろう。いずれにしても、金堂を中心とした100尺方眼が、伽藍設計の基準として考えられる。

3. 蟹満寺出土瓦の概略

蟹満寺旧境内の発掘調査で出土した遺物の大半が金堂跡（SB101）で出土した瓦類であり、他は土師器・須恵器等の土器類である。瓦類には白鳳期から近・現代のものまで含むが、大半が古代蟹満寺にかかるものであり、他は近世以降のものである。

軒丸瓦（11型式16種）

KnM21

複弁8弁蓮華文軒丸瓦。緩く内傾する外縁に雷文をめぐらしたいわゆる「紀寺式」軒丸瓦である。金堂（SB101）と東回廊（SC201）の間で1点のみ出土した。奈良県明日香村の紀寺跡（小山廃寺）出土例と同笵。同廃寺出土例には4型式以上の同文異笵の存在が知られているが、本品は最も古式の金堂跡出土例と同笵である。近隣での同笵例の出土はなく、他には奈良県明日香村の川原寺跡出土例（奈良国立文化財研究所 1960）がある。

KnM22

複弁8弁蓮華文軒丸瓦。内傾する外縁に面違鋸歯文をめぐらしたいわゆる「川原寺式」軒丸瓦である。金堂基壇西辺の瓦堆積層から2点出土した。奈良県明日香村の川原寺跡出土A型式同笵例（高麗寺KmM21）を原型とするいわゆる「高麗寺式」の製品で、木津川市高麗寺跡出土KmM22型式（以下、高麗寺跡出土軒丸瓦は型式番号を用い「KmM22」と略称）と同笵である。高麗寺跡においてこの型式は、川原寺同笵のKmM21に直属する製品で、特に講堂の建立にあたって主体をなす型式である。

KnM23

複弁8弁蓮華文軒丸瓦。やはり「高麗寺式」の製品でKmM24同笵。金堂基壇西辺の瓦堆積層から1点のみ出土した。高麗寺跡においてこの型式は、伽藍整備当初から使用されたKmM21・22とは異なり、やや遅れて副次的に用いられている。高麗寺以外、他遺跡での出土を聞かないが、木津川対岸の相楽郡精華町里廃寺出土例（星野 2000）は、文様構成・制作技法が酷似している。

第 2 表　蟹満寺旧境内出土軒瓦同笵関係一覧（蟹満寺釈迦如来坐像調査委員会 2011）

	蟹満寺	高麗寺	平城宮	恭仁宮	長岡宮	平城京及び京内・大和諸寺院	南山城諸寺院他	瓦　窯	その他
軒丸瓦		KmM11A				飛鳥寺・豊浦寺・和田廃寺・古宮遺跡		(飛鳥寺瓦窯)	
		KmM11B				姫寺廃寺・海龍王寺・飛鳥			
	KnM21					紀寺(小山廃寺)・川原寺			
		KmM21				飛鳥寺・大官大寺		(荒坂瓦窯)	崇福寺・南滋賀廃寺
	KnM22	KmM22				法起寺	泉橋寺・松尾廃寺		
		KmM23							
	KnM23	KmM24					上狛東遺跡		
		KmM25							
	KnM24	KmM26					涌出宮遺跡・光明山寺跡	高麗寺1・2号窯	
		KmM27							
		KmM28							
	KnM29								
		KmM31							
		KmM32		KM05			久世廃寺・上津遺跡・山背国分寺		甲可寺・近江国衙
		KmM33A	6320Aa	KM01			井手寺跡・平川廃寺・上津遺跡・木津北遺跡	(石橋瓦窯)	
		KmM33B	6320Ab			平城京・唐招提寺法華寺・薬師寺	井手寺・上津遺跡・木津北遺跡		平等院
		KmM34A	6282IIa	KM02A		平城京・法華寺	平川廃寺・井手寺・上津遺跡		
		KmM34B	6282Hb	KM02C		平城京・法華寺・大官大寺			
	KnM32		6318Ab			平城京・海竜王寺			
軒瓦	KnM33	KmM34C	6282Bb		○		松尾廃寺・山滝寺跡・木津北遺跡		梶原寺
		KmM35				平城京			本町遺跡・古大内遺跡・落地遺跡・小犬丸遺跡
		KmM36	6285B	KM03C		平城京・法華寺・法隆寺	平川廃寺・法華寺野遺跡、樋ノ口遺跡		
	KnM31	KmM37	6291Ab	KM15	○	平城京・唐招提寺・秋篠寺・西隆寺・額安寺・法隆寺	木津北遺跡・薬師堂古墳周辺		平安宮・北野廃寺
		KmM38	6225A	KM19	○	平城京・唐招提寺・西隆寺・法華寺・興福寺	久世廃寺・木津北遺跡	(中山瓦窯)	平安宮・広隆寺
		KmM39	6311C						
	KnM34								
		KmM41						高麗寺3号窯	
		KmM42						高井手1号瓦窯	
		KmM43						(高井手瓦窯)	

	蟹満寺	高麗寺	平城宮	恭仁宮	長岡宮	平城京及び京内・大和諸寺院	南山城諸寺院他	瓦　窯	その他
軒平瓦	KnH21	KmH21							
		KmH22							
	KnH23A	KmH23A							
		KmH23B							
		KmH23C							
	KnH23B								
		KmH24							
	KnH31		6681E			平城京・法華寺		押熊瓦窯	
		KmH31	6685C		○	平城京			
		KmH32	6691A	KH01	○	平城京・唐招提寺・薬師寺・法華寺・興福寺・大安寺・東大寺・法隆寺・大官大寺	平川廃寺・久世廃寺・井手寺・上津遺跡・木津北遺跡・岡田加茂鋳銭司跡	岡田池瓦窯・石橋瓦窯跡	平安京・西寺
		KmH33	6732C		○	平城京・興福寺・東大寺	木津北遺跡	市坂瓦窯	平安京
		KmH34A			7721				宝菩提院・乙訓寺・北野廃寺・樫原廃寺・平安宮・平安京・百済寺・冷泉院
	KnH32	KmH34B	6721C	KH04A	○	平城京・東大寺・法華寺・西大寺・秋篠寺・西隆寺・海龍王寺	井手寺跡・平川廃寺・久世廃寺・里廃寺・正道廃寺・上津遺跡・木津北遺跡、樋ノ口遺跡		
		KmH34C							本町遺跡・古大内遺跡・落地遺跡
		KmH35	6725A			平城京・唐招提寺			
	KnH33		6726E		○	平城京			
		KmH36	6761A			平城京・西隆寺・西大寺	樋ノ口遺跡	高井手1号瓦窯	
		KmH37					鹿山寺		本町遺跡・古大内遺跡・落地遺跡・小犬丸遺跡
		KmH38	6801A		○		木津北遺跡		平安京
	KnH41						西山廃寺・普賢寺・正道廃寺		
	KnH42			KH14		薬師寺	平川廃寺・久世廃寺		
		KmH41				唐招提寺		（新芦屋瓦窯）	
		KmH42						高麗寺3号窯	

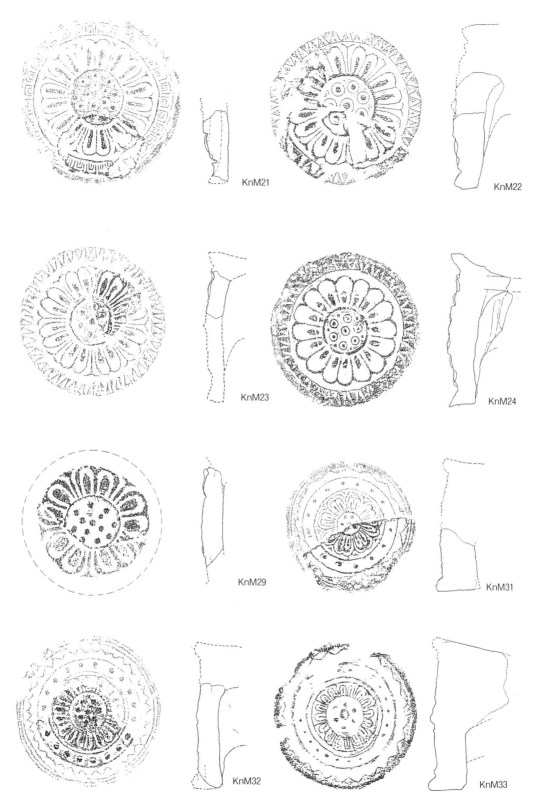

第 42 図　蟹満寺旧境内出土軒丸瓦の型式（蟹満寺釈迦如来坐像調査委員会 2011）

KnM24

 単弁16弁蓮華文軒丸瓦。「高麗寺式」の製品でKmM26同范。発掘調査では、金堂周辺から現在までに130点以上出土しており、金堂創建瓦であることは明らかである。また、金堂瓦積には、基壇の装飾としてこの型式が瓦当面を表にして挟み込まれていた。高麗寺跡においてこの型式は、中門・南門造営に際して補足的に使用されており、伽藍南東部に隣接して築かれた高麗寺1・2号瓦窯の製品であることが予想される。なお、蟹満寺においては、一堂一型式に近い状態でこの型式が使用されており、長期にわたる瓦当范の使用による范キズの進行状況をたどることができた。范キズは、キズのまったくない状態から、まず中房中心の蓮子周環にキズを生じ、続いて二重目の蓮子周環から弁区に接する界線にかけてキズが生じる。高麗寺出土例では、蟹満寺例の最終段階よりさらにキズが進行し、摩耗も著しい。このことは、蟹満寺の創建が高麗寺の中門・南門造営段階に先立つことを示しており、蟹満寺造営のために新調されたこの型式の范が、高麗寺の伽藍造営終盤にいたって高麗寺瓦窯へ移動したことを証明している。蟹満寺の創建は、高麗寺の伽藍整備と連動しているのである。

KnM29

 複弁5弁蓮華文軒丸瓦。金堂基壇西辺の瓦堆積層から2点のみ出土した。他遺跡での同范例の出土を聞かない。川原寺式の退化型式と考えられる。

KnM31

 複弁8弁蓮華文軒丸瓦。平城宮6291Aa型式同范。金堂基壇西辺の瓦堆積層から2点のみ出土した。天平12年(740)の恭仁京遷都前の製品である。なお、高麗寺跡例(KmM37)や薬師堂古墳出土例は、范を彫りなおした後のAb段階の製品であることが知られている。

KnM32

 複弁9弁蓮華文軒丸瓦。平城宮6318Ab型式同范。KnM31同様、恭仁京遷都前の製品である。金堂基壇西辺の瓦堆積層から1点のみ出土した。

KnM33

 複弁8弁蓮華文軒丸瓦。平城宮6282Bb型式同范。金堂基壇西辺の瓦堆積層から7点出土した。天平16年(744)の恭仁京廃都・平城京環都後の製品である。

軒平瓦 (11型式16種)

KnH21

 素文軒平瓦。すべて顎部の形体は段顎であるが瓦当面の施文を省略している。製作技術の特徴は四重弧文KnH23Aと同じである。金堂(SB101)基壇西辺の瓦堆積層から2点のみ出土した。なお、高麗寺跡からも同様の製品(KmH21)が出土している。

KnH23A

 四重弧文軒平瓦。段顎の瓦当面には、丸みを帯びたやや浅い型挽き四重弧を施文している。発掘調査では現在まで400点以上も出土しており、金堂跡出土軒平瓦全体の9割以上を占める。KnM24とのセット関係は明らかである。なお、この型式には、通常とは逆に平瓦狭端側に瓦当を設けた例

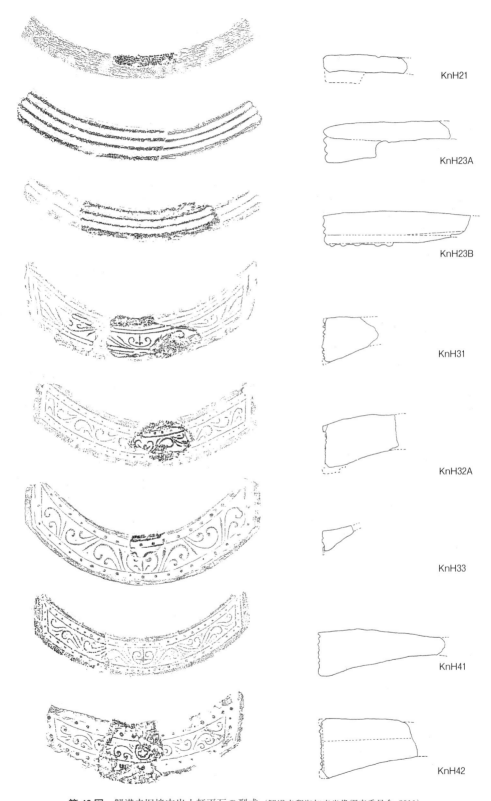

第43図　蟹満寺旧境内出土軒平瓦の型式（蟹満寺釈迦如来坐像調査委員会 2011）

が散見され、軒平瓦製作技法の倒錯がみられる。

KnH23B

　四重弧文軒平瓦。瓦当面にはやや尖りぎみの凸線を4条、粘土帯の貼り付けにより肥厚した直線顎の顎面にも丸みを帯びた凸線を5条型挽き施文したいわゆる「顎面施文軒平瓦」である。瓦当面と顎面の施文具は明らかに異なっており、顎面の施文は5条同時に行っている。金堂基壇西辺の瓦堆積層から2点出土した。なお、下顎面に何らかの文様が施された重弧文系の顎面施文軒平瓦については、特に南山城地域で隆盛し、各地に波及・展開したことが指摘されている。これらはすべて7世紀後半〜8世紀初頭の所産と考えられ、顎面に直線文を基調とした凸線あるいは沈線を施すなどの特徴を有している。近傍では、相楽郡精華町の里廃寺・下狛廃寺、綴喜郡宇治田原町の山滝寺跡で蟹満寺例に近似した製品が出土している。これは、高麗寺式軒丸瓦の波及と寺院造営の拡散過程が連動した結果と考えられる。

KnH31

　均整唐草文軒平瓦。平城宮6681E型式同笵。金堂基壇西辺の瓦堆積層から3点出土した。恭仁京遷都前の製品で、奈良市の押熊瓦窯でこの笵が使用されたことが知られている。

KnH32

　均整唐草文軒平瓦。平城宮6721C型式（恭仁宮KH04A）同笵。金堂基壇西辺の瓦堆積層から2点出土した。恭仁宮造営時に新調した製品である。

KnH33

　均整唐草文軒平瓦。平城宮6726E型式同笵。金堂基壇西辺の瓦堆積層から細片が1点のみ出土した。この型式には、宝亀元年（770）の光仁天皇即位以後、延暦3年（784）の長岡京遷都までの年代が与えられている。

KnH41

　均整唐草文軒平瓦。C字上向内に十字様の花頭形を垂飾した中心飾りをもち、平城宮6689型式に近似しているが、むしろ山背国分寺創建期の軒平瓦（恭仁KH02）を祖形とする製品である。いわゆる「山背国分寺系列」の軒平瓦で、金堂基壇西辺の瓦堆積層から4点出土した。

KnH42

　均整唐草文軒平瓦。C字上向内に肥厚した花頭形を垂飾した中心飾りをもち、巻きの強い蕨手に特徴をもつ「山背国分寺系列」の軒平瓦で、金堂基壇東辺から東回廊の間で1点のみ出土した。

土器類

　発掘調査で出土した土器類の大半が現在の蟹満寺境内＝金堂跡（SB101）周辺から出土した中・近世土器である。屋瓦の変遷でみる限り、金堂の最後の補修（平安時代初頭）以後の焼失から室町期（15世紀）に至るまで、本格的な瓦葺建物は再建されていない。それ以後も宝暦9年（1759）の旧本堂建立までは停滞しており、近世瓦のほとんどがこの時期以後のものである。しかし、出土土器の様相をみると、蟹満寺の法灯は脈々と続いていたことがわかる。

　金堂の焼失以後、基壇の周囲には堀（SB101）が掘られるが、埋土からは12世紀末から13世紀

代の大和型瓦器椀・皿、土師器小皿、須恵器（東播系の片口捏鉢・甕）等が出土する。その後、堀が完全に埋没し墓地化する時期は、大量に出土する蔵骨器と考えられる土師器土釜でみると14世紀末か、早くても14世紀中頃の常滑の甕、あるいは副葬品と考えるならば14世紀前半と考えられる龍泉窯系青磁の椀の時期が候補となる。この墓地の最盛期は15世紀代にあり、土師器土釜、瓦質捏鉢の大半がこの時期のものである。墓地としての終末は、土師器鍋等からみて16世紀末から17世紀初頭と考えられ、18世紀代には石塔墓となって現境内北側に後退したようである。

4. 発掘調査からみた蟹満寺の沿革

　蟹満寺における発掘調査は想定する伽藍のほんの一部にすぎないが、主要堂塔を含む伽藍中枢部の範囲は、天神川南側の現蟹満寺境内から南側に限定して考えることができる。だとすると、蟹満寺境内で検出した瓦積基壇建物跡（SB101）は、その規模・構造からして金堂跡と考えられ、蟹満寺の創建時期を検討する場合、有効かつ唯一の検討材料となる。しかも、本尊を祀る金堂の盛衰が伽藍全体の沿革を考える上での枢要であることは、言うまでもない。

蟹満寺の創建

　発掘調査によりSB101周辺から出土した軒丸瓦（11型式16種）、軒平瓦（7型式8種）のうち、白鳳期の様相をもつものは、軒丸瓦138点（KnM21～24、29）、軒平瓦409点（KnH21、23A・B）を数え、全体の9割以上を占める。なかでもKnM24（132点）、KnH23A（405点）の組み合わせは他を凌駕しており、SB101創建期の組み合わせであることはすでに述べた。なお、白鳳期軒瓦のうち、KnM21～24は他遺跡との同笵関係が明らかであり、特にKnM22～24は、発掘調査による各型式の位置づけがある程度判明している高麗寺跡出土例との比較が可能である。高麗寺と蟹満寺での各型式の対応関係は、KmM22＝KnM22、KmM24＝KnM23、KmM26＝KnM24である。

　飛鳥時代に創建された高麗寺は、白鳳時代になって本格的な伽藍が整備される。この伽藍整備期の軒丸瓦が面違鋸歯文縁をもつ川原寺式（KmM21～28）であり、その原型となる型式が大和川原寺跡出土A類と同笵のKmM21である。これら一群の型式はKmK21からの退化型式であり、その出土比率は高麗寺における諸堂塔の建立順序を反映している。KmM21～24の4型式は塔・金堂・講堂造営の主体となる型式で、その出土量は全体の9割以上を占める。ところが、続く中門・南門の造営段階になるとKmM22（KnM22）、KmM24（KnM23）が減少し、型式的に退化が著しいKmM25、KmM26（KnM24）の出土量が増加するのである。つまり、高麗寺の伽藍造営後期の中門・南門の造営段階では、KmM21～26の6型式が造営の主体となっており、KmM25、26の生産を拡大することによって伽藍造営を維持したことがわかる。しかも、KmM26は、笵キズの進行状況の比較から、本来、蟹満寺造営のために新調された製品（KnM24）であった。蟹満寺の造営は、高麗寺の造営と連動しているのである。

　高麗寺の伽藍整備時期については、KmM21（川原寺A類同笵）の製作年代の検討によって決定可能である。川原寺は天智天皇元年（662）から天武天皇2年（673）までの間に創建されたとされ、

創建期軒丸瓦中最古の型式とされるA類は、奈良県五条市の荒坂瓦窯で生産されるが、操業初期の段階でこの型式の生産は停止している（金子1983）。川原寺出土例と高麗寺出土例を比較すると、明らかに高麗寺例の方は范の摩耗が進行しており、後出のものである。しかも、川原寺例の丸瓦部がすべて玉縁式であるのに対して、高麗寺例はすべて行基式となっていることは、荒坂瓦窯から高麗寺伽藍整備のための瓦窯へ范が移動したことを示しており、工人集団の移動をともなうものではないことを知る。そして、范の摩耗がさらに進行した段階の製品が、わずかではあるが近江の崇福寺、南滋賀廃寺でも出土するのである。これらの寺院は、天智天皇の大津宮遷都（667）にともない宮の周囲に造営されたと考えられ、他に穴太廃寺（Ⅱ期）や三井寺前身寺院、大津廃寺等も営まれた。これらの寺院では、川原寺同范例よりも中房の萎縮した退化型式が出土しており、製作技法も異なる。この型式変化は「高麗寺式」の変化と同じであり、後出傾向として把握可能である。したがって、瓦范の移動が大和→山城（代）→近江である以上、高麗寺伽藍整備の始点は、天智朝でも大津宮遷都を前後する時期に求めることができるのである。

ならば、蟹満寺の創建時期はどうであろうか。古代寺院の造営期間については、最短でも20年、長くて100年以上もかかる例がある。しかし、高麗寺においては、諸堂塔の造営に際し一貫してKmM21（川原寺A類同范）が主体的地位を占めており、伽藍の造営が長期に及んだとは考えられない。しかも、KmM26（KnM24）の范の移動が蟹満寺→高麗寺である以上、蟹満寺の創建は7世紀の末葉を大きく下ることはないと考えられる。

7世紀末葉に創建された蟹満寺は、紀寺（小山廃寺）や高麗寺との同范関係をもつ点において、大和・山城の中核寺院と結びついており、巨大な金堂を建立する素地をもっていたのであろう。

蟹満寺の罹災

蟹満寺金堂が焼失していることはすでに記したが、その範囲は広範囲に及んでおり、発掘調査では西辺から南辺のほぼ中央付近までの瓦積が二次焼成を受けて赤く変色しており、焼土が堆積していた。その時期については、SB101の最後の屋根の補修時期から類推することが可能である。検討の対象となるのは、軒平瓦のKnH41・42である。セットとなる軒丸瓦を欠いているが、いずれもいわゆる「山背国分寺系列」の製品である。天平18年（746）9月、恭仁宮大極殿は山背国分寺に施入され、国分寺（僧寺）の造営が開始される。このとき、使用された瓦は山背国分寺造営官司（＝国衙系瓦屋）の製品であり、以後の屋根の補修等にもこれらの製品が使用されるが、同一文様系譜をもつ軒瓦が南山城に広く分布する。これが「山背国分寺系列」の製品である。蟹満寺で出土するKnH41・42の製品は、9世紀中頃の山城国分寺復興時期に相当するのである。

9世紀中頃以後、SB101は罹災する。このときの被害が甚大であったことは、その後の復興が遅々として進まない状況からみて想像に難くない。現本尊像の罹災痕跡とこのときのSB101の罹災が関連するかどうかは即断できないが、仮に現本尊像がSB101の内部に安置されていたならば、相当な被害を受けたことであろう。

罹災以後の蟹満寺

　罹災以後の蟹満寺については、「寛正四（年）」（1463）銘の文字瓦や軒丸瓦 KnM61A・B、軒平瓦 KnH61～63 を遡る時期の瓦が出土しないことからみて、この時期まで、瓦葺の建物が周囲に存在しなかったことは明らかである。しかし、『伝燈広録』には長治 2 年（1105）に伝法灌頂を受けた静誉の伝として、現本尊とその本堂を「光明山懺悔堂」とする記述があり、東方山中にかつて栄えた東大寺の別所・光明山寺の存在が、蟹満寺の延命に大きく関与したことは明らかである。

　光明山寺については、10 世紀後半に創建され 11 世紀中葉に東大寺三論宗の別所として再興したようで、12 世紀には最盛期をむかえ多くの浄土教家を輩出している。この時期には広大な寺地を摂関家から認知されていたが、13 世紀後半から 14 世紀初頭にかけて、近隣の古川荘と激しい境相論を繰り返している。光明山寺の発掘調査（山城町教育委員会 2001b）では、12 世紀末の源平の争乱期以後、南都復興と連動した伽藍の再整備の状況を明らかにすることができた。その時期は 13 世紀後半であり、東大寺第四代大勧進である円琳が、仁治 3 年（1242）に再建に着手した東大寺三面僧房に関連した瓦が使用されている。東大寺の復興事業と連動して、別所である光明山寺の整備もなされたのであろう。なお、東大寺三面僧坊関連瓦を使用する建物や房院は、南北朝の動乱期である 14 世紀中頃に焼亡している。元弘元年（1331）、笠置に籠る後醍醐天皇を攻めるため、幕府軍が光明山寺の裏を進軍する様子が『太平記』にみえるが、このような戦乱に巻き込まれた可能性が考えられる。その後、衰微した寺運は 17 世紀初頭には尽きることとなるのである。

　光明山寺の勃興により命脈を保った蟹満寺は、光明山寺の衰退により 15 世紀代に再興していく。SB101 周辺の墓地化は、古代寺院から光明山寺の一子院の立場を脱して、ようやく地域の寺院としての歩を進めた時代と言えよう。本堂・庫裏・墓地がセットとなるような、近世的な檀越寺院の萌芽と言えようか。

　SB101 周辺の墓地としての終末は、出土土器の様相からみて 16 世紀末から 17 世紀初頭と考えられ、18 世紀代には石塔墓となって現境内北側に後退したようである。宝暦 9 年（1759）建立の旧本堂下層からは、前代の本堂と考えられる小規模な建物（SB701）が本尊台座を覆うように存在し、その西側には、近接して円形の前栽石組（SX601）と敷石列（SX602）の存在を確認した。宝暦 9 年（1759）前代の本堂は、かつての本尊台座をひとまわり大きくした程度の規模しかなく、敷石列（SX602）はおそらく西側の庫裏とつなぐ通路であったろう。江戸時代、真言宗の寺院として再興された蟹満寺は、宝暦 9 年、旧本堂の建立によって、ようやく寺観を整えたと言えそうである。正徳元年（1711）の『山州名跡志』には、平成 22 年（2010）建立の現本堂同様、釈迦像が本堂の本尊でその脇壇に聖観音蔵が安置されていたと記している。

第 4 節　白鳳の山林寺院　山瀧寺

　南山城には山中に立地する白鳳創建の寺院が 2 箇所ある。京田辺市の普賢寺（田辺町教育委員会

1982）と綴喜郡宇治田原町の山瀧寺（宇治田原町教育委員会 2006）である。他には相楽郡笠置町の笠置寺（笠置町教育委員会 1990）に白鳳創建とする縁起があるが、定かではない。普賢寺は山背と河内を結ぶ間道沿いにあり、山瀧寺は山背と近江を結ぶ田原道沿いにある。『続日本紀』天平宝字 8 年（764）9 月、恵美押勝乱に際し、宇治道を通って近江へ逃れる恵美押勝を追う孝謙上皇の追討軍は、この田原道を通って先回りに成功し瀬田橋を焼くのである。

ここでは、綴喜郡宇治田原町荒木に所在する山瀧寺の出土遺物を概観し、南山城における白鳳期の山林寺院の様相を考察する。しかも、この寺院は、高麗寺・蟹満寺を定点とする伽藍造営の伝播を考える上で、近江の雪野寺に至る国境の地なのである。

1. 軒瓦

平成 13〜17 年度にわたる宇治田原町の発掘調査（宇治田原町教育委員会 2006）で出土した瓦類には、白鳳期から現代までのものが含まれる。しかし、古代以来の山瀧寺の建物配置・寺域等まったくわかっていない現状では、すべての出土瓦を山瀧寺に係る建築資材とすることはできない。また、同様に、文献資料にみる「山瀧寺」が白鳳創建以来の連続性をもった寺院とすることには、多くの疑問が残る。とはいえ、建築資材としての瓦の出土は、古代寺院としての「山瀧寺」の存在を明瞭に証明しており、たとえ少量の細片であろうとも創建以来の沿革を雄弁に語る資料である。

ここでは、宇治田原町が保管する過去の表採資料や個人蔵の資料も含めて紹介する（第 44 図）。なお、これら資料のうち何点かは散逸し現在所在不明となっているが、過去の掲載論文等から転載し補った。また、軒瓦型式一覧では、可能な限り反転・展開復元を行っている。軒丸瓦で 6 型式 6 種、軒平瓦で 5 型式 5 種を確認している。

A. 軒丸瓦

SrM21

いわゆる山田寺式の単弁蓮華文軒丸瓦。発掘調査では、中央公民館敷地東側の 501Tr 瓦溜（SX501）から瓦当表面が剥離した剥片の状態で 1 点のみ出土した。出土品は、子葉の表現が不明瞭で間弁の起伏も乏しく、山田寺式としての退化が明らかに進んだ段階と言えよう（菱田 2000）。焼成は軟質で胎土は精良、二次焼成を受けて黄灰色を呈している。他遺跡との同笵関係は不明である。なお、近隣では、城陽市の平川廃寺・正道官衙遺跡（正道廃寺）で山田寺式の軒丸瓦が出土している。

SrM22

いわゆる川原寺式が南山城地域で独自の変化をとげた高麗寺式の複弁 8 弁蓮華文軒丸瓦。発掘調査では、中央公民館敷地南側の 203Tr から間弁と花弁の一部を残す剥片が 1 点のみ出土した。他には、かつて同笵かと思われる資料が紹介されているが、現在は所在不明である。やや小振りの中房に周環をもつ蓮子を 1+8 に配していたことがわかる。残る間弁・花弁の彫りは浅く線的に表現されており、ボリュウムを欠く。焼成は軟質で胎土は精良、火中しており表面黄灰色を呈している。

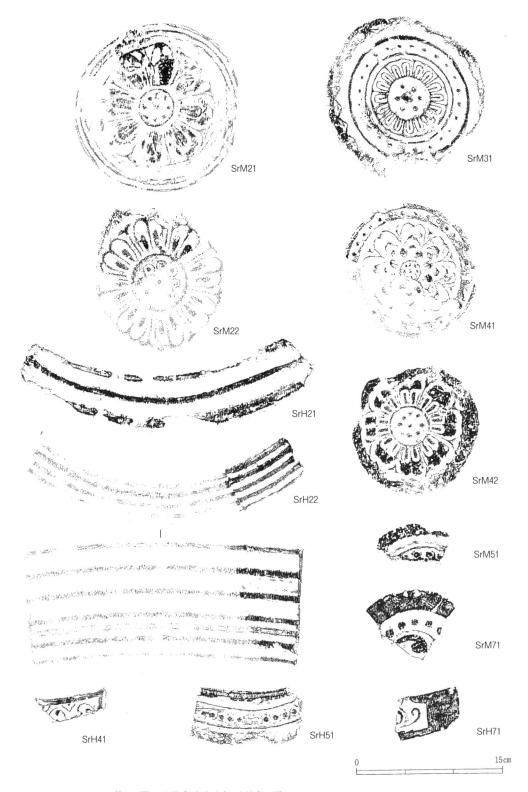

第44図　山瀧寺跡出土軒瓦型式一覧（宇治田原町教育委員会 2006）

細片のため、他遺跡との同笵関係は不明である。なお、同様の高麗寺式軒丸瓦は、木津川市山城町の高麗寺跡をはじめ、同町蟹満寺・松尾廃寺・泉橋寺、精華町の下狛廃寺・里廃寺、城陽市の正道官衙遺跡（正道廃寺）や滋賀県蒲生郡竜王町の雪野寺跡で出土している（中島 2003）。

SrM31

複弁8弁蓮華文軒丸瓦。平城宮6282Bb型式軒丸瓦と同笵。これは、恭仁京廃都後の平城京造営に使用された型式で、平城宮瓦編年の第Ⅲ期に位置づけられる。山瀧寺跡では、最も多く出土する型式で501Tr瓦溜（SX501）からまとまって5点が出土し、過去の採集品でも確認されていた。瓦当文様は、花弁が短く中房の歪みと圏線の消失に特徴をもち、蓮子・花弁に笵キズを生じている。筒部との接合に際しては、凹凸両面に多量の補足粘土を使用し、瓦当裏面の接合線は円弧状を呈す。胎土には多量の砂粒を混入しており、焼成は軟質で内部灰色を呈すが表面炭化粒の付着により黒色のものがある。同笵例は、平城宮京と京内の諸寺、恭仁宮、長岡宮、近隣の井手町井手寺跡、木津川市の蟹満寺・松尾廃寺・高麗寺跡、山城・木津町間の木津北遺跡（木津川河床）や淀川沿いの大阪府高槻市梶原寺で出土している。なお、6282Bb型式瓦笵改刻前のBa型式は、平城宮京と京内の諸寺・長岡宮・平安宮のほか、木津北遺跡や京田辺市の三山木廃寺で出土している。

SrM41

複弁8弁蓮華文軒丸瓦。いわゆる重弁形式で新羅系の文様構成をもつ。現在、所在不明。

SrM42

複弁8弁蓮華文軒丸瓦。いわゆる平安後期南都系の製品である。山瀧寺跡ではSrM31に次いで多く出土する型式で、501Tr瓦溜（SX501）から2点が出土し、過去の採集品でも確認されていた。瓦当文様は、中房に1＋8の蓮子を配し花弁端からいきなり外区が立ち上がり平縁となる。笵は外縁まで及ばない形式のため外縁の幅・高さは一定せず、ケズリで平坦に仕上げる。凹凸両面の補足粘土はそれほど多くはなく、ナデで仕上げる。胎土にはわずかに砂粒を混入するが精良で焼成は硬質、町保管資料では青灰色を呈し、501Tr瓦溜（SX501）出土資料では2次焼成を受けて黄灰色を呈している。同笵例は聞かないが、同系統の製品は南都の諸大寺や宇治市平等院で出土している。

SrM51

巴文軒丸瓦。内区の巴を欠失しておりその形状は不明であるが、外区内縁珠文帯外側に圏線をもちやや小粒の連珠を配す。中央公民館敷地南側の203Trから1点のみ出土した。胎土には白色の微砂を混入するが焼成はやや硬質で内部黄灰色、表面燻しにより黒色を呈している。

SrM71

巴文軒丸瓦。おそらく右回りの三つ巴を主文とし、圏線のない大粒の珠文帯と幅広の外縁をもつ。近世山瀧寺のものであろうか。203Trから1点のみ出土した。

B. 軒平瓦

SrH21

三重弧文軒平瓦。段顎の瓦当面には深く幅広の型挽き三重弧を施文している。中央公民館敷地北側の101Tr、東側の501Tr瓦溜（SX501）から各1点が出土した。過去の採集品であるが第45図

1は瓦当部を完存し、瓦当面幅約27.0 cm、高さ4.5 cmを測る大型品で、幅7.5 cmの顎面には平瓦凸面に残る格子タタキ痕と同じタタキが密に施されている。501Tr瓦溜（SX501）から出土した第45図2は、顎に貼り付けた粘土帯が剥離した製品で、接合面には同様のタタキ痕が残る。胎土には微砂を混入し焼成はやや軟質、内部は灰色を呈すが表面は火中して黄灰色となっている。

SrH22

四重弧文軒平瓦。段顎の狭い瓦当面には密に型挽き四重弧を施文し、顎面にも型挽きで8本の凸線を施す。山瀧寺跡では、最も多く出土する型式で中央公民館敷地南側の203・301Trで各1点、東側の501Tr瓦溜（SX501）から3点が出土し、過去の採集資料にも多い。確認している資料では、瓦当面、顎面の施文具はそれぞれ同一で、顎面凸線も少なくとも6本で1単位の施文が行われている。そして顎背後にも2条の凸線が施されている。なお、瓦当面・顎面の施文は同時に行っている可能性が考えられる。501Tr瓦溜（SX501）から出土した製品では、接合に際して平瓦凸面に格子状のキザミを施している様子が接合面に転写されている。胎土には白色の砂粒を混入するが焼成は堅緻で、青灰色を呈している。同様に501Tr瓦溜から出土した第45図3は、2次焼成を受けて黄灰色を呈している。なお、本型式に特徴的ないわゆる顎面施文軒平瓦は、南山城地域に広く分布しており、特に直線的な凸線を施す例は、同じ綴喜郡で京田辺市三山木廃寺、八幡市志水廃寺、久世郡の城陽市正道官衙遺跡（正道廃寺）・平川廃寺・久世廃寺、相楽郡の精華町里廃寺・下狛廃寺、山城町の蟹満寺で出土している。なかでも里廃寺・下狛廃寺・蟹満寺例とは、施文方法が近縁関係にある（中島 2003）。

SrH41

連巴文軒平瓦。平安後期播磨系文様構成をもつ製品である。浅顎の瓦当面には左回り二つ巴を連ね、その間隙に上下から対向する半裁花文を覗かせた意匠であろう。中央公民館敷地北側の101Trから1点のみ出土した。全体の文様構成は不明であるが、右側1/3程度を残す小型瓦である。凹面にはやや粗い布目圧痕をとどめ、凸面には縦方向の細い縄タタキ痕を残している。胎土には白色の砂粒を混入し、焼成はやや軟質で灰色を呈している。同范例は不明であるが、宇治市平等院から同一意匠の製品が出土している。

SrH51

連珠文軒平瓦。浅顎の瓦当面には、一文字の中心飾りから左右に6個以上大粒の珠点を配している。むかって左側の范キズは広く進行しており、中心飾りも不鮮明である。ウ冠の文字であろうか。凹面には布目圧痕をとどめ、凸面には凹型代の痕跡をとどめる。中央公民館敷地西側の201Trから2点、南側の203Trから1点が出土した。ともに胎土に多くの白色砂粒を混入し焼成は良好、灰色を呈している。同范例等は不明である。

SrH71

均整唐草文軒平瓦。瓦当面に雲母片の付着をみる近世瓦。203Trから2点出土した。

第3章 伽藍造営の伝播 111

第45図 SrH21、22型式軒平瓦（宇治田原町教育委員会 2006）

2. 山瀧寺の沿革試論

　以上、山瀧寺跡から出土した瓦類について概観したが、ここでは瓦類のセット関係や年代観、出土状況等をまとめ、出土瓦からみた山瀧寺の沿革について若干の考察を試みたい。ただし、はじめにことわったように、本遺跡の調査状況は、寺院関連遺構が未検出であること、瓦類の出土が散発的であること等、通常の瓦葺建物をもつ寺院中心部の様相とはやや異なる。したがって、ここで行う考察は、質的にも量的にもきわめて限定的なものであることをご理解いただきたい。また、文永9年（1272）の「山瀧寺雑掌訴状」（『禅定寺文書』）にはじめてその名がみえる「山瀧寺」が、遺跡としての山瀧寺跡と完全に同一かどうかについてもここでは考察の範囲外とする。

　通常、寺院跡の調査では、出土する瓦類のうち型式的に他と比べ古式であり、しかも一定の出土量を占める型式を創建瓦と認定する。山瀧寺跡においては、軒丸瓦のSrM21・22型式、軒平瓦のSrH21・22型式が最も古式の製品であることは明らかである。また、きわめて限定的な遺構ではあるが501Tr瓦溜（SX501）での瓦の出土状況は、SrH21・22型式にともなう格子タタキの平瓦がほぼ半数を占めており、一定の出土量を確保する。ただ、他遺跡での状況から判断して重弧文軒平瓦とのセット関係が明らかなSrM21・22型式の出土量はわずかであり、特定できる丸瓦の量も少ない。また、SrM21型式については501Tr瓦溜（SX501）でSrH21・22型式と共伴するが、SrM22型式との共伴関係は確認できていない。しかし、むしろ1点ではあっても、軒丸瓦SrM21と軒平瓦SrH21・22型式との共伴関係が確認できたことを幸運とすべきであろう。現段階では、軒丸瓦SrM21・22型式、軒平瓦SrH21・22型式をもって、山瀧寺創建期軒瓦候補の一群としたい。以下、軒丸瓦の二型式を中心として創建期の状況を概観する。

　大和の吉備池廃寺・木之本廃寺の単弁8弁蓮華文軒丸瓦を祖型とする山田寺式軒丸瓦は、全国に波及する過程で変化し各地において独自の変遷をとげる。山城地域においては京都市の北白川廃寺例が最も原型式に近く、南山城では城陽市の平川廃寺・正道官衙遺跡（正道廃寺）例にやや退化傾向がみられる。同笵関係にある城陽市の二遺跡出土例と細片であるが山瀧寺SrM21を比較すると、前者は内区外側の圏線をかすかに残すものの花弁の輪郭線は完全に消失しているのに対し、後者は内区外側の圏線を消失しているが花弁の輪郭線はとどめている。両者は異笵であるが、山田寺式としての退化傾向は顕著である。なお、北白川廃寺例については、文様・製作技法から大和山田寺例との対比が可能であり、山田寺塔の建立が行われる670年代との対応関係が考えられる。よって、山瀧寺SrM21については、北白川廃寺例以後の7世紀第Ⅳ四半期にその時期を求めたい。

　次に川原寺式の山瀧寺SrM22型式について検討する。南山城における川原寺式軒丸瓦の展開については、高麗寺式軒丸瓦の拡散と在地化の過程から追うことが可能である。木津川市山城町の高麗寺跡では、現在までに8型式の川原寺式軒丸瓦（KmM21〜28）を確認しているが、その伽藍造営は大和川原寺A種同笵軒丸瓦（KmM21）をもって大津宮遷都（667年）前後の時期に開始され、一貫してA系列軒丸瓦（KmM21・22・25）が造営の主体となる。それに対してB系列軒丸瓦（KmM23・24・26・27）は、高麗寺伽藍造営の主体とはならず、「高麗寺式」として南山城地域に

拡散していく。その時期は、山城町の蟹満寺創建に主体的に使用された軒丸瓦（KnM24）の笵が、高麗寺中門・南門の造営に際して KmM26 として使用された時期をひとつの定点とする。したがって、間弁の形状が Y 状となる山瀧寺 SrM22 についても、高麗寺式軒丸瓦の拡散期に対応した 7 世紀第Ⅳ四半期のうちで考えることができる。なお、同笵関係は不明であるが、中房の蓮子が 1＋8 となる正道官衙遺跡（正道廃寺）例と山瀧寺 SrM22 は同笵関係にある。

ところで、山瀧寺 SrH22 型式軒平瓦にみる顎面施文の形状は、同じ高麗寺式軒丸瓦をもつ蟹満寺、精華町里廃寺・下狛廃寺と近縁関係にあることはすでに述べた。また、三重弧文の SrH21 型式軒平瓦についても、重弧の形状は洗練されたそれとはかけ離れており、原型式に近い山田寺式や川原寺式にともなう四重弧文軒平瓦との時期差は歴然としている。高麗寺式軒丸瓦の拡散と顎面施文軒平瓦の成立、そして在地化の時期に対応する。

以上の検討から、山瀧寺跡における川原寺式 SrM22 と型式的に先行する山田寺式 SrM21 との間には、積極的な時期差を求めることはできず、このことは軒平瓦 SrH21・22 型式についても同様であった。軒丸瓦 SrM21・22 型式、軒平瓦 SrH21・22 型式をもって、山瀧寺創建期軒瓦の一群と認定したい。

7 世紀第Ⅳ四半期のうちで創建された山瀧寺は、その後、傷んだ屋根瓦の取り替え・補修を行いながら維持されていく。ここでは、本遺跡調査で唯一一括性の高い 501Tr 瓦溜（SX501）出土瓦を中心に創建以来廃絶に至る経過を概観したい。SX501 は、町立中央公民館南東に隣接する瓦集積遺構で、上層を近世・近代の撹乱が覆うものの中央公民館敷地へむかって広がることが予想される。検出範囲はその一部であるが、2 次焼成を受けた瓦類がまとまって出土しており、あたかも火災を蒙った建物が崩れ落ちたか、あるいは火事場の瓦礫をその後一括投棄したかの様相をもつ。いずれにしても、その出土瓦の様相は、焼失直前の建物屋根の状況を反映していると考えられる。SX501 から出土した軒瓦のうち最も新しい製品は、平安後期の軒丸瓦 SrM42 型式である。それ以前のものは軒丸瓦 SrM31 型式のみであり、この型式が最も多く出土することはすでに述べた。軒丸瓦 SrM31 と SrM42 との予想される年代差は 400 年にも及び、この間にまったく瓦の挿し替えがなされなかったとはとても考えられない。建物としての断絶があったのであろうか。今後の調査でその間を埋める資料の追加を待つしかないが、ここでは 2 次焼成を受けた一括資料としての遺構の状況を重視したい。

創建後の山瀧寺は、8 世紀後半に至り軒丸瓦 SrM31 を用いて、比較的規模の大きな屋根の葺き替え工事がなされている。この段階では軒丸瓦の大半が取り替えられ、丸・平瓦も半数近くが交換されている。しかし、軒平瓦の挿し替えはなかったようで、SrM31（平城宮 6282Bb）型式軒丸瓦と通常セット関係にある平城宮 6721 型式系軒平瓦や当該期の製品は確認できていない。したがってこの段階では、時代の異なる平城宮式軒丸瓦 SrM31 型式と重弧文軒平瓦 SrH21・22 型式が、屋根の上で共存していたことになる。なお、SrM31 型式同笵例が南山城地域に広く分布するように、平城宮 6282 型式系軒丸瓦と 6721 型式系軒平瓦はセットとなって、木津川・淀川水系の古代寺院を中心として広く分布する。この稠密に分布する軒瓦の一群は、かつて高橋美久二が「山背国式瓦」と評し、都城での使用を前提とした瓦との区別をとなえた（京都府立山城郷土資料館 1983）。

さて、その後の山瀧寺は、長い空白期間を経て、平安後期の12世紀代に軒丸瓦SrM42型式を用いて小規模な瓦の挿し替え工事が行われている。どうやら、これを最後にSX501に係る建物は焼亡したようである。なお、軒丸瓦SrM42型式と軒平瓦SrH41型式が時期的にセットとなる可能性をもつが、SrH41は火中しておらずSX501からは離れた公民館北側の101Trから出土している。したがって、焼亡前の屋根の状況は、軒丸瓦SrM31・42型式と重弧文軒平瓦SrH21・22型式が軒を飾っていたことになる。これは、あくまでも2次焼成を受けた一括資料としてのSX501出土瓦の状況を重視した結果である。なお、建物の出火原因については、平治の乱による兵火と考えられる。平治元年（1159）12月、平氏側と激しく対立していた源義朝は内裏を占拠して平治の乱をおこした。信西（藤原通憲）は宇治田原の大道寺へ乱を逃れたが、この地で自害したという。そのとき、山瀧寺、大宮神社、大道寺、双栗天神社等をはじめ多くの民家を焼失した、と伝えられている。ならば、軒丸瓦SrM42型式や軒平瓦SrH41型式の時期は、平治元年を下限年代とすることができようか。

SX501出土瓦に係る建物焼亡後の山瀧寺については、文永9年（1272）の「山瀧寺雑掌訴状」（『禅定寺文書』）にみえる「山瀧寺」に係るであろう瓦が出土している。鎌倉時代後期と考えられる巴文軒丸瓦SrM51型式と連珠文軒平瓦SrH51型式や、近世後期の巴文軒丸瓦SrM71型式と唐草文軒平瓦SrH71型式である。平治の乱による焼亡後の山瀧寺再建にともなう瓦であろう。出土瓦からはこれ以上のことはわからないが、いずれにしても往時の威容はなく山瀧寺の衰退は明らかである。

以上、簡単ではあるが、瓦から山瀧寺の沿革をたどってみた。ただし、その作業は、量的にも質的にもきわめて限定された考古資料から描かれたものであることは、はじめに述べたとおりである。

3. 山瀧寺の課題

創建に関する課題

なぜ、この宇治田原の地に白鳳寺院が創建されたのか。『日本書紀』欽明天皇31年（570）夏4月2日条には、高句麗の使節が越の海岸に漂着した記事がある。この使節は船で琵琶湖を縦断し宇治川（瀬田川）・木津川を通って山背の高槻館（相楽館）に迎え入れられた。この記事をみるまでもなく、近江と山城を結ぶルートには、古くより山科から逢坂山を越して琵琶湖に至るコースとこの宇治川コースがある。また、『続日本紀』には、藤原仲麻呂（恵美押勝）の乱に際し、天平宝字8年（764）、宇治道を通って近江に逃れる仲麻呂一行とは別に、追手が田原道を通って先回りし、勢田橋を焼いた記事がある。山瀧寺のある荒木の地は、この田原道上にあり、いわば交通の要衝としての位置づけが可能である。ならば、山瀧寺創建瓦のひとつである川原寺式軒丸瓦SrM22型式と同じ高麗式の瓦が琵琶湖東岸の雪野寺跡から出土する点については、南山城と近江を結ぶ「高麗式軒丸瓦の田原ルート」を考える上で重要である。また、山田寺式軒丸瓦SrM21型式についても、北白川廃寺と近江の山田寺式軒丸瓦との関係とは別に、城陽市の平川廃寺・正道官衙遺跡

（正道廃寺）例と近江の山田寺式を結ぶ視点を与える可能性がある。顎面施文軒平瓦の問題も同様である。いずれにしても、今後の資料の増加を待つしかない。ただ、これらの課題が整理され、田原ルートの重要性が指摘できても「なぜ、この宇治田原の地に白鳳寺院が創建されたのか」という課題の解決には至らない。歴史的な必然性、契機の解明が必要である。山間立地寺院（山岳寺院）としての性格づけも重要な課題である。

ところで、宇治田原の地には、天智天皇の第七皇子・施基皇子（田原天皇）にかかる伝承がある。皇子が田原の高尾の地に邸宅をかまえ、後に荒木の里に移したとするような記事は正史にあらわれないが、霊亀元年（715）の薨去後に田原天皇社が設けられ、場所は移動しているものの「田原天皇社跡」として伝えられている。なお、現在、田原天皇の御陵は、春日山の南の田原にある田原西陵に治定されている。後世の付会であろうが、もし仮に山瀧寺が施基皇子により創建されたとするならば、不遇を託つ皇子の隠棲の地に営まれた寺院としてふさわしい雰囲気をもつ。また、施基皇子の第六子白壁王は後に即位して光仁天皇となるが、この宝亀元年（770）の即位により長く断絶していた天智天皇の皇統が復活し桓武天皇へと続く。ちょうど光仁天皇即位の時期が、山瀧寺で大規模な修造がなされた時期に対応する。しかし、余程の僥倖に恵まれない限り、この課題を解決すべき資料は出土しないであろう。

伽藍に関する課題

山瀧寺の伽藍構造および規模に関して、現状ではまったくわかっていないが、501Tr瓦溜（SX501）の状況からは、ほぼ現在の中央公民館敷地内に伽藍の中心建物（瓦葺建物）があることはまちがいない。ここを中心とした一町（360尺）四方程度の寺域を想定することができる。しかし、これまでの調査状況からは、他に複数の瓦葺建物が存在する状況は確認できていない。ただ、ある時期の土石流等により他の建物遺構が深く埋没している可能性を否定することもできない。地形的な制約もあろうが、今後の広い範囲での発掘調査を期待したい。いずれにしても、中央公民館敷地内での調査が鍵を握ることは確かである。

なお、伽藍の形態については、通常の平地性伽藍の延長上で想定する以外に、特定の持仏堂等からの発展形態、いわゆる山岳寺院としての性格を示す伽藍形態等の可能性を考慮する必要がある。その場合、京田辺市の普賢寺や八幡市の美濃山廃寺等立地環境が近い寺院との比較検討が重要であろう。今後の課題である。

平安時代以後に関する課題

山瀧寺跡では、平城宮式軒丸瓦SrM31型式と平安後期のSrM42型式やSrH41型式との間に長い空白期間が存在する。7世紀第Ⅳ四半期のうちで創建された山瀧寺がはたして平安後期まで存続するのか、あるいは南山城地域における平安遷都前創立寺院の多くがそうであるように、平安遷都をひとつの契機として廃絶していくのか、これはこの地に存在する白鳳創建寺院と「山瀧寺」と呼ばれた寺院との連続性の問題であり、大きな課題である。この点に関しては、山瀧寺跡の調査だけではなく、町内の禅定寺他との比較検討が必要となろう。

東大寺別当をも務めた平崇上人開基の禅定寺は、摂関家の庇護のもと柚山一千町歩を含む広大な所領を有し、永延元年（987）の大房造立以後、大伽藍が整備されていく。山瀧寺がいつ頃から禅定寺の支配下に組み込まれたかは不明であるが、延久3年（1071）に禅定寺が平等院の末寺となる頃には支配が及んだようである。

　現在、禅定寺周辺にも開発の波が押し寄せている。禅定寺周辺における考古学的な調査は、それ自体著名な山岳寺院の実態解明に寄与するところ大ではあるが、山瀧寺との関係においても重要である。たとえば、同笵関係が不明な山瀧寺SrM42型式やSrH41型式、そしてこれらに先行する型式や後続する型式の解明が、有機的に禅定寺と山瀧寺との関係を結びつけていくことであろう。これらの関係は、山城町の光明山寺と蟹満寺との関係にも似て、大きな意義をもつ。古代寺院から中世寺院への移行の実態解明は、大きな課題である。

第 4 章　二つの都城と古代寺院

　律令国家による僧尼統制の法的整備は、「僧尼令」の制定により完成した。現存する『養老令』は天平勝宝 9 歳（757）に施行されたが、「神祇令」の次に全 27 条からなる「僧尼令」が収められている。この「僧尼令」の基本姿勢は、律令国家が仏教を国家の体制秩序に組み込み、国家への奉仕を義務付けるもので、清浄な官僧集団の形成と保全が示されている。この体制こそ、天武朝が志向した官寺・官僧体制なのである。当然、既存の氏寺に対しては否定・抑制の立場をとることとなる。しかし、南山城においては、氏寺の公（官）的側面を増幅する方向にあった可能性がある。天平 18 年（746）に恭仁宮が廃都となり山背国分寺に施入されるまで、南山城の既存寺院がその機能を果たしていたと考えられるのである。南山城の拠点寺院として抽出された高麗寺、平川廃寺がその候補の要件を満たしていた。既存の氏寺のなかには、官寺的な側面がみられるのである。

　ところで、律令国家の成立は、必然的に都市を生み出すこととなる。藤原京や平城京の造営には、近江国の田上山やその他の檜材が大量に利用された。これらの材木は筏に組んで瀬田川（宇治川）を下り、巨椋池から泉川（木津川）を遡上させて泉津に集められ、そこから奈良山を越えて奈良盆地へと運ばれた。これらの材木は都城ばかりではなく、京内外の諸大寺の造営や維持にも用いられ、後の木津と呼ばれる泉津には大量の材木が集積していた。ここには、官の港湾施設だけではなく大安寺や薬師寺などの木屋所も設けられ、一大港湾都市となるのである。当然、ここに陸揚げされるのは材木だけではない。大量消費地としての都城を維持するための様々な物資が集積することとなる。後の長岡京における山崎津、平安京における淀津にみるように、藤原京から平城京、そして恭仁京への遷都は、都市の経済・流通機能を充足させるための「津」を求めた移動と考えられるのである。そして、都城には政治的、流通・経済的機能だけではなく、宗教的機能も充足される必要がある。

　平城京・恭仁京の遷都は、南山城の宗教的様相にも大きな影響を及ぼすこととなる。本章では、都城周辺における都市的景観のなかで、南山城の古代寺院を捉えることとしたい。

　木津川周辺の宗教的景観を眺めると、俗地としての泉津の対岸には、泉橋で連結された泉橋寺や隆福尼院があり、台地上にはかつてより南山城の中核寺院である高麗寺が威容を誇っていた。高麗寺の対岸には泉津と接して、賀世山西道沿いに燈籠寺廃寺があり、鹿背山の台地上には鹿山寺、宮のある左京には、恭仁京の中核的宗教施設としての金光明寺が所在し、宮の背後には海住山寺が聳え立っていたであろう。さらに木津川を上流に遡れば、霊峰笠置山の笠置寺がある。泉橋を下れば木津川沿いに松尾廃寺・里廃寺・下狛廃寺・蟹満寺が甍をきそい、井手寺に至るのである。そして、

平川廃寺・久世廃寺・正道廃寺がもう一つの拠点を形成していた。平城京と恭仁京という二つの都城の狭間には、聖地と俗地が交互に展開する様相がみられるのである。

第1節　恭仁宮と京の実態

　天平12年（740）12月15日、聖武天皇は30年間続いた平城京を捨て、突然、恭仁京（大養徳恭仁大宮）へ遷都する。藤原広嗣の乱を契機とするかのような平城京出奔（東国行幸）の途中、聖武天皇は同行していた右大臣橘諸兄を恭仁京造営のために先発させ、わずか9日間で遷都が行われた。これだけの時間ではほとんど建物らしいものが造れるはずもなく、翌13年の元日朝賀の式は「宮垣未だ就らず。繞すに帷帳をもってす」というありさまであった。

　遷都以来、平城宮の建物を移建し、あしかけ4年の歳月をかけて推進した恭仁宮の造営は、その間に着手した紫香楽宮造営もあって、天平15年（743）12月に突然中止される。そして、翌16年2月に難波宮への遷都宣言がなされ、さらに翌17年5月にはわずか1年で難波宮を捨て、天平12年以来5年にして宮都はふたたび平城京に戻るのである。恭仁京の歴史は、天平16年2月の廃都宣言、同17年5月の東西市の移動によって完全に終わる。そして天平18年（746）9月、恭仁宮大極殿は山背国分寺に施入され、国分寺としての新たな歴史がはじまるのである。

　ここでは、聖武天皇の彷徨5年の間に営まれた恭仁・難波・紫香楽宮と廃都された平城京を比較しながら、現時点での考古学的調査成果を整理し、恭仁宮・京の実態について概観したい。ただ、恭仁京においては宮における一定の調査成果はあるが、京に関する調査は皆無である。よって本文では、京内を貫流する大動脈・木津川の水運とその中心的港湾施設である泉津や行基における架橋活動、宗教施設としての高麗寺を中心とした京内外の寺院、橘諸兄の相楽別業と石橋・岡田池両瓦窯の生産活動を中心に再評価し、そこからみいだされる都市的景観から、改めて恭仁京の実態を捉えなおしてみたい。

1. 恭仁京の様相

恭仁京遷都

　京都府の最南端相楽郡の木津川市にかつて営まれた恭仁京は、遠く三重県の名張に源流をもつ木津川が相楽郡東部を西にむかって貫流し、今一度流れを北に転じるその内懐に営まれた都である。木津川はさらに北流して巨椋池に注ぎ、ここで宇治川・桂川と合流して淀川となり大阪湾に至る。恭仁京の南側に連なる寧楽山の低丘陵は、かつての大和と山背国を隔てる境界であり現在も木津川市と奈良市を隔てる府県境であるが、木津川という大和の北の玄関口に至る中継地でもあった。予想される京域には、三角縁神獣鏡三十数面が出土した古墳時代前期初頭の史跡椿井大塚山古墳や、大和川流域の高井田山古墳（大阪府柏原市）とともに大和への横穴式石室導入の嚆矢となった天竺

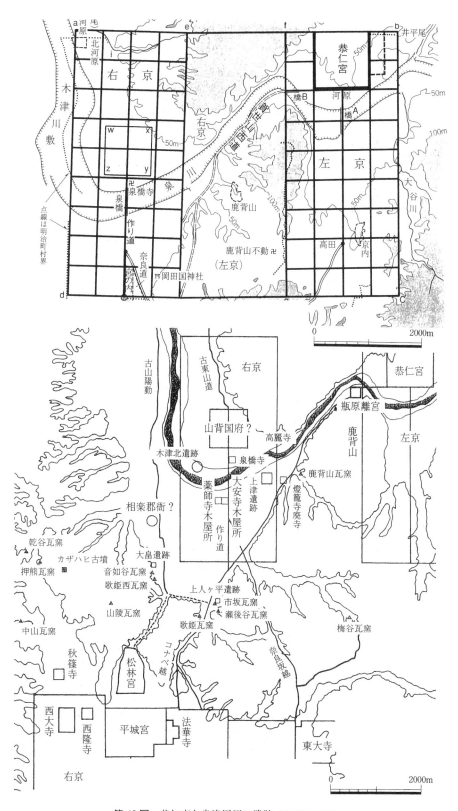

第 46 図 恭仁京と泉津周辺の遺跡（木津町 1991）

堂1号墳、渡来系氏族高麗（狛）氏の氏寺とされる飛鳥時代創建の史跡高麗寺跡などがあり、この地が律令制以前から大和と地方を結ぶ重要な結節点であったことを知る。奈良時代になっても、山陰・山陽・北陸・東山道がこの地で結束し、また平城京の外港（泉津）が置かれて水陸交通の要衝であった。そして、寧楽山丘陵一帯には宮殿・寺院所用の瓦を生産した窯址群が築かれ、木津川上流には和同開珎を鋳造した銭司遺跡がある。まさに産業・交通の両面で都を支えた地域なのである。

　恭仁宮が営まれた木津川市東部の加茂町瓶原地域は、平城宮から寧楽山を越えて直線距離で約10kmと至近の位置にある。ここは急峻な笠置山地を抜けた木津川が開放されて平野に注ぐ最初の地であり、和銅元年（708）に元明天皇が行幸した岡田離宮や平城遷都以後、元明・元正・聖武天皇が度々訪れた甕原離宮が営まれた地でもある。現在、これら離宮の所在は不明であるが、上流に切立つ断崖や川の景観を眺める風光明媚な景勝の地として選ばれたのであろう。ところが、天平12年（740）12月、聖武天皇は、彷徨の末なじみのこの地に突然都を移したのである。

　恭仁京遷都の直接の原因は、この年9月に挙兵の報がもたらされた藤原広嗣の乱である。天平9年（737）、政敵長屋王を倒し政権を独占していた藤原四子が天然痘とみられる疫病に冒され、相次いで病死する。政治的影響力を失った藤原氏にかわって国政に大きな発言力をもったのが、翌年右大臣となった橘諸兄である。広嗣の乱は、藤原氏の政権奪還を意図した直接的な聖武－諸兄体制批判なのである。疫病の流行による社会不安と広嗣の乱に象徴される政界の混乱を一気に収束させる有効な手段として、恭仁京遷都が断行されたと考えられる。しかし、直接の原因が広嗣の乱であり平城京を捨てることが必要であったとしても、最終的な目的である聖武天皇の専制的な政治体制を確立するためには、遷都先がどこであってもよいはずはない。2カ月近い彷徨の末、なぜこの地を選んだのであろうか。その理由については、先に記した交通の要衝である点や聖武天皇旧知の土地であることのほか、橘諸兄の相楽別業が近くにあり自らの勢力圏でもある相楽郡への遷都を諸兄が主導したとする喜田貞吉の説（喜田 1915）や地勢が唐の副都洛陽に似ているため陪都としてこの地が選ばれたとする瀧川政次郎の説（瀧川 1967）、大仏建立のための仮の都であったとする瀧浪貞子の説（瀧浪 1991）などがある。なお、瀧浪は聖武天皇の東国巡行を壬申の乱における大海人皇子の行動を追体験するものと評価しており、偉大な祖としての天武天皇の模倣としている。

　ところで、奈良時代以前の宮都においては、神話・伝承の時代は別として、単都制・複都制への志向の違いや緊急避難的遷都はあったとしても、いずれも大和の地から軸足を外すことはなかったし、外しえなかったと言えよう。平城京は大和北端の地への移動ではあったが、寧楽山を越えることはできなかった。この遷都を都市機能充実のための必要条件として津を求めて移動したと仮定するならば、恭仁京遷都によってはじめて大和の地に津を確保しえたものとすることができる。なぜなら、恭仁宮がたとえ山背国にあったとしても、そこは正式には「大養徳恭仁大宮」なのである。このことは、大和国が本来の宮都の所在地であるとする意識のあらわれであるか否かは別として、確実に宮都の軸足が大和国からずれたことを示している。なお、大養徳の国号表記は天平9年（737）から同19年（747）まで用いられる。恭仁京遷都は、短期間とはいえ、桓武天皇による長岡京遷都によって完全に宮都の軸足が山城国へ移る先駆けとすることはできまいか。

宮の造営

『続日本紀』によると恭仁宮の造営は、天平12年(740)12月6日、橘諸兄による9日後に迫った遷都に向けての整備からはじまり、同15年(743)12月26日の突然の造作中止によって終結する。平城宮の大極殿などを移築して造営した恭仁宮は、実質3年にして新たに着手した紫香楽宮造営の影響もあって廃都の方針が下されたのである。これだけの間にどれだけの造営がなったのであろうか。京都府教育委員会では、昭和48年(1973)以来今日にいたるまで宮域での発掘調査を継続実施しており(京都府教育委員会 2000)、旧加茂町(平成19年木津町・山城町と合併して木津川市)教育委員会による昭和61年(1986)以来の調査もある。なお、これらの調査はすべて足利健亮の歴史地理学的研究(足利 1973・1983)を基礎としており、その検証を出発点としている。以下、これら今日までの調査成果を概観したい。

宮の範囲については各辺で大垣の痕跡が確認されており、心心間距離で東西約560m(1800小尺強)・南北約750m(2500小尺強)の規模をもつ。ただし、長方形プランをもつ各辺の歪みは大きく、特に東面南門以南の大垣は大きく東に逸れている。この規模は、正方形プランをもつ平城宮の東張り出し部を除く面積と比較しても1/3程度にすぎない。宮城門として検出している遺構は東面南門のみであり、朱雀門は未検出である。天平14年(742)8月5日、大宮垣築造の功により、秦下嶋麻呂が破格の昇進をとげる。遷都直後の元日朝賀の式では、「宮垣未だ就らず。繞すに帷帳をもってす」というありさまであったのが、ようやくこの年、宮の外観を整えたのである。

恭仁小学校の北側に残る大極殿の土壇は、天平18年(746)、山背国分寺に施入されて金堂となったものである。現在も原位置をとどめる花崗岩製の礎石2基と移動または転用された凝灰岩製の礎石6基が残っている。発掘調査では、国分寺金堂の最終段階の姿を検出しているが、基壇の外装は瓦積で基壇正面には乱石積の中央階段を付設していた。正確な規模等は不明であるが、瓦積の南北規模で約28m(94尺)を測り、東西約53m程度が予想されている。建物は桁行9間×梁間4間の入母屋造に復元可能で、この規模からは「大極殿並びに歩廊」を壊して運んだとする文献記載どおり、平城宮第一次大極殿の移設が行われたと解釈されている。だとしたら、当初の基壇は凝灰岩による壇上積基壇と考えてよかろう。なお、最近の調査では、大極殿院東回廊西側の礎石据付穴の一部が確認されており、やはり文献記載どおり「歩廊」の移設があったとすると、平城宮での調査成果から複廊式の築地回廊が復元でき、東西築地の心心間距離で480尺(400大尺)の大極殿院規模が予想されている。ただ、この値は後述する朝堂院の東西規模と齟齬をきたしており、今後の検証が必要である。後殿および回廊の南北規模・閤門の位置などは不明である。

朝堂院については、築地塀ではなく掘立柱塀で東・西・南三方を区画しており、その規模は東西約125m(420尺)を測るが、東辺南側で大きく東に逸れており東面大垣の歪みに対応する。朝堂院の南側には朝集殿院が設けられ、それぞれで南門が確認されている。朝集殿院の規模は北辺で430尺、南辺で450尺、南北270尺となり、五間門として南門が復元されている。なお、朝堂院北辺の状況が不明のため判然としないが、朝堂院の南北規模は250m程度と考えられる。現段階では、区画内部の朝堂建物の配置状況は確認できていない。大極殿院・朝堂院ともに平城宮に比べて大幅に縮小されている。

第3表 恭仁宮関係略年表

年号	天皇	西暦	月	日	事　項
和銅元	元明	708	9	22	山背国相楽郡岡田離宮に行幸する。
和銅3	〃	710	3	10	都を平城に遷す。
和銅4	〃	711	正	2	はじめて都亭駅を置き、相楽郡には岡田駅を設ける。
和銅6	〃	713	6	23	甕原離宮に行幸する。
和銅7	〃	714	閏2	22	甕原離宮に行幸する。
霊亀元	元正	715	3	1	甕原離宮に行幸する。
〃	〃	〃	〃	7	甕原離宮に行幸する。
				10	
神亀元	聖武	724	2	4	聖武天皇即位する。
神亀2	〃	725	3		三香原離宮（甕原離宮）に行幸する。〔万葉集4―546〕
神亀4	〃	727	5	4	甕原離宮に行幸する。
天平8	〃	736	3	朔	甕原離宮に行幸する。
天平11	〃	739	3	2	甕原離宮に行幸する。
〃	〃	〃	3	23	（聖武）天皇と（元正）太上天皇、甕原離宮に行幸する。
天平12	〃	740	5	10	天皇、右大臣（橘諸兄）の相楽別業に幸す。宴飲酣暢なる時、大臣の男無位奈良麻呂に従五位下を授ける。
〃	〃	〃	5	12	天皇（相楽別業から平城）宮に還る。
〃	〃	〃	9	3	藤原朝臣広嗣、反乱を起こす。
〃	〃	〃	10	29	伊勢国に行幸する。鈴鹿王・藤原朝臣豊成を（平城宮の）留守とする。
〃	〃	〃	11	3	10月29日の大将軍大野朝臣東人らの奏により、10月23日に広嗣が捕えられたことを天皇が知る。
〃	〃	〃	12	6	右大臣橘宿祢諸兄、遷都に備えて山背国相楽郡恭仁郷を整備する。
〃	〃	〃	12	14	天皇、禾津頓宮から山背国相楽郡玉井頓宮に至る。
〃	〃	〃	12	15	天皇前にあって恭仁宮に幸し、はじめて京都を作る。太上天皇皇后後にあって至る。
天平13	〃	741	正	朔	はじめて恭仁宮にて朝賀を行う、宮垣いまだならず。
〃	〃	〃	正	11	伊勢大神宮はじめ七道諸社に（恭仁宮）遷都のことを報告する。
〃	〃	〃	正	16	大極殿に御して宴を百官の主典以上に賜う。
天平13	聖武	741	3	24	国分寺・国分尼寺造営の詔がでる。
〃	〃	〃	閏3	9	使を遣わして、平城宮の兵器を甕原宮に運ばせる。
〃	〃	〃	閏3	15	留守大野朝臣東人・藤原朝臣豊成らに詔があり、今から以後、5位以上のものは勝手に平城に住してはならぬ、平城に現在いるものは今日のうちに（恭仁へ）還れと命じる。
〃	〃	〃	5	6	天皇、河南に行幸して校猟を観る。
〃	〃	〃	7	10	（元正）太上天皇、新宮に移る。天皇河頭に迎える。
〃	〃	〃	7	13	群臣を新宮において宴し、女楽高麗楽を奏させる。
〃	〃	〃	8	28	平城の2市を恭仁京に移す。
〃	〃	〃	9	4	遷都のため、左右京の百姓の調租・四畿内の田租を免す。
〃	〃	〃	9	9	勅して、遷都をもって天下に大赦す。また、大養徳・伊賀・伊勢・美濃・近江・山背等の行宮に供奉した郡は今年の調を収公しないこととする。また、智努王・巨勢朝臣奈氐麻呂の2人を造宮卿とする。
〃	〃	〃	9	9	（恭仁）宮造営のため、大養徳、河内、摂津、山背4か国から役夫5500人が徴発される。
〃	〃	〃	9	12	木工頭智努王・民部卿藤原朝臣仲麻呂・高岳連河内・主税頭文忌寸黒麻呂の4人を遣わして、京都の百姓の宅地を班給し、賀世山西道より以東を左京、以西を右京とする。
〃	〃	〃	10	16	賀世山の東河に橋を造らせる。7月より始めて今月に成る。畿内および諸国の優婆塞らを役し、成るに随いて得度させること計750人。
〃	〃	〃	11	21	右大臣橘宿祢諸兄の奏により、勅して、（恭仁宮）を大養徳恭仁大宮と号する。
天平14	〃	742	正	朔	大極殿未完成のため、仮設の四阿殿で朝賀をおこなう。石上・榎井両氏はじめて大楯槍を樹てる。
〃	〃	〃	正	7	天皇、城北苑に幸して五位以上を宴し、禄を賜ること差あり。特に造営の功により、造営卿智努王に東絁60疋・綿300屯を賜う。
〃	〃	〃	正	16	天皇、大安殿に群臣を集め宴す。また大宮に入る区域の百姓20人に爵一級を賜い、都内に入る者は男女を問わず物を賜う。
〃	〃	〃	2	朔	天皇、皇后宮に群臣を集めて宴す。正四位上巨勢朝臣奈氐麻呂に従三位、従五位上坂上忌寸犬養に正五位下、正八位上県犬養宿祢八重に外従五位下を授く。宴訖って禄を賜うこと差あり。
〃	〃	〃	2	5	（恭仁）新京の宮室未完成のため、新羅使を大宰府で饗応し、放還する。この日、はじめて恭仁京東北道を開いて、近江国甲賀郡に通じさせる。
〃	〃	〃	4	20	天皇、皇后宮に御して五位以上を宴す。禄を賜うこと差あり。河内守従五位上大伴宿祢祜志備に正五位下、皇后宮亮外従五位下中臣熊凝朝臣五百嶋に従五位下を授く。
〃	〃	〃	8	5	大宮垣築造の功により、造宮録正八位下秦下嶋麻呂が従四位下の位と、太秦公の姓ならびに銭100貫・絁100疋・布200端・綿200屯を賜わる。
天平14	聖武	742	8	11	近江国甲賀郡紫香楽村に行幸しようと、造宮卿智努王・造宮輔高岡連河内ら4人を造離宮司とする。
〃	〃	〃	8	12	石原宮に行幸する。
〃	〃	〃	8	13	宮城以南の大路の西頭と甕原宮の東との間に大橋をつくるため、諸国に銭を賦課する。
〃	〃	〃	8	25	大隅・薩摩等の仕丁は、全員（恭仁）京に集める事が定められる。

年号	天皇	西暦	月	日	事項
天平14	聖武	742	8	27	紫香楽宮に行幸する。鈴鹿王・巨勢朝臣奈氏麻呂・紀朝臣飯麻呂を（恭仁宮の）留守とする。大伴宿祢牛養・藤原朝臣仲麻呂を平城の留守となす。即日，紫香楽宮に至る。
〃	〃	〃	9	4	天皇（紫香楽宮から）恭仁京に還る。
〃	〃	〃	9	12	大いに風雨して，宮中の屋壁および百姓の廬舎を壊る。
〃	〃	〃	9	17	（恭仁の）左右京および畿内の班田使が任命される。
〃	〃	〃	11	5	（恭仁の）左右京ならびに畿内の今年分の田租が免じられる。
〃	〃	〃	12	16	地震がある。
〃	〃	〃	12	29	紫香楽宮に行幸する。
天平15	聖武	743	正	朔	右大臣橘宿祢諸兄を遣わして，事前に恭仁宮に還らせる。
〃	〃	〃	正	2	紫香楽宮より（恭仁宮に）還る。
〃	〃	〃	正	3	天皇，大極殿に御して，百官の朝賀をうける。
〃	〃	〃	正	7	天皇，大安殿に御して，五位以上の官人を宴す。禄を賜うこと差あり。
〃	〃	〃	正	12	城の東北にある石原宮楼に御して，百官および有位の人等に饗をたまう。
〃	〃	〃	正	13	金光明最勝王経の読経のため，金光明寺衆僧を請う。
〃	〃	〃	3	4	金光明寺で，金光明最勝王経の読経がおわる。
〃	〃	〃	4	3	紫香楽に行幸する。橘宿祢諸兄・巨勢朝臣奈氏麻呂・紀朝臣飯麻呂を（恭仁宮の）留守となし，多治比真人木人を平城宮の留守となす。
〃	〃	〃	4	16	天皇（恭仁）宮に還る。
〃	〃	〃	5	5	群臣を内裏にて宴す。皇太子（阿倍内親王）自ら五節を舞う。
〃	〃	〃	5	27	墾田を永年私財とすることを許す。
〃	〃	〃	6	30	参議民部卿藤原朝臣仲麻呂左京大夫を兼ね，鴨朝臣角足，右京亮に任じられる。
〃	〃	〃	7	3	天皇，石原宮に御して，隼人等を饗応する。
〃	〃	〃	7	26	紫香楽宮に行幸する。橘宿祢諸兄・鈴鹿王・巨勢朝臣奈氏麻呂・紀朝臣飯麻呂を留守とする。
〃	〃	〃	10	15	天皇，廬舎那仏の造営を発願する。
〃	〃	〃	10	16	東海・東山・北陸3道25国の今年の調庸等の物はみな紫香楽宮に納めることにする。
〃	〃	〃	10	19	天皇，紫香楽宮に御し，廬舎那仏像を造り奉らんために，はじめて寺地を開く。ここにおいて行基法師，弟子らを率いて衆庶を勧誘する。
〃	〃	〃	11	2	天皇，（紫香楽宮から）恭仁宮に還る。
〃	〃	〃	12	24	はじめて平城の器仗を運び，恭仁宮に収め置く。
天平15	聖武	743	12	26	平城の大極殿ならびに歩廊を壊って恭仁宮に遷し造ること4年，その功わずかにおわり，用度の費す所計るべくもない。ここに至って更に紫香楽宮を造る。よって恭仁宮の造作を停める。
天平16	〃	744	閏正	朔	百官を朝堂に集めて，恭仁・難波二京いずれを都とするかを問う。その結果，恭仁京の便宜を陳べたものは五位以上24人，六位以下157人，難波京の便宜を陳べたもの五位以上23人，六位以下130人であった。
〃	〃	〃	閏正	4	巨勢朝臣奈氏麻呂・藤原朝臣仲麻呂を市に遣わして，市人に都をどこに定めるかを問う。その結果，難波を願う者1人，平城を願う者1人以外は皆恭仁京をもって都とすることを願った。
〃	〃	〃	閏正	9	（恭仁京の）京職から命じて諸寺と百姓の舎宅を作らせる。
〃	〃	〃	閏正	11	難波宮に行幸する。
〃	〃	〃	閏正	13	安積親王年17にして薨ず。
〃	〃	〃	2	1	少納言茨田王を恭仁宮に遣わして，駅鈴，内外の印をとらせる。
〃	〃	〃	2	2	巨勢朝臣奈氏麻呂，留守官に給う所の鈴印を持って難波宮に詣る。鈴鹿王・小田王・大伴宿祢牛養・大原真人桜井・穂積朝臣老を恭仁宮の留守とし，紀朝臣清人・巨勢朝臣嶋村を平城宮の留守とする。
〃	〃	〃	2	20	恭仁宮の高御座ならびに大楯を難波宮に運ぶ。また使を遣わして，水路をとって兵庫の器仗を運漕させる。
〃	〃	〃	2	21	恭仁京の百姓で，難波宮に移住しようとするものの移住を許す。
〃	〃	〃	2	24	三嶋路をとって紫香楽宮に行幸する。太上天皇および左大臣橘宿祢諸兄は難波宮に留まる。
〃	〃	〃	2	26	勅して，難波宮をもって皇都とし，京戸の百姓が意のまま往来することを許す。
〃	〃	〃	3	14	金光明寺の大般若経を紫香楽宮の運搬する。
〃	〃	〃	11	13	甲賀寺にはじめて廬舎那仏像の体骨柱を建てる。
天平17	〃	745	5	2	地震があり，京師の諸寺をして17日を限って最勝王経を転読させる。この日，太政官，諸司の官人らを召してどこを京とするか問うたところ，皆平城に都すべしと言った。
〃	〃	〃	5	3	地震がある。恭仁宮の掃除を造宮輔秦公嶋麻呂にさせる。
〃	〃	〃	5	5	地震があり，日夜止まず。この日，天皇，恭仁宮に還る。
〃	〃	〃	5	6	地震がある。天皇の一行が恭仁京泉橋に至った時に，百姓が道の左で拝謁して万歳と称した。この日恭仁京に到る。
〃	〃	〃	5	10	地震がある。平城宮で大般若経を読ませる。この日，恭仁京市人が平城に徒る。
〃	〃	〃	5	11	この日天皇，平城に行幸する。
〃	〃	〃	12	15	恭仁宮の兵器を平城に運ぶ。
天平18	〃	746	9	29	恭仁宮大極殿を国分寺に施入する。
天平勝宝8	孝謙	756	5	2	聖武太上天皇，寝殿の崩じる。

※出典は注記のないもの以外『続日本紀』による。（京都府教育委員会 2000）年表より抜粋。

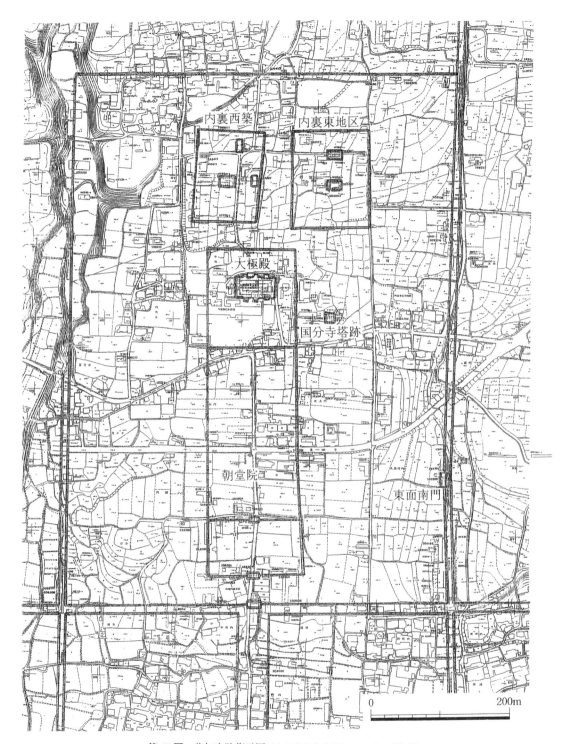

第 47 図　恭仁宮跡復元図（京都府教育委員会 2000 を一部加筆）

大極殿北方の内裏地区においては、掘立柱塀で区画された二つの地区が東西に並置されていた。内裏西地区と呼ぶ区画は、東西約 97.9 m（330 尺）、南北約 127.4 m（430 尺）の規模をもち、ほぼ同規模と考えられる東地区同様、正殿の可能性をもつ東西棟の大型掘立柱建物を内包している。建物相互の性格や各地区の役割など不明な点が多い。

　以上のように、恭仁宮に関してはいかに短期間の造営だとしても、平城宮に比べて規模は縮小され施工上の歪みも顕著である。これらの施工が本格施工を前にしたとりあえずのものであったのか、当初からの設計であったのかの判断は保留するとして、宮の造営に際しては大幅な土地の改変はなされておらず、旧来の地形にうまくコンパクトに収めた感がある。

　京域に関しては次節で述べるが、宮域の調査にともない条坊関連の遺構がいずれも部分的ではあるが検出されている。宮南面大路（二条大路）南北両側溝、宮東面大路（東一坊大路）東西両側溝、朱雀大路東側溝がそれである。天平 13 年（741）7 月 10 日、新都建設の槌音が響くなか、聖武天皇は元正太上天皇を木津川河頭にむかえる。このときたどった道は朱雀大路だったのか。あるいは二条大路だったのであろうか。このころ工事に着手し同年 10 月 16 日には、二条大路の西端から木津川対岸に向けての架橋工事が終了する。また、翌年の 8 月 13 日には朱雀大路を下って対岸への大橋建設が開始されるのである。まさに恭仁京は、橋で連結された水上都市として建設されたのである。

2. 恭仁京の外観

　天平 13 年（741）9 月 12 日条の恭仁京宅地班給記事には、賀世山西道より以東を左京・以西を右京とするとある。この賀世山西道こそ木津川市木津町の鹿背山西麓の道であり、ここから東の木津川市加茂町側に左京、山城町・木津町側に右京が展開するのである。このことは、天平 17 年（745）5 月 6 日条に紫香楽から発した聖武天皇が「恭仁京の泉橋に至る」とする記事からも、その広がりを知ることができる。

　足利健亮は、この京域に南北九条・東西八坊の平城京のプランをあてはめ、右京中軸線を山城・木津町にそれぞれ呼び名を残す「作り道」に、左京中軸線を大極殿の中軸線に求めて条坊の復元を行った。その結果、木津町鹿背山付近に京内ではあるが条坊の敷かれていない方形の区画を設け、その東西に左京と右京を分割するという画期的な学説となったのである（足利 1973・1983）。ただ、恭仁宮独自ともすべき小規模な宮域が確定した今日、足利説京域の修正を余儀なくされている。それでもなお、京域に関する考古学的データが決定的に不足している現状では、足利説は唯一の拠所でありその有効性はゆるがない。

　ここでは、恭仁京がいわゆる「不整形都城」「非条坊制都城」であるか否かは別として、京とその周辺における都市的要素を探りたい。その場合の切り口は、交通、宗教、生産と消費の三点である。

泉津と泉橋

　藤原京や平城京の造営には、近江国の田上山そのほかの檜材が利用された。これらの材木は筏に組んで瀬田川～宇治川を下り、木津川を遡上させて泉津に集められ、そこから寧楽山丘陵を越えて奈良盆地へと運ばれた。これらの材木は、都城ばかりではなく京内外の諸大寺の造営や維持にも用いられ、後に木津と呼ばれる泉津には大量の材木が集積していた。泉津は、平城京への材木供給基地として外港の役割を担うのである。平城還都後の天平19年（747）の「大安寺伽藍縁起幷流記資材帳」には、山背国相楽郡にある荘園のひとつとして「一泉木屋幷薗地二町　東大路　西薬師寺木屋　南自井一段許退於北大河之限」とあり、泉津には大安寺だけではなく薬師寺の木屋所もならんであったことがわかる。泉津には、諸司・諸大寺が軒を連ねて拠点をかまえていたのである。一方、ここに拠点をもたない中小の寺院や官司は、購入することによって用材を賄った。しかもここに陸揚げされるものは材木だけではない。様々な物資が売買され、流通していたことであろう。ついに恭仁京は、この経済流通の拠点を手中に収めたのである（中島 2009）。

　泉津の範囲については不明であるが、木津川南岸の木津町域に広く展開していたと考えられる。そして、その跡が上津遺跡・木津遺跡・木津川河床の木津北遺跡などである。なかでも上津遺跡は、1970年代後半に宅地開発にともなう発掘調査が実施されており、市司関連の官衙遺跡としてある程度その様相を知ることができる（木津町教育委員会 1980）。木津川の自然堤防上に立地し御霊神社周辺の宮ノ裏地域に広がる遺跡からは、恭仁京存続期を含む奈良時代の多量の土器・瓦類が出土しており、特に三彩を含む鉛釉陶器や墨書土器・硯・銭貨・帯金具・海老錠の鍵などは、官衙的性格を示している。なお、出土瓦には「泉」とヘラ書きされた丸瓦の破片があり、泉津を暗示する遺物である。

　大量の物資が陸揚げされる泉津は、南北に縦貫する北陸道が渡河する地でもあり水陸交通の要地である。多くの官人や市人、そして港湾・建設・運搬労働者が集住する地は、多くの貧困都市民を生み出すと同時に潜在的な労働力も確保する。救済されるべき民衆と潜在的労働力の結集する場こそ、僧行基の活動拠点となるのである。当初、行基の布教活動は国家から禁止されていたが、一転して土木工事の組織者としての能力が認められて大仏造立などの国家的な土木・建設事業にも手腕をふるい、天平17年（745）正月21日の詔で大僧正にまで任じられた。前年の11月13日にようやく漕ぎ着けた大仏の体骨柱建立の功によるものであろうか。

　泉津の対岸、山城町の上狛にある泉橋寺は、行基創建の四九院のひとつ発菩薩院泉橘院（泉橋院）を前身としており、別に隆福尼院と泉布施屋があった。これら二寺は、『行基年譜』によると恭仁京造都直前の天平12年（740）に建てられており、翌年の3月には泉橋院で聖武天皇と行基が対面している。やはり『行基年譜』には泉大橋（泉橋）も記されており、泉橋・泉橋院・泉布施屋がセットで造営されたことがわかる。聖武天皇にとっては、恭仁京の造営において行基による民衆の組織力はぜひとも必要であった。既述した天平13年10月16日の左京における木津川の架橋記事では、行基の名こそ登場しないが「畿内および諸国の優婆塞らを役し、成るに隨って得度させること七五〇人」とあり、行基集団の公認が架橋事業の見返りであった可能性が考えられる。だとしたら、行基の実力を見抜き恭仁京造営に役立てた人物こそ、橘諸兄に違いない。

橘諸兄と相楽別業

　恭仁京遷都直前の天平 12 年（740）5 月 10 日、聖武天皇は橘諸兄の相楽別業に行幸する。この別業の所在地は現在比定できていないが、諸兄が井手左大臣とも呼ばれることから、木津川市北西の山城町に接する現在の綴喜郡井手町に求める説が有力である。なお、この地域はかつての相楽郡の北端にあたり、聖武天皇の東国巡行最終日にとどまった玉井頓宮もこの付近に営まれていた。

　この地を西流する木津川の支流玉川の北岸で、平城遷都により藤原京から移された大官大寺（後の大安寺）の創建瓦を生産した石橋瓦窯跡が発見された（井手町教育委員会 2003）。当然、ここで生産された瓦は、木津川を遡って泉津で陸揚げされ、大安寺へ運ばれたのである。実はこの窯跡こそ、泉津にあった大安寺の木屋所とともに相楽郡に所在するもう一つの荘「棚倉瓦屋」なのである。遺跡の規模などは不明であるが、平成 18 年に「史跡大安寺旧境内」の附指定を受けている。「大安寺伽藍縁起幷流記資材帳」では、この瓦屋の四至を「東谷上　西道　南川　北南野大家界之限」としており周囲の状況とよくあう。ここでいう北の「南大家野」については明らかでないが、天平 19 年（747）当時に存在した「大家」といえば諸兄の別業以外に想定できるものはなく、玉川北岸の台地上に相楽別業を比定できそうである。なお、この台地上には、やはり橘諸兄創建と考えられる井手寺跡の礎石が散在しており、寺院と邸宅がならんで営まれていたことになる。

　井手寺跡に関しては、平成 15 年度から井手町教育委員会による継続的な調査が実施されている（井手町教育委員会 2014）。伽藍配置の大要はまだ不明であるが、凝灰岩の破片が多数出土していることから、主要建物基壇の外装は凝灰岩による壇上積と考えられ、整美な石敷の参道も確認されている。また、平成 18 年度調査では、食堂背後の盛殿か僧坊跡の可能性をもつ礎石建物を検出しており、大規模な伽藍が予想される。出土遺物では、三彩の方形錘先瓦が出土しており、寺院としての格調の高さを示している。出土軒瓦は、平城宮式のものが主体を占め、玉川南方の石垣地区にある岡田池瓦窯跡の製品と同笵関係が顕著である。なお、岡田池瓦窯跡については調査が行われていないため詳細は不明であるが、窯体の一部が発見されている。平城宮式の瓦を生産した窯跡であり、恭仁宮跡出土軒瓦との同笵関係をもつ。恭仁宮所用瓦を生産した「西山瓦屋」の候補地としてよかろう。恭仁京が置かれた相楽郡の北端にある橘諸兄の拠点には、単なる地方寺院とは考えられない格式をもった井手寺が建立され、天皇の行幸をうけるだけの壮大な邸宅が存在していた。しかもその近くには、官の大寺である大安寺の瓦生産拠点「棚倉瓦屋」や官窯としての岡田池瓦窯跡があり、木津川という流通手段も確保している。

　他には、恭仁京造営前後の遺跡として右京の南西にある樋ノ口遺跡（相楽郡精華町）も注目される遺跡である。離宮あるいは寺院と考えられ、木津川の左岸で古山陰・山陽併用道に近く、大量の緑釉陶器や二彩・三彩陶器が出土した。

高麗寺と京内の寺院

　恭仁京とその周辺には、遷都前から存続している寺院がある。実態のある程度わかるものでは山城町域の高麗寺跡、木津町域の燈籠寺廃寺がそれである。燈籠寺廃寺は一基の土壇を残しており、周囲からは飛鳥時代末期様式の素弁蓮華文軒丸瓦が採集され、発掘調査では白鳳期の軒平瓦も出土

しているが詳細は不明である。それ以外には右京域の山城町に松尾廃寺や木津川対岸の精華町に里廃寺があり、井手寺の南方には白鳳の大金銅仏を本尊とする蟹満寺がある。奈良時代創建の寺院では、行基に関連する泉橋寺（泉橋院）や隆福尼院、木津町鹿背山の鹿山寺があるが、泉橋寺以外その実態は不明である。その他、『続日本紀』に度々登場する金光明寺についても詳細は不明であるが、左京木津川北岸の朱雀大路に面してあったと推定されている。なお、その対岸の加茂町法華寺野は国分尼寺推定地であり、先述の燈籠寺廃寺もその候補地となっている。あらゆる宗教施設は、近接するか一定の距離を隔てた俗地や別の聖地の存在によってその性格が規定されるが、京内の寺院は仏法を通して国家鎮護に協力することが義務付けられている。

　飛鳥時代創建の高麗寺については、通常鴟尾を載せることのない南門に大振り鴟尾を飾っており、いかに木津川の面した正面観を意識したかがわかる。また、出土瓦には、恭仁宮造営時所用の軒丸・軒平瓦や特徴的な文字瓦が含まれており、恭仁京造営と連動した寺院整備がなされているのである。これら一群の瓦は「西山瓦屋」の製品であり、先に岡田池瓦窯跡をその候補地としてあげた。しかし、出土瓦からみて恭仁宮造営と密接な関連がうかがえるのは、北に遠く隔たった城陽市の平川廃寺や先に記した井手寺、京内の高麗寺であり、京内の寺院がすべて恭仁宮造営と連動した整備がなされたとは限らないのである。

3. 大養徳と難波・紫香楽

皇都難波宮

　恭仁京遷都後の聖武天皇は、彷徨5年と言われるように恭仁・難波・紫香楽をまさに逡巡する。天平16年（744）閏正月1・4日、天皇は都をどこにするかの意見を百官のみならず市人にまで問うている。この世論調査の結果は、百官では恭仁支持・難波支持で割れるが市人では圧倒的に恭仁京支持の結果となった。それにもかかわらず、紫香楽宮滞在中の聖武は同年2月24日、突然難波宮を皇都とすると宣言するのである。聖武朝難波宮は、恭仁京遷都前の神亀3年（726）知造難波宮事任命から翌年の造営開始によりすでに造作を進めており、天平4年（732）頃に完成したようである。同6年（734）には宅地の班給も行われていた。つまり難波宮は、恭仁京遷都の十数年前から、正都平城京に対し大極殿・朝堂院を完備した「副都」として造営されていたのである。偉大な皇祖天武天皇への憧憬は、難波宮造営からすでにはじまっていたと言えよう。ところが、難波宮皇都宣言の翌天平17年（745）5月2日、難波・平城のいずれを都とすべきかを諸司の官人に問い、同4日には平城京四大寺の衆僧に同じ内容の問いを発した。聞くまでもなく平城京還都の意見が圧倒的であった。同月10日、恭仁宮に戻っていた聖武天皇は京の市人が平城京へ大移動する様子をみて、翌日には平城京へ行幸している。この頃、すでに紫香楽での大仏建立を断念した天皇は、平城京の東郊に大仏の造立を開始しており、8月28日には難波宮へ行幸し、9月19日には難波宮へ皇族を招集し平城宮の駅鈴と内外の印を移した。大勢はすでに平城京還都に決定しているにもかかわらず、聖武天皇は紫香楽にかえて平城京を仏都とし、あくまでも難波宮の正都化にこだわったのである。しかし、同月25日には平城京へ戻り、12月15日には恭仁宮の兵器を平城宮へ移すこと

により、事実上の平城京還都と彷徨5年は完了するのである。

　難波宮は、朝堂院朝堂が八堂であり、平城宮の一二堂を正式とするならばやはり「副都」としての位置づけが理解できる。しかし、突然の難波宮皇都宣言から平城京還都に至る難波宮への聖武の最後のこだわりは、いったい何に起因するのであろうか。平城京に対する忌避だけでは説明のつかない何かがあるはずである。そのヒントは、恭仁宮大極殿の北に隣り合わせで造られた二つの内裏にありそうである。すでに記したように、恭仁京遷都後まもなくの天平13年（741）7月10日、聖武天皇は元正太上天皇を木津川河頭にむかえる。二つの内裏のいずれか一方が元正太上天皇のためのものであろう。恭仁宮では、先帝と現帝の内裏がならぶ特異な構造となったのである。その後、聖武天皇が大仏建立のために紫香楽への行幸を繰り返すうち、元正太上天皇は橘諸兄とともに難波宮へ移っていた。天平16年（744）の突然の難波宮皇都宣言は、紫香楽宮における大仏建立への理解を得るため、難波にある元正太上天皇と橘諸兄に対する不承不承の妥協であったと考えられるのである。しかし、紫香楽宮での大仏建立が挫折してもなお、平城京での大仏建立に執念を燃やす聖武天皇は、あくまでも仏都と他の都の分離にこだわったようである。難波宮は、このような聖武天皇と元正太上天皇との確執に翻弄された「帝都」なのである。

恭仁京東北の道

　ならば、そこまで聖武天皇が執念を燃やした大仏建立と仏都建設に恭仁京はどう関わるのであろうか。天平14年（742）2月5日、「恭仁京の東北の道を開き、近江国甲賀郡に通わす」とある。

　その後4回にわたる恭仁京〜紫香楽宮往復はすべてこの恭仁京東北の道が使用されている。このルートは、恭仁宮東北部から木津川市加茂町の口畑・奥畑・石寺を通って相楽郡和束町の原山・湯船を抜け、甲賀市信楽町の中野・長野から甲賀寺の谷を抜けて紫香楽宮跡のある宮町遺跡に至る山道である。このルートの開削が恭仁京遷都の直後からはじまったとしても、天皇の行幸を可能とするほどの整備には多くの労力を費やしたことであろう。そして、同年8月27日の第1回目の行幸を前にして同月11日には造紫香楽離宮司が任命され、以来3回目の行幸までは大仏造顕の候補地を自ら視察し官人らへの披露と同意を得るためのものであった。とうとう4回目の行幸の間、天平15年（743）10月15日には、大仏造顕の詔が発布されるのである。そして同月19日には恭仁京の架橋活動の功のあった行基ら智識の協力を得て、甲賀寺の寺地が開かれる。なお、一連の聖武天皇による紫香楽行幸は、当地における盧舎那仏造像と甲賀寺の造営を目的としており、宮の造営はあくまでもそれらを推進するためのものであったのである。ただ、これらのことが聖武天皇と元正太上天皇や橘諸兄との間に不協和音を生じさせ、恭仁京の造営停止と難波宮帝都宣言に及ぶのである。しかし、大仏の体骨柱が立てられた4日後の天平16年（744）11月17日、元正太上天皇が難波から紫香楽を訪れ、何とか両者の妥協は成立した。ところが、大方の理解を取りつけたはずの紫香楽における大仏像立は、頻発する山火事や地震によって座礁してしまうのである。なお、天平17年（745）正月元旦、紫香楽宮にとどまる聖武天皇の宮前に「楯と槍」が立てられる。これを「皇都」のあかしとするか、単に天皇の居所を示すものとするか定かではないが、聖武による仏都構想を表すことに誤りはない。

聖武天皇の彷徨5年を通して恭仁宮・京を概観したが、恭仁宮の造営にあたって平城宮の第一次大極殿は解体されており、恭仁宮の存在期間中は明らかに平城宮の機能は消失している。したがって、この間に存在した宮都は恭仁・難波・紫香楽の三つである。恭仁宮には大極殿を備えているが、難波宮や平城宮に比べるとはるかに縮小され簡素である。また、宮城全体の歪みもひどく、大極殿と朝堂院南門を結ぶ中軸を基準として造営されたにしては宮城設計全体の誤差が顕著である。なお、紫香楽宮は恭仁宮にもまして四至設定が曖昧である。京域については、縮小された宮城が確定した以上、従来の復元案では理解できない状況となっているが、現状では留保せざるをえない。あるいは、従来の復元案とは構造原理が異なった独自の区画が存在したと考えるべきであろうか。このことは、「続日本紀」にみられる宅地班給記事が条坊として計画施工された土地区画に班給されたのではなく、宮城全体を取り囲む空間概念としての「京」に行われたと解釈すべきであろうか。恭仁京・難波宮ともに今後の課題である。

　いずれにしても、恭仁京には左・右京と市が存在した。賀世山西道を境とする右京には、平城京の外港である泉津が依然として存在しており、流通の拠点を恭仁京はその内に抱き込むこととなった。京内であろうとなかろうと、泉津は木津川を通して生産拠点と結んでいるのである。周囲には宗教施設としての寺院が点在し、聖と俗が渾然とした都市的空間を現出していたのである。

　聖武天皇のめざした複都制における恭仁京の位置づけはいまだ判然としないが、大養徳と難波・紫香楽を結ぶ結節点に恭仁京があることは明らかであり、その都市的機能は十分にもっていたと言えよう。

第2節　恭仁宮大極殿施入前の山背国分寺

　恭仁京の歴史は、天平16年2月の廃都宣言、同17年5月の東西市の移動によって完全に終わる。そして天平18年（746）9月、恭仁宮大極殿は山背国分寺に施入され、国分寺としての新たな歴史がはじまるのである。

　ところで、天平13年（741）2月24日、恭仁宮において、いわゆる「国分寺建立勅」が発せられる。この勅は、天平9年（737）3月の丈六釈迦三尊像と『大般若経』の造写が諸国に命じられたことにはじまり、同12年（740）6月の七重塔建立と『法華経』書写、同年9月の観世音菩薩像と『観世音経』の造写、恭仁京遷都後の同13年正月の釈迦丈六像造立の料として封三千戸の施入が諸国に命じられたことを前提としており、ついに、同年2月の『最勝王経』書写と金字『最勝王経』の七重塔内安置や僧寺・尼寺の名称・寺領・僧尼の定数・願文の細目を定めることにより、諸国国分寺の建立はようやく具体化する。そして、天平18年、山背国分寺への恭仁宮大極殿施入が行われるのである。

　ならば、少なくとも、聖武天皇による天平13年（741）の国分寺建立勅以来、天平18年（746）の恭仁宮大極殿施入に至る間、山背国の金光明四天王護国之寺（国分僧寺）はどこに計画され、建

立に着手したのであろうか。あるいは、着手すらしていなかったのであろうか。このことは、天平19年（747）、天平勝宝8年（756）の二度に及ぶ遅滞した国分寺造営の督促からして、あり得ることであろう。また、あるいは、大養徳（大和）国における金光明寺（東大寺）が、天平14年（742）に前身の金鍾寺（金鷲寺）から改称したものであるように、山背国の既存寺院がその前身としてその役割を果たしていたのであろうか。いずれにしろ、国分寺の立地条件は、国衙にほど近い好処が選ばれたはずであり、山背国においても天平9年（737）以来の聖武朝における一連の仏教施策を実行すべき場が必要である。なお、恭仁宮跡が所在する木津川市加茂町瓶原の地に「光明寺塚」の存在を『京都府相楽郡史』（京都教育委員会相楽郡部会 1926）が記しており、恭仁宮跡南方の加茂町河原集落付近に大極殿施入前の「金光明寺」跡を比定する説がある。また、山背国分尼寺の所在地についても諸説あるが、その地名から木津川対岸の加茂町法花寺野里にあてる説が古くからあり、現在も「甕原離宮国分尼寺遺蹟参考地」の石碑が建つ。しかし、最近では、木津川市木津宮ノ裏の燈籠寺廃寺をあてる意見もある（岩井 1980）。

　ここでは、山背国における聖武朝の仏教施策の一様相を、天平18年（746）の山背国分寺への大極殿施入以前に焦点をあて、概観したい。なお、先行研究（中谷・磯野 1991）では、恭仁宮大極殿施入後の山背国分寺を「瓶原国分寺」と呼び、山城国分寺伝承地も含め他と区別している。検討の対象とする地域は、主に木津川周辺の南山城地域であり、この地域の古代寺院出土瓦と恭仁宮・国分寺跡出土瓦との比較を通して、寺院造営のあり方をみる。ここでの視点は、山背国分寺の他国にない特異な造立形態から、それ以前・以後の顕在化のうちに南山城の古代寺院を位置づけることにある（同志社大学歴史資料館 2010）。

1. 恭仁宮（山背国分寺）跡の概要

　天平18年（746）9月、恭仁宮大極殿は山背国分寺に施入され、国分寺金堂となる。藤原宮大極殿が平城宮大極殿・恭仁宮大極殿に移され、最後にとどまったのが山背国分寺なのである。

　山背国分寺の金堂および回廊は、多少の改変はあるものの、恭仁宮大極殿および大極殿院回廊（歩廊）がほぼそのまま転用されたものと考えられている。金堂基壇は瓦積の外装をもち、東西53.1m（177尺）×南北28.2m（94尺）×高さ約1.5m（5尺）の規模で、建物は東西9間（44.7m）×南北4間（19.8m）の規模をもち、柱間は桁行149尺（15尺・17尺×7・15尺）×梁間66尺（15尺・18尺×2・15尺）と復元されている。恭仁宮当初の基壇外装が凝灰岩による壇上積であったか否かは別としても、かつての大極殿にふさわしい巨大な建物であることは疑いない。回廊跡については、複廊式の築地回廊（梁間12尺×2、桁行15.5尺等間）が復元でき、東西築地の心心間距離で480尺（400大尺）の東西規模がほぼ確定した。回廊南北規模については不明であるが、外周で500尺程度と予想され、中門については大極殿院南門がそのまま転用されたのであろう。

　講堂については、大極殿院の後殿を造り替えて再利用したものか、北回廊の外側に新設した可能性もあるが判然としない。

　塔は、花崗岩製礎石を17個中15個まで原位置にとどめており、巨大な七重の塔が存在したこと

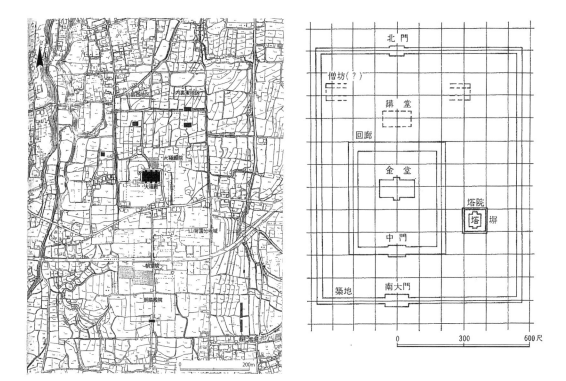

第 48 図 恭仁宮と山背国分寺（中谷・磯野 1991）

を知る。礎石は心礎も含めすべて出臍をもつ柱座が造り出されており、方 3 間（9.8 m）の柱間は 32 尺（10.25 尺・11.5 尺・10.25 尺）となる。基壇外装は基底部が石積となっており、金堂と同様に瓦積であった可能性をもつ。石積基底部の周囲には 0.6 m（2 尺）幅の石敷の犬走が設けられていた。基壇規模は一辺 17 m（57 尺）×石敷からの高さ 1.2 m（4 尺）程度となる。塔跡の周囲からは素掘溝が検出されており、塔心礎から溝内肩までが約 50 尺の位置で四周をめぐることがわかっている。この溝内からは多量の瓦片が出土しており、塀のような区画施設によって塔院を形成していたことを知る。なお、塔心礎は、金堂南北中軸線からほぼ 350 尺の位置にあり、両者間には明確な伽藍計画があったことを示している。

　伽藍の外画施設については、築地塀が囲繞していたものと考えられ、東西 910 尺×南北 1,100 尺の伽藍規模が予想されている。他には、寺域北辺部で掘立柱建物跡群が検出されており、三面僧坊を構成している可能性がある。

　山背国分寺の伽藍配置は、金堂前面に広い儀式空間を確保している点において、国分寺等官寺に共通する特徴を備えている。金堂に回廊が接続するかどうかは確定できていないが、大極殿院からの連続した形態が維持されたものであろう。講堂背後には三面僧房のような定型化が行われたと考えられる。

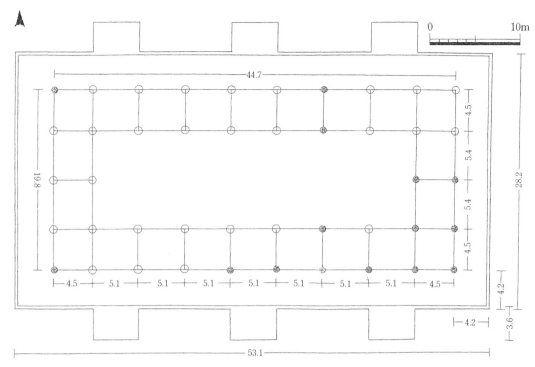

第 49 図 山背国分寺金堂（恭仁宮大極殿）の規模（中谷・磯野 1991）

2. 恭仁宮（山背国分寺）跡出土瓦の様相

　山背国分寺への大極殿施入により、恭仁宮跡の中心部は国分寺境内となるが、金堂は基壇外装が瓦積に作りかえられるものの、回廊や中門は大極殿院築地回廊（歩廊）や大極殿院南門が転用されている。それに対して、塔・塔院築地塀、寺域外周の築地塀、南門等は、廃都後に新造されたものである。これら恭仁宮転用建物と国分寺新造建物に使用された瓦には明らかな違いがみられ、造瓦にたずさわった造営組織の差異を反映している。上原真人は、前者を恭仁宮造営官司（＝中央官衙系瓦屋）、後者を山背国分寺造営官司（＝国衙系瓦屋）の製品と明快に説明した（京都府教育委員会 1984）。当然、国分尼寺においても国衙系瓦屋の製品が使用されたことであろう。

　ところで、これら恭仁宮造営時に使用された軒瓦や平城宮式の同笵例が、南山城の諸寺でも使用されていることは広く知られている。かつて、森郁夫は、奈良朝政府による木津川・淀川水系の古代豪族掌握過程にその稠密な分布の意義を求め（森 1977）、高橋美久二は、この様相を「とくに、平城宮 6282 型式軒丸瓦と 6721 型式軒平瓦の普及は著しく、『山背国式瓦』とでも呼ぶべき様相」と評した（京都府立山城郷土資料館 1983）。筆者は、かつて、高橋の『山背国式瓦』の概念を援用して、上原が示した山背国分寺造営官司（＝国衙系瓦屋）の製品と同一文様系譜にあると考えられる南山城の古代寺院出土瓦に、「山背国分寺系列軒瓦」の呼称を与え、高橋の『山背国式瓦』的要

素の抽出とその顕在化を試みたことがある（中島 1993）。

　恭仁宮跡（山背国分寺跡）出土軒瓦の同笵関係（第50図）をみると、恭仁宮造営時に新調された製品と平城宮からの搬入品は、大和の諸大寺と南山城の在地寺院に分布するが、山背国分寺造営時に新調された製品と修理用の製品は、大和の諸大寺との同笵関係は希薄で、国を超えた近江国や南山城の在地寺院に分布する。この極端な対比は、中央官衙系瓦屋の製品と国衙系瓦屋のものとの違いに由来することは言うまでもない。しかも、山背国分寺には、他の南山城在地寺院とは明らかに異なり、平城還都後の平城宮式同笵例（中央官衙系瓦屋の製品）がほとんどみられないのである。このことは、山背国分寺の経営基盤が他の南山城在地寺院とは明確に異なることを雄弁に語っている。

　山背国分寺の経営基盤は、諸国のそれと同様、三宝供養用として僧寺に水田100町、尼寺に50町の寺田が施されていた。『弘仁式』によると、国分二寺において正月8日から14日まで『最勝王経』の転読が行われ、同じ時期に部内の諸寺僧を僧寺に請じて吉祥悔過を修することとなっている。神護景雲元年（767）にはじまる吉祥悔過は、神祇の祈年祭に相当する一国の最も重要な仏事である。ところが、山城国の吉祥悔過は『続日本後紀』によると、弘仁13年（822）から国分寺で修することをやめて国庁で修していたものを、承和11年（844）からは旧に復して国分寺で修学せしめたとある。長岡京遷都にともなって国衙が南山城から北山城の葛野郡へ、さらに平安京遷都により乙訓郡へ移動したことで、国衙からかなり離れた瓶原の地で吉祥悔過を修することの不都合から生じたことであろうが、また旧に戻しているのである。おそらくは、遷都と国衙の移動により生じた国分寺の衰退に対し、寺側の復興運動があったものと考えられる。しかし、この凋落傾向は止めようがなく、『続日本紀』延暦10年（791）のいわゆる「山背国の浮図修理令」にともなうと考えられる塔の大規模修理以後、出土瓦でみる限り国分寺の大きな修理はなく、9世紀代の復興期と鎌倉期前半の小修理をみるのみである。

　山背国分寺は、吉祥悔過等国分寺機能の一部が他へ移転したとしても、律令制が少なくとも機能していた間は瓶原の地に存続しており、南山城在地寺院との間に密接な関係を保持していた。この関係こそが、諸国国分寺体制成立後の山背的あり方であり、高橋が言うところの『山背国式瓦』の一様相として「山背国分寺系列軒瓦」を設定することの意義をもつと考える。言い換えると、それは国衙との関係であり、聖武朝における山背国の仏教政策を反映した国分寺成立前の様相とは大きく異なる。

　恭仁宮造営時に新調されたと考えられる軒瓦は、KM01－KH01、KM02A－KH04Aのセットであるが、恭仁宮の造営と密接に関連する寺院は、相楽郡の高麗寺・井手寺、久世郡の平川廃寺と限定される。他には、相楽郡の蟹満寺・里廃寺・樋ノ口遺跡、久世郡の久世廃寺・正道廃寺に同笵例が一部認められるものの、高麗寺、井手寺、平川廃寺の近傍にほぼ限られ、木津川東岸が重視されている。それに対して、山背国分寺造営時のセットであるKM05－KH03、KM06－KH02や軒丸瓦KM07・14と同笵関係をもつ寺院は、相楽郡の高麗寺・燈籠寺廃寺・里廃寺、久世郡の久世廃寺、綴喜郡の三山木廃寺・普賢寺であり、国分寺修理時の軒瓦との同笵例をもつ志水廃寺・興戸廃寺を含め、前代にはみられなかった木津川西岸の綴喜郡域にその広がりをみるのである。この違いは、

第 4 章　二つの都城と古代寺院　135

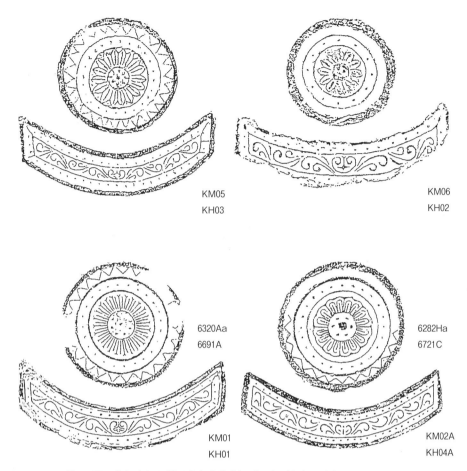

第 50 図　恭仁宮と山背国分寺造営時軒瓦の主要な組み合わせ（中島 1993a）

　前者が恭仁京遷都にともなう聖武朝における、山背国の中核寺院に対する整備援助の側面をもつのに対し、後者は平城還都と国衙の移転を背景とし、国内の中小規模寺院をも含み対象とした、山背国衙による援助とすることができよう。
　しかし、かつて高橋美久二が平城宮 6282 型式軒丸瓦と 6721 型式軒平瓦のセットを「『山背国式瓦』とでも呼ぶべき様相」と評したように、南山城地域の古代寺院に稠密に分布する中央官衙系同笵瓦の様相を、単に中央政府からの個別援助とのみ断じることはできない。天武朝以来の仏教政策は「家」ごとの行政単位を基本としており、大宝令の成立以後、ましてや諸国国分寺体制の完成をめざした聖武朝においては、国衙の存在を無視した一国の仏事を想定することは難しい。だとしたら、恭仁宮造営時の軒瓦が特定の寺院に用いられる状況についても、国衙の関与・影響を考慮すべきであろう。当然、国衙の移転にともない一国の仏事を修する場が影響をうけたように、国衙と国分寺の位置関係は重要である。

3. 山背国の中核寺院と国衙

　山背国衙の位置については、都から半日の行程の地とする『律書残篇』の記事を根拠に、天平9年（737）頃とする編纂時期からして、大和北端に近い南山城にあった可能性が高い。ただ、国号表記が「山代」と記されていることから、平城遷都前の記事とすると、大和南端からの距離を考えても国境に近い相楽郡にあったとすべきであろう。現在、この時期の国衙の推定地としては、木津川市山城町上狛や相楽郡精華町祝園付近とする説等がとなえられているものの確証はない。いずれにしても、瓶原の地に国分寺が造営されたことを考えれば、相楽郡内に求めることの妥当性は高いと言えよう。しかし、その後、山城国衙（治）は葛野郡（京都市右京区太秦付近か）に移転し、さらに『日本紀略』延暦16年（797）、長岡京南（乙訓郡大山崎町役場付近）へ、そして『日本三代実録』貞観3年（861）、河陽離宮（大山崎町離宮八幡付近）へと、度々場所を変えている。したがって、葛野郡への移転前の国衙の場所が、まったく移動していないと決めつけることはできない。当然、葛野郡への移動や延暦16年の長岡京南への移転が、それぞれ長岡京・平安京遷都によるとするならば、恭仁京遷都により国衙が移転してもおかしくはないのである。これらのことを考慮した上で、聖武朝における山背国の中核寺院（＝恭仁宮造営時に新調されたと考えられる軒瓦と同笵関係をもつ寺院）の様相を概観する。

高麗寺跡

　蘇我氏との密接な関係により創建され、天智朝の直接的な関与により整備された高麗寺の伽藍は、奈良時代になっても平城宮の外津である泉津に面した寺院として、また恭仁京内の大寺として維持され、一貫して山背国の中核寺院であり続けた。伽藍は桓武朝における大規模な修理を最後として凋落の様相を示すが、12世紀代まではなんとかその命脈を保ったようである。

　高麗寺からは、発掘調査により、恭仁宮造営時に新調された軒瓦のセットが出土している。しかも、恭仁宮式文字瓦である「中臣」（KJ04）、「太麻呂」（KJ16）、「乙麻呂」（KJ14A）銘刻印瓦が出土することは重要である。この種の文字瓦は、恭仁宮造営のために設置された西山瓦屋（所在不明）の製品であり、瓦の品質管理にともなう数量検印として人名印が押捺されたとする有力な説（京都府教育委員会 1984）がある。

　高麗寺の寺域西方には、近接して前記山背国衙推定地があり、恭仁京右京の中軸線と考えられる「作り道」がこの国衙推定地を貫く。また、この道路の木津川渡河地点には行基により泉橋が架けられ、橋のたもとには行基創建の四九院のひとつ発菩薩院泉橘院（泉橋院）や、隣接して別に隆福尼院と泉布施屋があった。泉橋院と隆福尼院の二寺は、『行基年譜』によると恭仁京造都直前の天平12年（740）に建てられており、遷都後の翌年3月には泉橋院で聖武天皇と行基が歴史的な対面をしている。さらに、高麗寺の木津川対岸には、国分尼寺説のある燈籠寺廃寺が、泉津の市司跡と考えられる上津遺跡に隣接して所在する。燈籠寺廃寺からは、山背国分寺造営時のKM05－KH03同笵例がセットで出土しており、国分尼寺説の有力な根拠となっている。

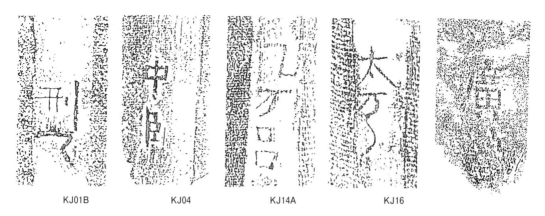

第 51 図　恭仁宮式文字瓦同印例拓影（中島 2010e）

井手寺跡

　木津川の東岸、上井手の台地上に立地する井手寺（井堤寺・円堤寺）跡は、井手左大臣・橘諸兄創建と伝える寺院である。木津川の対岸には京田辺市飯ノ岡の丘陵を間近に望み、伽藍の南側は玉川の深い渓谷となっている。この井手寺近郊には、恭仁京遷都前の天平 12 年（740）に聖武天皇の行幸を得た橘諸兄の相楽別業や、聖武天皇の東国巡行最終日にとどまった玉井頓宮跡の所在も比定されており、恭仁京右京北郊の地とすることができる。伽藍の創建時期については、天平 12 年の前記行幸記事から、橘諸兄が母（県犬養宿禰橘三千代）の一周忌にちなんで創建に着手したとする意見もあるが、出土屋瓦でみる限り、寺容が整うのは平城還都後と考えるべきであろう。伽藍配置の大要についてはいまだ判然としないが、凝灰岩による切石積基壇で構成されたと考えられる中心堂塔とともに、食堂、三面僧坊を備えた様相は、単なる地方寺院とは考えられない格式をもったものであることは明らかである。

　出土軒瓦の様相からは、井手寺と恭仁宮・山背国分寺との密接な関係をもつが、恭仁宮造営時に新調された軒瓦セットのうち KM01 は表採資料で、発掘調査では改刻後の平城宮 6320Ac 型式同笵例が出土している。恭仁宮式文字瓦としては、「刑部」（KJ01B）銘刻印平瓦や「廣橋」銘の刻印を押捺した丸瓦が出土している。なお、後者は恭仁宮での出土はなく、平城宮のみで同印例数点が確認されている。他には三彩の垂木先瓦も出土しており、貴重である。

　また、この付近は、葛城王時代から諸兄ゆかりの「蟹幡（綺）郷」に属すと考えられ、橘氏の勢力圏であった。恭仁京が置かれた相楽郡の北端にある橘諸兄の拠点には、官の大寺である大安寺の「棚倉瓦屋」や岡田池瓦窯跡があり、木津川という流通手段も確保しているのである。

平川廃寺

　木津川の東岸、宇治丘陵の南裾に形成された扇状地上に立地する平川廃寺は、法隆寺式の伽藍配置をもち、寺域は、東西約 175 m、南北約 115 m の規模をもつ。造営氏族については、高句麗系渡来氏族である黄文連氏をあてる説がある。調査では、いわゆる高句麗系楔型間弁をもつ軒丸瓦が出

土しており、その創建は7世紀前半に遡る可能性をもつが、伽藍の整備は7世紀後半に降り、退化した山田寺式や川原寺式軒丸瓦を用いて伽藍が整えられたようである。その後、恭仁宮造営時に大規模な修理がなされたようである。塔・金堂基壇はともに瓦積で、塔基壇側面上半分は漆喰で固められていた。廃絶時期は、平安初頭に焼失したものと考えられている。なお、平川廃寺に近接して久世廃寺があるが、ここからは奥山廃寺式や平川廃寺同様の高句麗系軒丸瓦が出土しており、その創建はやはり7世紀前半に遡る。伽藍整備についてもやはり平川廃寺と連動しており、山田寺式や川原寺式軒丸瓦を用いて7世紀後半に降る。伽藍配置は平川廃寺と異なり、法起寺式となっている。

平川廃寺が所在する久世郡で注目されるのは、栗隈（前）氏（栗隈県主）と山代（背）氏（山背国造）の存在である。国県制度の実態については、種々議論のあるところであるが、いずれにしろ、大化前の古い段階で強い郡域支配が行われていた。しかも、久世郷では、近接して久世廃寺・正道廃寺・平川廃寺の3ケ寺が7世紀中頃までに造営を開始し、その中核に久世郡衙と考えられる官衙施設が展開するのである。この状況は恭仁宮造営以後も継続しており、恭仁宮との同笵関係は平川廃寺ほど密接ではないが、久世廃寺・正道廃寺ともに同笵例を所持しており、特に久世廃寺は、山背国分寺との同笵関係が顕著である。

4. 一国の仏事を修するに足る寺院

山背国葛野郡への移転前の国衙の所在については不明であるが、恭仁宮造営時に新調されたと考えられる軒瓦と密接な同笵関係をもつ寺院は、山背国の中核寺院として、一国の仏事を修するに足る要件を満たしている。その要件とは、朝廷・国衙との密接な関係であり、後の山背国分寺に匹敵する仏教儀礼の場としての素地と言えよう。

高麗寺・平川廃寺は、ともに聖武朝以前から朝廷との特別な関係があり、近接して燈籠寺廃寺、久世廃寺が、山背国分寺との関係を有していた。高麗寺－燈籠寺廃寺、平川廃寺－久世廃寺の関係は、後の国分（僧・尼）二寺の関係を彷彿とさせ、近接する官衙の存在は、その公（官）的性格を示している。井手寺については、橘諸兄との密接な関係が予想されるが、単なる地方寺院とは考えられないその格式は、前代からの寺院を圧倒している。しかもその位置は、相楽郡北端の恭仁京北郊の地であり、近傍には橘諸兄の相楽別業や玉井頓宮の所在も比定されている。葛野・乙訓郡への国衙の移転が、都に隣接してなされた様相を想起させる。諸国国分寺体制が整う新たな時代の寺院である。なかでも高麗寺については、一国の仏事を修する以上の要件を満たしていると言えよう。

高麗寺は、『日本霊異記』に天平年中のこととして高麗寺僧栄常の記事があり、『今昔物語集』ほかにも同様の説話が収録されている。『播磨増位山随願寺集記』（姫路市随願寺蔵）には中世の縁起ではあるが、天平15年（743）3月、興福寺・薬師寺・播磨増位寺の僧等が内裏（恭仁宮）で読経した後、増位寺僧栄常が高麗寺から戻らなかったと記している。これは『続日本紀』同年3月4日条に、1月から49日間49人の衆僧を金光明寺に集めて行った金光明最勝王経転読の行事が終わり、衆僧を慰労したとする記事と関連するようである（高橋 1998）。この金光明寺については大養徳国金光明寺と信じられているが、高麗寺から出土する播磨国府系瓦（古大内式、本町式）の特異なあ

第4表　恭仁宮（山背国分寺）出土軒瓦同笵関係一覧

		恭仁宮	平城宮	高麗寺	蟹満寺	井手寺	久世廃寺	平川廃寺	南山城諸寺院	北山城諸寺院	南都諸寺院	その他
軒丸瓦	恭仁宮造営以前	KM01	6320Aa	KmM33A		IdM34A		○				石橋瓦窯、岡田池瓦窯
		KM02A	6282Ha	KmM34A		IdM35		○			法華寺	上津遺跡
		KM02B	6282Da			IdM38A			三山木廃寺		法華寺、海竜王寺	木津遺跡、木津北遺跡
		KM03A	6284A								大安寺	
		KM03B	6285A								唐招提寺、秋篠寺、法華寺、法輪寺、法隆寺	長岡宮、音如ヶ谷瓦窯、大畠遺跡
		KM03C	6285B	KmM36				○	樋ノ口遺跡		法華寺、法隆寺	法華寺野遺跡
		KM03D	6284B									
		KM15	6291A	KmM37	KnM31	IdM36				北野廃寺	秋篠寺、唐招提寺、西隆寺、法隆寺、額安寺	長岡宮、木津北遺跡
		KM16	6130A									木津北遺跡
		KM19	6225A	KmM38			○			広隆寺	唐招提寺、西隆寺、法華寺、興福寺	長岡宮、平安宮、中山瓦窯、木津北遺跡
	国分寺造営以後	KM02C	6282Bb	KmM34B	KnM33				松尾廃寺、山瀧寺			長岡京、木津北遺跡、梶原寺
		KM05		KmM32			○		燈籠寺廃寺			上津遺跡、甲賀寺、近江国府跡
		KM06										
		KM07										
		KM10										
		KM11							普賢寺、志水廃寺			
		KM14					○		三山木廃寺、普賢寺、里廃寺			
軒平瓦	恭仁宮造営以前	KH01	6691A	KmH32		IdH32	○	○		西寺	唐招提寺、大安寺、薬師寺、法華寺、興福寺、東大寺、法隆寺、大官大寺	長岡宮、平安宮、岡田池瓦窯、石橋瓦窯、上津遺跡、木津北遺跡、岡田加茂鋳銭司跡
		KH04A	6721C	KmH34B	KnH32	IdH35A	○	○	正道廃寺、里廃寺、樋ノ口遺跡		西大寺、法華寺、海竜王寺、秋篠寺、東大寺、西隆寺	長岡宮、上津遺跡、木津北遺跡
		KH04B	6721A								法華寺	木津北遺跡
		KH04C										
		KH06A	6663B								法華寺阿弥陀浄土院、西隆寺、香山堂	
		KH06B					K27b					
		KH06C	6681A							鞆岡廃寺	法華寺阿弥陀浄土院、西隆寺、法華寺、唐招提寺	長岡宮、押熊瓦窯
		KH06D	6663A								大安寺、薬師寺、興福寺、法隆寺	長岡宮、平安京、押熊瓦窯、木津北遺跡、上津遺跡
		KH06E	6663C			IdH33A	○				法隆寺、秋篠寺、唐招提寺	長岡宮、平安宮
		KH07	6664K									長岡宮、木津北遺跡
		KH08A	6664C									長岡宮、中山瓦窯、木津北遺跡
		KH08B	6682A			IdH34					大安寺、薬師寺、興福寺、唐招提寺、西大寺	長岡宮、山陵瓦窯、木津北遺跡、上津遺跡
		KH08C	6664F							鞆岡廃寺	法華寺	長岡宮
		KH10A	6671B								興福寺	
		KH10Ba	6671Aa								興福寺	
		KH10Bb	6671Ab									
		KH12	6685B								法華寺	歌姫西瓦窯
		KH19	6667A									歌姫西瓦窯、大畠遺跡、木津北遺跡
	国分寺造営以後	KH02										
		KH03							燈籠寺廃寺			甲賀寺、近江国府跡
		KH05Aa										甲賀寺、伊賀国分寺
		KH05Ab					IdH42			興戸廃寺、志水廃寺		
		KH09	7769								興福寺	
		KH14			KnH42			○	○			薬師寺	長岡宮

京都府教育委員会 1984、京都府教育委員会 2000、同志社大学歴史資料館 2010 より作成。

り方をみるとき、前記説話との関連が想起される。高麗寺の木津川対岸には、山背国分寺造営時軒瓦のセットが出土する燈籠寺廃寺があり、国分二寺のあり方にふさわしい。恭仁宮大極殿施入前の山背国分寺前身寺院としての可能性を示唆している。

以上、恭仁宮大極殿施入前の山背国中核寺院について、いまだ所在不明の当該期国衙の視点から、その公（官）的性格の抽出を試みた。あくまでも、一国の仏事を修するに足る山背国分寺前身寺院に関する憶測である。

第3節　山背における播磨国府系瓦出土の背景

木津川流域の南山背地域は、畿内における平波宮系軒瓦の分布において、稠密でしかも多種の出土が知られている。このことは、奈良時代前半・後半を通じてみられる現象であり、その存在の背景として、平城京・恭仁京・長岡京など古代都城の造営事業があることは容易に想像のつくことである。しかし、古代都城の造営に用いられた瓦が、都城以外の私的寺院において使用されたという現象が、都域の造時期と連動しているとしても、（官）の生産品を用いる場合、律令体制下での調達方法が機構のなかで成立しているという前提が必要であろう。森郁夫は、この前提に立脚して「半ば官に組こまれたかたちで修造が加えられるか、あるいは寺そのものに対してさほど大規模なものとしてでなく、ある分野に対して技術援助が行われるというかたち」を想定し、平城宮系軒瓦の存在が畿内諸豪族に対する奈良朝政府の掌握過程を示し、古代要路の確保ひいては律令体制の維持政策の一側面なすものと考えた。また、山中章は、長岡京周辺の古代寺院から出土する長岡宮式軒瓦の検討から敷衍して、南山背地域における特に奈良時代後半期の瓦についても、長岡京の後期の造営と桓武朝における仏教政策との関係から、その存在の背景を捉えている。つまり、長岡京の造営にともなう平城京の解体と資材の運搬、それと延暦10年（791）の山背圏内における塔の修理に関する詔を背景とした既存寺院の修復事業の結果であるとするものである。

古代中央集権国家の頂点であった律令時代、特に平城京の存続した期間は、筑紫の太宰府と大和を結ぶ最大の幹線道路、山陽道が南山背の地を通っている。いわばこの地が、「中央」と「地方」の狭間にあって大和への玄関口となっていたわけである。この点も南山背地域におけるこの時期の古瓦の様相を複雑にしている大きな要件となろう。事実、山背における播磨国府系瓦出土の背景として当然考慮せねばならない点ではある。

ここでは、高麗寺跡より出土した8世紀代の軒瓦のあり方を検討することによって、山背地域での平城宮系軒瓦出土の背景を整理し、その上で播磨国府系瓦が山背へ流入したその時代背景と意義をさぐるための手立てを得ようと試みるものである。

1. 高麗寺跡出土軒瓦の様相（8世紀を中心として）

　高麗寺は、飛鳥時代の創建以来、一貫して南山背の中核寺院であった。奈良時代には、平城宮式軒瓦との同笵関係が顕著である。軒丸瓦で6型式9種類、軒平瓦で7型式7種類の同笵関係を確認している。他に、恭仁宮・長岡宮との同笵関係を加えると、軒丸瓦で7型式10種類、軒平瓦で7型式8種類となる。これら軒瓦は、種類の多様さに比べその出土量はきわめて少ない。軒丸瓦でわずか約2％、軒平瓦ではさらにその値は減少する。これらの値をみる限り、たとえ時の政府からの「援助」があったとしても、決してそれが大規模なものであったとは考えがたい。しかし、出土量の僅少さはその同笵関係の意義をいささかも損なうものではない。

　以下、高麗寺跡から出土する8世紀以後の軒瓦について都城所要瓦との同笵関係を中心として検討していくこととする。その場合、平城宮式軒瓦との同笵関係がすべて直線的に平城宮と高句麗寺との関係に結びつけられるものではない。遷都の度ごとに旧都の建築資材が大量に移動しており、恭仁宮・長岡宮の造営に際しても平城宮の瓦が運び込まれている。まずは、どの都城との関連で高麗寺に瓦が搬入されたかの検討が必要である。この時期の高麗寺における堂塔の修理に使用された瓦の調達形態としては、以下の5つの場合が考えられる。

①高麗寺の伽藍維持を目的に独自で生産し使用したもの。
②平城京の造営と維持、あるいは時の政府の何らかの政策によって搬入されたもの。
　　平城京―――高麗寺
③恭仁京の造営と維持、あるいは時の政府の何らかの政策によって搬入されたもの。
　　平城京―――恭仁京―――高麗寺
④長岡京の造営と維持、あるいは時の政府の何らかの政策によって搬入されたもの。
　　平城京―――長岡京―――高麗寺
⑤時の政府あるいは何らかの機関を媒介として搬入されたもの。
　　他遺跡―――　x　―――高麗寺

　これら考え得る5つの場合について、それぞれ該当する軒瓦を抽出してみよう。最初に③の場合について検討する。

恭仁京との関連

　天平12年（740）、30年間にわたって続いた平城京を捨て、恭仁京の造営が開始される。この遷都の原因については、藤原広嗣の乱や疫病の流行を背景とした政情不安が考えられている。しかし、造営を開始したばかりの恭仁宮も天平16年（744）に難波宮への遷都がきまり、廃都となるのである。したがって、恭仁宮・京の造営事業は3年あまりで終止符が打たれたこととなる。なお、この期間、高麗寺が立地する地域は恭仁京右京域に組み込まれており、その影響は大きなものであったと思われる。恭仁宮では発掘調査が継続的に進められており、出土瓦についてもすでに詳細な検討が行われている。また、造営事業がきわめて短期間であることから、高麗寺跡出土瓦との関連が比

較的追いやすい面がある。

　高麗寺と恭仁宮の間で同笵関係を確認している軒瓦は、軒丸瓦でKmM32（恭仁宮KM05型式軒丸瓦。以下「恭仁KM05」という要領で略称）、KmM33A（恭仁KM01）、KmM34A（恭仁KM02A）、KmM36（恭仁KM03C）、KmM37（恭仁KM15）、軒平瓦でKmH32（恭仁KH01）、KmH34B（恭仁KH04A）がある。個々の軒瓦について検討する。

　KmM32（恭仁KM05）は、恭仁宮跡での出土状況の検討から、塔院地区での出土割合が高く、塔の建立にあたって主体的に使用されたことが判明している。恭仁宮大極殿は、廃都後の天平18年（746）9月に山背国分寺に施入されており、塔はその後建立されたものである。したがって、山背国分寺造営時に新調したと考えられる恭仁Km05は、③の場合から除かれる。なお、現時点では、この型式が他の都城との間で同笵関係をみない点から考えて、高麗寺では⑤の場合の調達形態に属するものと思われる。

　KmM33A（恭仁KM01）は、平城宮6320Aa型式軒丸瓦（以下「平城6320Aa」という要領で略称）と同笵である。平城宮では、平城6320Aaの外区突線鋸歯文を凸鋸歯文に彫りなおしたAbが主体であり、Aaはほとんど出土しない。これに対して恭仁宮では、すべてAa段階のものであり、大極殿造営に際して主体となった製品である。よって、恭仁KM01は恭仁宮造営時に新調したものとして、天平12～15年（740～743）の製作・供給年代が与えられる。他遺跡での同笵例は、京都府城陽市の平川廃寺、木津川市の上津遺跡で出土しており、平城京および南都諸寺院での出土をみない。このことは、平城6320Aaの製作が恭仁宮を主な供給対象とし、恭仁京の造営に連動して南山背の諸寺院にも供給されたことを示している。したがって、KmM33Aは③の形態で高麗寺に搬入されたものとすることができる。

　なお、平城京の外津である「泉津」に関連した遺跡と思われる上津遺跡から同笵例が出土している点は、木津川の水運を利用した山背地域への供給ルートを考えるとき、木津川河床の木津北遺跡からもAa・Abの区別は不明であるが平城6320Aが採集されている点と合わせて、重要な意味をもつ。他の同笵例においても同様の傾向がみられるのである。

　KmM34A（恭仁KM02A）は、平城6282Haと同笵である。恭仁宮では、以下の理由からこの型式を恭仁宮造営時に新調したものとしている。まず、大極殿地区において恭仁宮造営時に新調した恭仁KM01（KmM33A）との組み合わせが明確な恭仁KH01（KmH32）が、内裏地区においては恭仁KM02Aと組み合わされるとする点である。この点については、内裏地区における山背国分寺施入後の恭仁宮期遺物の廃棄状況が、KM02A－KH01の組み合わせで行われており、さらに、大極殿地区と内裏地区において、KM02AおよびKH01の胎土・焼成・製作技法が明確に二分されるとして、その蓋然性を示している。また、恭仁宮の造営と密接な関係が予想される平川廃寺では、KM02A・KH01の同笵例において胎土・焼成・製作技法が恭仁宮内裏での状況に対応しており、恭仁宮でのKM02A－KH01の組み合わせを妥当だとしている。次に、恭仁KM02Aが恭仁宮造営時に新調したものとする理由として、平城宮では恭仁KM02Aと同笵の平城6282Haのほかにこれを彫りなおしたHbが存在するが、恭仁宮ではHbは出土していない点があげられている。この点は、先述した恭仁KM01と平城6320Abとの関係に似ており、恭仁KM02Aが恭仁宮造営時に新

第4章 二つの都城と古代寺院　143

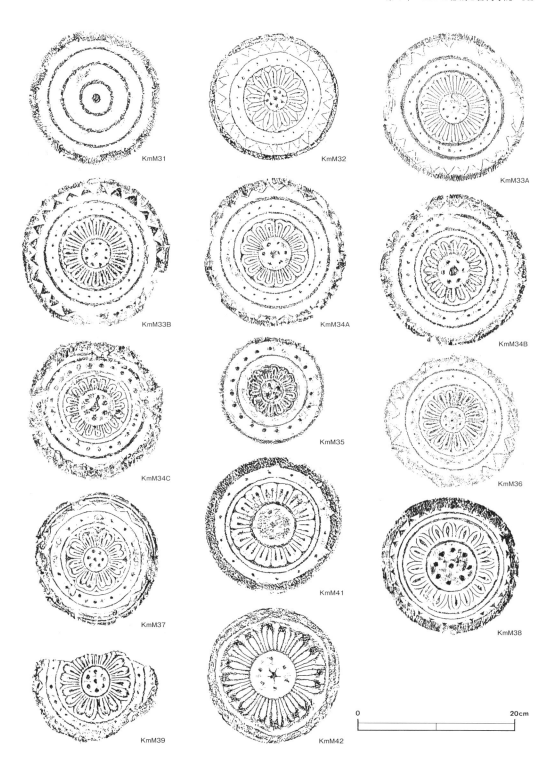

第52図　高麗寺跡出土 8・9 世紀軒丸瓦型式一覧（中島 1990b）

調したものであることを裏付けるとしている。

　では、高麗寺における恭仁KM02Aと同笵のKmM34Aが、恭仁宮造営と連動して搬入されたものと言えるであろうか。高麗寺では、恭仁宮には存在しない平城6282Hb（KmM34B）が出土しており、必ずしも一元的に恭仁宮造営と連動してKmM34A（平城6282Ha・恭仁KM02A）が搬入されたとは言い切れない面がある。この点は、恭仁宮には存在しない平城6320Ab（KmM33B）が高麗寺で出土しており、しかも恭仁宮造営と連動してKmM33A（平城6320Aa・恭仁KM01）が出土している状況と似ている。しかし、平城宮では6320Abが主体でありAaはほとんど出土しない点と、平城京および南都諸寺院ではAaの出土をみない点から、高麗寺におけるKmM33Aの供給は、恭仁宮造営と連動すると考えた。平城6282Haの場合は、Hbと同様に平城宮内で出土しており、恭仁京の造営を放棄した後の平城宮造営にあたって積極的に使用されている。また、京内および法華寺で同笵例が出土している点も、高麗寺における平城6282Ha出土の背景を単純に恭仁宮造営に結びつけることを困難にしている。

　高麗寺におけるKmM34A（平城6282Ha・恭仁KM02A）の出土状況で注目すべきは、塔基壇南面に設置されている石積の階段の裏込め中より出土したものである。この製品は筒部を半ば欠失しているが、瓦当部は完存しており、人頭大の河床礫とともに混入していた。また、かつての京都府史蹟勝地保存委員会の調査では、同裏込め中よりKmH32（平城6691A・恭仁KH01）のほぼ完形品が出土している。つまり、塔に付設された階段の裏込め中でKmM34AとKmH32が共伴しており、しかも両者の胎土・焼成は近似している。おそらくは、塔の大規模な修理にともなって、再利用できない軒瓦を階段の裏込めに使用したのであろう。このことは、塔の修理直前の屋瓦の状況を反映している。もちろん後述する8世紀末段階での塔の大規模な修理以前は、小規模な瓦の差し替え程度であって、KmM34A－KmH32の組み合わせが塔において成立していたとはにわかに断じにくい。しかし、恭仁宮において、恭仁KM02A－恭仁KH01の組み合わせが成立する蓋然性を考慮するなら、無視できない点と思われる。また、平城6282Ha同笵瓦の分布状況をみると、山背在地寺院では高麗寺と平川廃寺のみにみられ、既述した平城6320Aaの状況に似ている。以上のことから、KmM34A・KmH32は、恭仁京造営と関連して高麗寺に供給された③の場合に属するものと考えられる。

　KmM36（恭仁KM03C）は、平城6285Bと同笵である。高麗寺では、寺域北辺に接してその存在が予想される金属工房祉の灰層下より細片が一片出土したのみである。この灰層からは多量の風鐸の鋳型が出土しており、大小2種類の鋳型は、それぞれ軒の風鐸と相輪の風鐸に対応する。このことから、この金属工房の少なくとも最終操業は、塔の修造に関係していることがわかる。KmM36が高麗寺においてどの堂舎に使用されたのかはまったく不明である。平城宮では、この型式が積極的に使用された形跡はなく、恭仁宮でも出土量は少ない。しかし、他の遺跡での分布状況をみると、KmM33A・KmM34Aと同様の傾向を示しており、恭仁京造営と関連している可能性が高い。現段階では一応③の場合に属するものとしておく。

　KmM37（恭仁KM15）は、平成6291Abと同笵である。高麗寺では発掘調査による出土品はなくかつての表採資料として知られている。平城宮では瓦編年第Ⅱ期に位置づけられており、恭仁宮

では造営時に平城宮から運び込んだものとしている。また、この型式は長岡宮の造営にあたって山背北部へも運ばれており、長岡宮・平安宮・北野廃寺で出土している。いずれの段階で高麗寺へ供給されたのかはにわかに決しがたい。

　KmH32（恭仁 KH01）は、平成 6691A と同笵である。KmH32 についてはすでに KmM34A との組み合わせを前提に恭仁京造営と関連した③の場合を考えた。再度、平成 6691A の分布状況から検討しておこう。この型式の同笵例は大和・山背地域に広く分布しており、恭仁京・長岡京の造営あるいは平城京との直接的な関係が個々の遺跡の状況に応じて考えられる。当然、平安宮・京および西寺からの同笵例の出土は、長岡京の造営とそれに続く平安京の造営にあたって、平城の地から長岡京を経由して運び込まれたものであろう。井手寺については、その状況はやや複雑である。井手寺に隣接して、当寺との関連が予想される岡田池瓦窯がある。この瓦窯では平城 6691A のほかに 6663C・6721D が確認されており、すべて平城瓦編年第Ⅲ期に位置づけられる。平城 6663C は長岡宮において特に内裏での使用が顕著であり、他の 2 型式も宮内で出土する。この点で長岡京との関連も予想されるが、平成 6663C は中山瓦窯でも生産されており、平城宮では第 2 次内裏所用瓦である。このように、岡田池瓦窯との関連を考えると井手寺で出土する平城 6691A の解釈が微妙になる。井手寺は橘諸兄の別業がおかれた地に営まれた寺院である。この点、恭仁京造営との関連が考えられるが、同笵関係にあるのは平城 6691A のみである。また、軒丸瓦では、恭仁宮造営にあたって新調された平城 6320Aa ではなく次の段階の Ab が使用されている。以上のことから、井手寺での平城 6691A と恭仁宮造営とは連動しているとは言いがたいようである。久世廃等については、平川廃寺に隣接するが、平川廃寺にみられるような恭仁宮造営との密接な関係はみられない。軒瓦で顕著なものは、平城 6663・6702 系統のものである。恭仁京以後の段階が考えられる。

　このようにみてくると、山背地域において恭仁宮との関連を平城 6691A で追える遺跡は限定されてくる。平川廃寺については、恭仁宮内裏地区出土の恭仁 KH01（平城 6691A）と胎土・焼成・製作技術とも等しく、恭仁 KM02A（平城 6282Ha）とも対応することは先述したとおりである。高麗寺においても両者が塔階段裏込め中で共伴することはすでに記したが、胎土・焼成は恭仁宮内裏地区のものとは異なる。高麗寺のものはいぶし焼き風であり、むしろ大極殿地区のものに対応するものと思われる。このことは、同様に恭仁京造営と連動して搬入された製品でも一様ではないことを示しており興味深いことである。

　KmH34B（恭仁 KH04A）は、平城 6721C と同箔である。この型式の分布状況をみると、一見して平城 6691A（恭仁 KH01・KmH32）の分布傾向に近似していることがわかる。しかし、その分布地域はさらに限定され、大和では平城京内とその周辺、山背では長岡宮を除く南山背地域にみられる。平城宮では瓦編年第Ⅲ期に位置づけられており、平城 6282 系の軒丸瓦と組み合わされている。恭仁宮でのこの型式の使用状況は副次的で、主体的に使用されたとは言いがたいが、KM02A（平城 6282Ha）との組み合わせが考えられている。恭仁宮でのこの型式の使用状況が必ずしも明確になっているとは言いがたい現状で、他遺跡との関連を抽出することには困難がともなう。しかし、あえて既知の恭仁宮との同笵関係あるいは平城 6691A で検討した分布状況から敷衍して考えるなら、平川廃寺・高麗寺についてのみ恭仁宮造営との関連をみるのが妥当であろう。

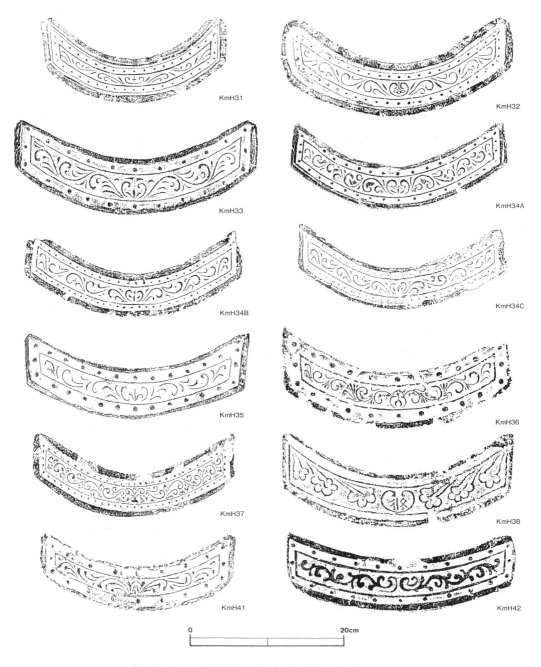

第53図　高麗寺跡出土8・9世紀軒平瓦型式一覧（中島 1990b）

　以上、長々と恭仁宮造営との関連について紙幅を費やしてしまったが、軒瓦でみる限り恭仁京造営と連動した動きが確実に追える遺跡はきわめて限定されることがわかった。言葉をかえるならきわめて例外的な遺跡と言えよう。この場合、その遺跡とは平川廃寺と高麗寺である。両寺とも、恭仁宮造営にあたって新調され、しかも主体的に使用された恭仁KM01（平城6320Aa）・KM02A（平城6282Ha）・KH01（平城6691A）との同笵関係をもち、胎土・焼成・製作技法が共通すると

いう同時性を備えている。しかし、その「援助」の規模には差があり、高麗寺ではせいぜい小規模な差し替え程度であるのに対して、平川廃寺でのあり方はその出土量からみても「手厚い」ものである。なお、ここでは恭仁宮出土瓦のなかでも最も特徴的な文字瓦について触れる余裕はないが、高麗寺での「恭仁宮式文字瓦」の出土が顕著であり、刻印の意味が雇工の「出来高支払制」に由来するなら、平・丸瓦に刻印のない状況は恭仁宮付属の「西山瓦屋」でも司工の製品ということになる。このことは、恭仁宮に供給された瓦と平川廃寺・高麗寺に供給された瓦の生産形態の同一性に由来するものであろう。ならば、都城の造営に用いられた瓦が都城以外の私的寺院において使用される場合、その調達方法がどのようなものであったかを知る一要件となる。いずれにしても平・丸瓦の検討が必要である。

平城京・長岡京との関連

　延暦3年（784）平城京は放棄され、長岡京への遷都が開始される。さらに、10年後の延暦13年（794）には平安京の造営が開始され、長岡京は廃都となってしまうのである。長岡京の造営にあたっては、旧都城の造営がすべてそうであるように、過去の都城の殿舎を解体し、その資材を再利用している。ただ、長岡京の造営が他の都城の場合と決定的に異なる点は、過去の都城の資材の転用比率がきわめて高い点にある。軒瓦の出土量でみると長岡宮朝堂院造営にあたっては後期難波宮のものが主体を占め、内裏では平城宮のものが中心である。これらのなかで長岡宮造営にあたって新調した長岡宮式の瓦は、補足的に使用されているにすぎない。長岡宮での軒瓦出土割合でみると、難波宮式・平城宮式軒瓦だけで80％の高率を占め、長岡宮式は15％前後にすぎないという。

　長岡宮における平城宮転用瓦の搬入は、基本的には延暦6〜9年（787〜790）頃に盛んになる後期造営時であることが、発掘調査結果や文献資料の検討から明らかにされている。しかし、その使用状況は、平城宮の諸施設から雑多に集められたようで明確なまとまりをもたない。両宮での平城宮式軒瓦の同笵状況をみると、各時代・各型式のものを含んでおり、このことを裏付けている。また、長岡宮式軒瓦の使用状況からは、明確なセット関係は抽出できないという。このことは長岡宮式軒瓦の生産目的が、あくまでも平城宮からの転用瓦の不足分を補うことにあるためと思われる。長岡京の造営は国家的大事業であり、山背国内での都城の造営にあたって地元の在地寺院がそれに連動して影響をうけたであろうことは十分に考えられることである。さらに、はじめに既述した延暦10年（791）の山背国内における塔の修理に関する詔についての指摘も、可能性としては魅力的である。しかし、これらのことが南山城における平城宮系軒瓦の稠密でしかも多型式にわたる分布の背景として集約できるものでないことは明らかである。

　高麗寺跡出土軒瓦でみると、KmM33B（平城6320Ab）、KmM34B（平城6282Hb）、KmM39（平城6311C）、KmH35（平城6725A）、KmH36（平城6761A）については、恭仁宮・長岡宮での同笵例が確認されていない。現状では、平成京との直接の関連を考えるべきであろう。しかし、KmH34Aは長岡宮式7721型式軒平瓦（以下「長岡7721」という要領で略称）と同笵であり、長岡京造営とそれに続く寺院の修復事業との関連を示唆するものであろう。このようにみていくと、高麗寺跡出土平城宮式同笵瓦のなかには、すでに抽出した③（恭仁京造営）と関連して供給されたもの以外

に、長岡京造営と桓武朝における仏教政策とに連動して般入されたものが混入している可能性がある。これらを抽出するための手立てを得るため、まずは長岡宮式軒瓦について検討してみよう。

長岡宮式軒瓦を生産した瓦窯跡として縫認されているのは、長岡京右在した谷田瓦窯、大阪府高槻市の萩之庄瓦窯の２箇所である。両窯ともその操業開始時期は平城京期に遡り、谷田瓦窯では西大寺造営にともなう平城6732Qを、萩之庄瓦窯では平城京で使用された平城6775Bを生産している。その後、両窯ではそれぞれ長岡京造営にあたって多用される長岡7757系、7133系の軒瓦を生産し、これらの型式は多数の同文異范を生み出している。このように長岡宮の官窯的性格を有する瓦窯の生産品とは別に、主に長岡京周辺の北山背地域の古代寺院から出土し、瓦当文様の系譜を追うのが困難な一群の瓦がある。これらを総合して、長岡宮式軒瓦が考えられている。

主に長岡宮・京を中心に北山背地域に分布する長岡宮式軒瓦には、摂津・河内・大和・南山背に出土するものがある。ここでは、南山背地域での長岡宮式軒瓦の分布についてみてみよう。現在確認している同范例では、先述した高麗寺におけるKMH34A（長岡7721）がある。この型式は長岡京と北山背の諸寺院に分布しており、平安京や大阪府枚方市の百済寺でも出土しているが、南山背地域でのほかの出土例を聞かない。他には、木津川の河床（木津北遺跡）から雲文系の平成6802A（長岡7802B）が採集されている。これについても長岡京期のものとする意見があり、近江地方での生産が予想されているが判然としない。また、同范ではないが同文異范の製品として、山背国分寺から出土した「旨」の異字体「百」を中心飾りとして置く恭仁KH13（長岡7722C）がある。なお、長岡7722については、同様の「旨」字のスタンプをもつ長岡7193の存在からその組み合わせが予想されるが、長岡京内での長岡7722の出土は確認されていない。しかし、長岡京を中心とした北山背の寺院から同文の製品が多数出土しており、長岡京期のものとして大過ないものと思われる。

以上、長岡宮式軒瓦についてみたが、南山城では山背国分寺・高麗寺でしかその存在は確認できない。しかし、先に予想した長岡京期に供給された平城宮式軒瓦が存在するならば、それは長岡宮式軒瓦の他地域への分布傾向と近似した形態をもつものと思われる。その近似した分布形態とは、北山背の在地寺院との同范関係がみられる点、摂津、河内などの地域で同范関係が広がる点などである。また、平成京内諸寺院との同范関係が奈良時代末期においてみられる点も重要な着眼点であろう。これらの点があくまでも可能性にすぎないことは言うまでもないことである。

高麗寺跡出土軒瓦についてみるとKmM34C（平城6282Bb）・KmM37（平城6291Ab）・KmM38（平城6225A）はいずれも平成宮瓦編年のⅡ・Ⅲ期の製品であるが、KmM37・38は北山城の寺院との同范関係をもち、KmM34Cは大阪府高槻市の梶原寺との同范関係からその広がりを示している。また、KmH31（平城6685C）・KmH33（平城6732C）・KmH38（平城6801A）もその可能性を残すものである。

周辺都城との直接的な関係をもたない瓦

ここまでみてきた高麗寺跡出土軒瓦は、すべて平城京・恭仁京・長岡京といった中央政府（中央造営官司）に付属する瓦窯の製品、あるいは少なくとも都城の造営を目的として操業した瓦窯の製

品であった。高麗寺からは、これら以外に周辺都城との直接的な関係（同笵関係）を確認できないものが出土している。それらは、141ページの①他遺跡との同笵関係をもたず高麗寺の伽藍造営・維持を目的に独自で生産し使用したもの、⑤都城以外の遺跡との同笵関係をもち、時の政府あるいは何らかの機関を媒介として高麗寺に搬入されたことが予想されるものとに分けることができる。①に該当する製品としてはKmM35・41・42、KmH42があり、⑤にはKmM32、KmH34C・37・41がある。なお、KmM31の重圏文軒丸瓦については同笵関係を明確にできていないが、確認している2点の製品の間に笵の彫り直しがみられ、また、出土量が少ない点からも搬入品と思われる。①以外のいずれの場合に属するかは判然としない。

　①の場合についてみてみると、いずれも出土量が比較的多く、都城系軒瓦の文様系譜上に位置しない点が特長的である。ただ、KmM35については、平城6282系の文様を模倣している可能性もあるが退化が著しい。KmM41・42、KmH42は胎土・焼成とも近似しており、KmM35とKmM42の一部で胎土・焼成とも等しいものがみられる。これらのうちKmM41については、高麗寺の寺域に接して存在した高麗寺3号窯の製品であることを確認している。他の型式についても高麗寺近傍で生産された可能性が高い。これらの製品の生産目的は、高麗寺の塔の大規模な修造に関わるものと思われる。

　塔の修造については、すでにKmM33A（恭仁KM01）－KmH32（恭仁KH01）の組み合わせに関連して述べたが、この両者が共伴して出土した塔の石積階段の構築年代は、ほぼ8世紀末～9世紀初頭段階に限定して考えることができる。この時期には、塔・金堂基壇の周囲に排水溝を設けたり、基壇外周をめぐる石敷を高くするなどの造作も行われている。このような石積階段付設作業をともなう塔の大規模な修造は、塔の建立以来この時期をおいて前後の時期に行われた形跡はない。軒瓦の出土量を比較しても、対応する型式は明らかである。なお、これらの型式の軒瓦が塔の修造だけに使用されているわけではない。塔の修造に連動して他の建物にも用いられ、その後の伽藍維持にも使用されたのであろう。

　次に、⑤に該当する軒瓦についてみてみよう。

　KmM32（恭仁KM05）については、先に恭仁京との関連で述べたように山背国分寺造営にともなって新調された製品である。このことは、恭仁宮造営にともなって新調した製品が恭仁宮造営官司の管轄下のものであるのに対して、山背国分寺造営にともなって新調された製品が山背国分寺造営官司の管轄下のものである点で明確に区別されねばならない。同笵例は南山城のみならず、滋賀県信楽町の甲可寺・同大津市の近江国衙など近江地域に広がっている。なお、山背国分寺出土例と高麗寺出土例では胎土・焼成とも等しく、製品の移動は明らかであるが、甲可寺出土例については胎土が異なるという。工人とともに笵が移動したのであろう。笵が移動する背景には、国分の造営という国家目標があり、それと連動した国府の媒介によって製品が移動したものと思われる。

　KmH41の同笵例は、大阪府茨木市の新芦屋瓦窯・奈良県奈良市の唐招提寺で出土している。新芦屋瓦窯については寺院跡の可能性もあり、遺跡の性格は不明であるが同所から出土したKmM41同笵例は、高麗寺跡出土例と胎土・焼成・製作技法が等しく同一産地の製品である。この型式の軒平瓦は中心飾りから左右に3転させる蕨手4葉の先端が肥厚し、三角形状を呈している点に特徴を

もつ。この特長は、先述した「旨」字の中心飾りをもつ長岡7722系の軒平瓦と酷似している。おそらく、KmH41は長岡7722系軒平瓦の直接の先行型式であろう。都城系の軒瓦ではないが、長岡京の造営に連動して搬入された可能性が考えられる。

KmH34C（播磨本町式）、KmM35・KmH37（播磨古大内式）については次項で検討する。

以上、高麗寺跡出土軒瓦の様相についてその概要を述べた。奈良時代以降、平城宮式軒瓦が搬入される契機として、平城京・恭仁京・長岡京の造営と連動して供給された場合を想定してみた。平城宮式軒瓦が搬入される時期は、ほとんどが恭仁京遷都以後に限定される。恭仁京造営に連動して製品が確実に移動したと思われる寺院は、平川廃寺と高麗寺のみである。平城京との直接の関連については検討していないが、遷都後の官窯体制の変革に関連して都城以外の私的寺院にも「官」の製品が供給される状況が発生したのであろう。南山城地域には多量の平城宮式軒瓦が供給されている。長岡京期には、より広範な地域での同笵軒瓦の分布傾向がみられる。これは、前代の中央官衙系瓦屋の解体と長岡宮関連瓦屋や摂津・河内の在地系瓦屋との再編成がまだ完了していない、過渡的な状況を反映しているものと思われる。この状況は、より遠隔の地域の瓦が移動する条件ともなろう。

2. 山背の播磨国府系瓦

今里幾次が提唱した「播磨国府系瓦」については、当初、播磨国分寺出土の瓦を基準にして「播磨国分寺式瓦」「播磨国分寺系列瓦」の呼称が用いられていた。その後、これらの瓦の背後にある播磨国府の存在が浮き彫りになるに及び、「播磨国府系瓦」と改称している。現在では「播磨国府系瓦」として軒丸軒平瓦各8種類の組み合わせが考えられている。これらの軒瓦は、奈良時代後期の様相を呈し播磨国内に広く分布している。高麗寺から出土した播磨国府系瓦は、KmH34C（本町式）、KmM35・KmH37（古大内式）で、いずれも播磨国内での組み合わせが予想される軒丸瓦を欠いている。出土位置は、塔跡と西回廊西側瓦落ちである。KmH34C・KmM35の出土量はわずかであるが、KmH37は他の補修瓦に比べやや多い傾向を示す。KmH34Cは、兵庫県姫路市の本町遺跡出土木町式軒平瓦と同笵である。本町遺跡の性格については、播磨国府・草上駅家・飾磨郡衙などに比定する説があるが確定していない。本町式軒瓦は、重圏文軒丸瓦と平城6721系軒平瓦の組み合わせからなっている。本町式軒平瓦は、中心飾りの右C字形が歪む点に特長がある。高麗寺跡出土例には、胎土・焼成とも本町遺跡出土例に酷似し軟質で黄褐色を呈するものと、焼成が堅緻で青灰色を呈するものがある。なお、姫路市の辻井廃寺からは、本町遺跡出土例の退化型式が出土しており、播磨国内での同型式の展開を示している。

KmM35・KmH37は、加古川市の古大内遺跡出土古大内式軒平瓦と同笵である。この遺跡は賀古駅跡に比定されており、同じく布施駅跡に比定されている龍野市小犬丸遺跡からも同笵例が出土している。KmH37同笵例は、樹状に立ち上がる中心飾りと左右に展開する蕨手に配された蕾の表現が特徴的である。対応する軒丸瓦は単弁13弁蓮華文軒丸瓦（KmM35同笵）である。小犬丸遺

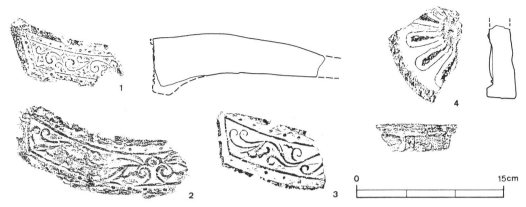

1：京都府木津町鹿山寺「古大内式」　2：京都府京都市平安京「国分寺式」
3：京都府京都市最福寺跡「国分寺式」　4：奈良県天理市平等坊松ノ木遺跡「古大内式」

第54図　播磨国外で出土した播磨国府系瓦（中島 1990b）

跡出土同笵例では瓦当面に笵キズを生じているものがみられるが、高麗寺出土例では確認できない。なお、小犬丸遺跡では、KmH37 同笵例以外にその退化型式を使用しており、KmH37 同笵例を先行型式とした一連の文様系譜を形成している。

　KmH37 同笵例には製作技法上の顕著な痕跡がみられる。それは、凹面側両側縁に残る横位の棒状圧痕である。この痕跡は瓦当側と狭端側にそれぞれ形成されており、あらゆる調整はこの痕跡に先行する。おそらくは生瓦を乾燥させる際に、平行に渡した2本の棒の上に載せたことによって形成された痕跡であろう。この痕跡は、高麗寺跡・古大内遺跡・小犬丸遺跡出土同笵例に共通する特長であり小犬丸遺跡出土の同退化型式にもみられる。よって、これらの製品が同一の技術伝統を有する造瓦集団のものであることは明らかである。

　また、上記3遺跡出土同笵例については、胎土分析結果が公表されている。高麗寺跡出土 KmH34C（本町式）・KmH37（古大内式）について比較するため、古大内遺跡出土 KmH37 同笵例で「古大内領域」を、高麗寺に付属する高麗寺瓦窯の製品を基準として「高麗寺領域」を設定した。「高麗寺領域」と比較すると、あらゆる因子で対応せず、高麗寺瓦窯産の瓦とは別の胎土をもつことは明らかである。次に「古大内領域」と比較すると、KmH37 はすべての因子で対応し、同一の胎土をもつことがわかる。KmH34C については、「高麗寺領域」と同様に「古大内領域」にも対応しないことがわかる。

　以上の胎土分析結果から、KmH37 は古大内遺跡出土同笵例と同一の産地の製品であることが明らかとなった。また、小犬丸遺跡出土瓦は、大半が古大内遺跡出土同笵例の胎土と異なることが指摘されている。このことは、生産地が異なることを示しており、笵が移動した結果である。笵キズの増加や退化型式の出現などから、「古大内遺跡段階」から「小犬丸遺跡段階」への移行は明らかであろう。よって、KmM35・KmH37 が高麗寺に供給された年代は、古大内遺跡への製品の供給年代にそれほど遅れるものではないと考えられる。播磨国府系瓦の搬入という一点で考えるなら、KmH34C もほぼ同時期に供給されたとして大過あるまい。

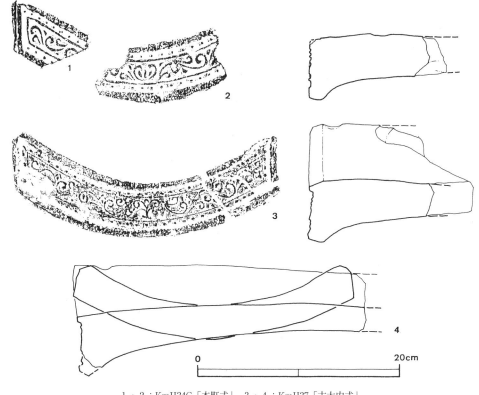

1・2：KmH34C「本町式」 3・4：KmH37「古大内式」
第55図 高麗寺跡出土播磨国府系瓦（中島 1990b）

　山背国内で播磨国府系瓦が出土する遺跡は、高麗寺だけではない。木津川を隔てて高麗寺の対岸に位置する木津川市鹿背山の鹿山寺からは、高麗寺と同じ古大内式の軒平瓦が出土している。鹿山寺についての詳細は不明であるが、享保5年（1720）の銘がある西念寺蔵『鹿山寺略縁起』によるとその創建は7世紀中葉に遡るという。出土瓦には、古大内式軒平瓦のほかに平城6135A同笵軒丸瓦がある。他には、『法金剛院古瓦譜』（文政10年（1827））に播磨国分寺式の軒平瓦の拓本が掲載されており、「御池通千本ヨリ二町西於田間拾之」との註がある。また、『文所古瓦集』（元文5年（1740））には播磨国分寺式の軒平瓦の拓本を載せている。出土地は谷堂とあり、現在の西京区にあった最福寺跡と思われる。安元2年（1176）の創建という。

　これら山背国内での播磨国府系瓦出土遺跡のうち、鹿山寺例については、高麗寺に近接しており、他の出土軒瓦の年代観からも高麗寺跡出土播磨国系瓦同笵例との同時代性は首肯できる。しかし、『法金剛院　古瓦譜』『文所古瓦集』所載の平安京および最福寺跡出土例については、前者が平安時代後期に生産された播磨系軒瓦といっしょに採集されている点、後者の創建が文献からは平安時代初頭まで遡りえない点などから、前身寺院の存在を想定しない限り、高麗寺出土例との同時代性は考えられない。

　山背国以外では、古大内式軒丸・平瓦が平城京左京五条四坊付近や東市から出土しており、前者については播磨国の調邸跡の可能性が指摘されている。高麗寺と同笵である。奈良県天理市の平等

坊松ノ木遺跡でも古大内式の軒丸瓦が出土している。時期的に関連すると思われる平安時代の掘立柱建物が3棟検出されているという。瓦類の出土量は少ない。平等坊という地名の由来と関連して、周辺に寺院あるいは官衙の存在した可能性が考えられている。

以上、播磨国以外での播磨国府系瓦についてみてきたが、平城京、高麗寺以外の遺跡ではその出土状況が明確であるとは言いがたい。高麗寺という寺院が、播磨国府系と呼ばれる播磨国府の管轄下の製品を用いるとすれば、高麗寺と播磨国府を媒介するより上位の機関の存在が当然想起される。ここでは、平城京の造営と連動した時の政府の介在が、播磨国・平城京・高麗寺の同笵関係により明確となった。ただ、なぜ播磨国府系瓦なのかという疑問は残る。ここで注目すべきは、中世の縁起ではあるが『播磨増位山随願寺集記』（姫路市随願寺蔵）に、天平15年（743）3月、興福寺・薬師寺・播磨増位寺の僧等が内裏（恭仁宮）で読経した後、増位寺僧栄常が高麗寺から戻らなかったと記していることである。これは『続日本紀』同年3月4日条に、1月から49日間49人の衆僧を金光明寺に集めて行った金光明最勝王経転読の行事が終わり、衆僧を慰労したとする記事と関連している（高橋 1998）。国家における広範な仏教政策だけではなく、高麗寺と播磨国を結ぶ独自のルートが存在した可能性が考えられる。

第4節　橘諸兄と井手寺の造営

木津川の東岸、上井手の台地上に立地する井手寺（井堤寺・円堤寺）跡は、井手左大臣　橘諸兄創建と伝える奈良朝寺院跡である。木津川の対岸には京田辺市飯ノ岡の丘陵を間近に望み、伽藍の南側は玉川の深い渓谷となっている。この井手寺近郊には、恭仁京遷都前の天平12年（740）に聖武天皇の行幸を得た橘諸兄の相楽別業や、聖武天皇の東国巡行最終日にとどまった玉井頓宮跡の所在も比定されており、南東の丘陵には伝橘諸兄公墓が、北東の玉津津岡神社には摂社橘神社が祀られている（井手町史編纂委員会 1983）。文献資料では、「続日本後紀」天長10年（833）10月条の「円堤寺」記載例が初出で、また、「井手寺」の銘をもつ平安時代前期様式の梵鐘が高知県土佐市正念寺に伝えられている（坪井 1970）。遺跡の現状は、周囲をのどかな田園風景が包み、寺跡を東西に分断する府道和束井手線沿いに記念碑と四阿が設置され、5個の礎石が集められている。

ここでは、第2節でみた南山城の中核寺院としての井手寺について、その伽藍配置に注目しその意義を考えたい。

1．調査の概要

平成15年（2003）、井手寺南西の玉川の北岸で、平城遷都により藤原京から移された大官大寺（後の大安寺）の創建瓦を生産した石橋瓦窯跡が発見された（井手町教育委員会 2003）。実はこの窯跡こそ、「大安寺伽藍縁起幷流記資材帳」に記載のある泉津の大安寺木屋所とともに相楽郡に所

在する今一つの荘「棚倉瓦屋」だったのである。「資材帳」では、この瓦屋の四至を「東谷上　西道　南川　北南野大家界之限」としており、天平19年の資材帳作成当時に存在した「大家」といえば諸兄の別業以外に想定できるものはなく、玉川北岸の台地上に相楽別業が比定できる。したがって、この台地上には、橘諸兄の井手寺と別業がならんで営まれていたこととなり、しかもこの地は、恭仁京右京北郊の地なのである。なお、現在は綴喜郡に属する井手町のうち、玉川以南の石垣地区周辺（かつての石垣村）は、明治5年（1872）に水無村とともに井手村と合併するまでは相楽郡に属しており、玉川北岸の石橋瓦窯跡が相楽郡の荘である棚倉瓦屋だとすると、井手寺の所在する上井手の台地上に相楽別業があることに矛盾はない（中島 2007a）。また、この付近は、葛城王時代から諸兄ゆかりの「蟹幡（綺）郷」に属すと考えられ、橘氏の勢力圏であった。

　井手寺跡に関する考古学的な調査は、大正12年（1923）の梅原末治による調査を嚆矢とし、地鎮・鎮壇にともなうと考えられる海獣葡萄鏡や隆平永寶、軒瓦などの出土品が報告されている（梅原 1923b）。その後、平成13年（2001）には、寺域を東西に分断する府道和束井手線の拡幅工事にともないはじめての本格的発掘調査（第1次調査）が京都府により実施され（（財）京都府埋蔵文化財調査研究センター 2002）、平成15年（第2次調査）からは、井手町による寺域確認調査が継続的に実施された（井手町教育委員会 2014）。

2．検出遺構の概要

　第1次調査（平成15年度）以後、井手町教育委員会によるⅡ期8年に及ぶ寺域確認調査で得られた資料は膨大である。ここでは、現在まで報告されている調査データを概観し、伽藍の大要を復元したい。ただ、基壇外装に使用されたと考えられる多量の凝灰岩や三彩の垂木先瓦等出土遺物の状況からは、単なる地方寺院とは考えられない格式をもった寺院であることは明らかであるが、諸堂塔の規模・構造等はいまだ不明のままである（井手町教育委員会 2014）。したがって、ここでは試論として断片的なデータをつなぎ合わせ、伽藍復元案を提示する（中島 2010e）。なお、造営尺は、礎石を良好に残すSB501の状況から、天平尺（0.297 m/尺）が使用されていることがわかる。

伽藍中枢部の様相

　第1次調査および井手町教育委員会による平成15～18年度（第2～5次）調査では、伽藍中枢部の調査が実施されている。第2次調査で検出した巨大な礎石据付あるいは抜取痕跡をもつ東西棟建物基壇（SB201）は、凝灰岩切石積の外装をもつ伽藍の中心建物であることは疑いなく、金堂跡である可能性が高い。また、第3次調査で検出した幅約2.4 m（8尺）の石敷通路（SX303）は、SB201の正面にむかって南北に伸びており、これを石敷通路による中軸線とするならば、3間×2間の身舎四面に庇をもつ建物が復元可能である。基壇規模については不明であるが、東西に24 m（80尺）程度となろうか。なお、石敷通路（SX303・304）の調査区北端では、直径1 m程度に石敷の抜けている部分があり、灯篭等の据付痕跡である可能性がある。

　SB201東側で第2次調査時に検出した礎石据付痕跡をもつ建物跡（SB202）は、東回廊の一部と

第 4 章　二つの都城と古代寺院　155

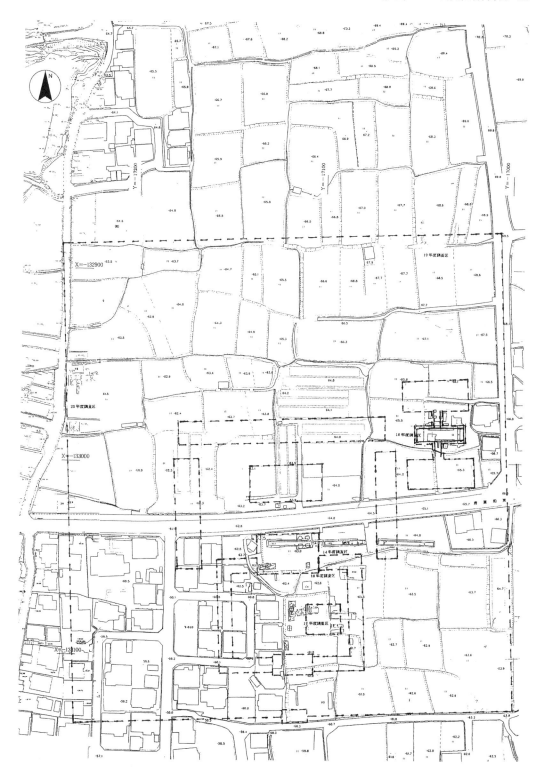

第 56 図　井手寺跡伽藍計画図（井手町教育委員会 2014 を一部加筆）

考えられる。東西にならぶ礎石据付痕跡（梁間10尺）の両側には、基壇外装の抜取痕跡あるいは雨落ちと考えられる南北方向の溝がみられ、西側には石敷（SX201）が広がる。おそらくは基壇の低い幅20尺程度の単廊であろう。中軸とした前記石敷遺構（SX303）中央ラインから基壇内側までで約100尺、現在住宅となっている西側へ折り返せば東西に約200尺の回廊基壇内法寸法が得られる。ただし、検出箇所の南側では、後世の削平によるのであろうか、瓦落の存在以外、SB202の連続性は確認できていない（第3・4次調査）。

　回廊内の状況については、石敷通路SX303東側で東西棟の礎石立建物跡（SB401）を検出している。基壇は低く規模は不明であるが、SX303に接続する石敷をもち、3間×2間の身舎四面に庇をもつ建物が復元されている。いずれにしても多量の瓦落がみられ、瓦葺建物の存在は明らかである。ここでもやはり凝灰岩の切石片がまとまって出土しており、外装の石材と考えられている（第3・4・5次調査）。

　回廊外では、SB201の北東方で検出した東西棟の礎石立ち切妻造建物跡（SB501）が、きわめて良好に遺存していた。建物は7間（10尺等間）×2間（10尺等間）の規模をもち、計12個もの礎石を元位置に残していた。桁行中央間には南北にそれぞれ梁行1間の軒廊が接続しており、南側では1間（10尺）分の礎石を確認している。北側では、軒廊で接続された東西棟の礎石立ち建物跡（SB502）の一部も礎石据付痕跡として確認しており、北軒廊の規模は桁行3間（10尺等間）であることがわかる。建物SB501・502および南北に接続する軒廊の周囲は幅約0.3m（1尺）の石組排水溝が囲繞しており、南方向への排水機能をもつ。各建物の基壇はわずかな高まりしかもたず、石組排水溝の内側見切石列を基壇の端とすると、礎石心から1.5〜1.7m（5〜5.5尺）となり、これが軒の出または螻羽の出となる。これら建物の性格については僧房とする意見もあるが、その位置・規模からして食堂を構成する建物群とすべきであろう。だとすると、SB501が盛殿、SB502が大炊殿であり、SB501南側に軒廊でつながれた食堂が存在することとなる。さらに、金堂の背後、食堂の西方には講堂跡の存在が予想され、府道和束井手線の拡幅工事で検出した掘立柱建物跡（第1次調査）や東回廊東側で検出した掘立柱建物跡（SB203）は、三面僧房を構成する建物群と考えられるのである。

　予想される伽藍配置は、大和興福寺にきわめて近似したものとなろう。凝灰岩による切石積基壇によって構成された中心堂塔とともに、食堂、三面僧房を備えた井手寺は、まさに橘諸兄でしかなしえないものである。

寺域周辺部の様相

　井手町教育委員会による平成19〜21年度（第6〜8次）調査では、寺域を画する施設の調査が実施されている。西辺部の調査では、南北に走る町道付近において西辺築地内側の雨落ちと考えられる石組南北溝（SD701）を検出しており、その東側に瓦溜りが形成されていた。北辺については、小字中溝を東西に走る里道沿いに連続する東西溝（SD601・801）を検出しており、寺域北辺を限る溝と考えられている。南辺については、玉川北岸の崖上を通る東西道（農道）北側において南辺築地内側の雨落溝が検出している。なお、東辺については調査未了であるが、SB501（盛殿）・SB

第4章 二つの都城と古代寺院　157

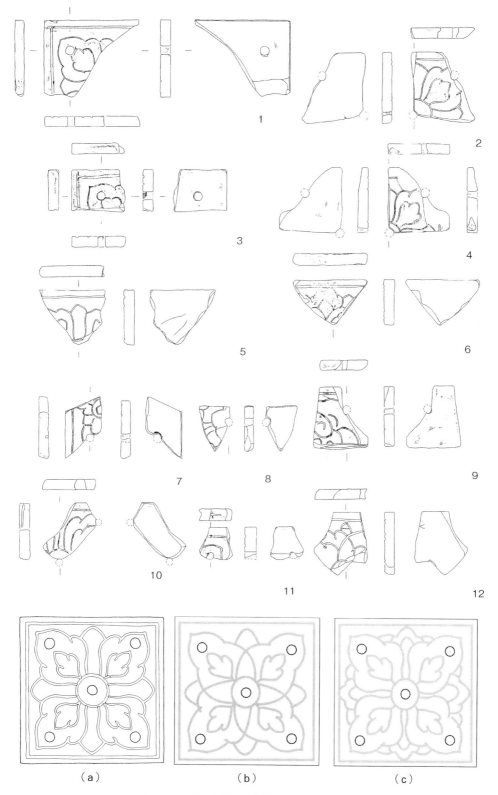

第57図　井手寺跡出土施釉垂木先瓦（井手町教育委員会 2014）

502（大炊殿）検出地東側の南北道付近に想定できよう。だとすると、東西規模は金堂跡（SB201）付近を中軸として約240m、南北にも同規模を想定可能であり、約800尺四方の正方形プランを求めることができそうである。

3. 井手寺の沿革

　井手寺の創建については、「続日本紀」天平12年（740）5月10日条に記す聖武天皇の相楽別業行幸記事から、橘諸兄が母（県犬養宿禰橘三千代）の一周忌にちなんで創建に着手し、この日落慶供養が行われたとする意見がある。異父妹にあたる光明皇后も母三千代の一周忌にちなんで、天平6年（734）1月11日に興福寺西金堂を建立しており、藤原不比等夫妻と娘光明皇后の主導によって整えられた草創期の興福寺と井手寺の関連は無視できない。しかし、出土屋瓦でみる限り、IdM34B－IdH32の創建瓦セット関係は明らかであり、寺容が整うのは平城還都後と考えるべきであろう。伽藍配置の大要についてはいまだ想像の域を出ないが、出土軒瓦の様相からは、井手寺と恭仁宮・山背国分寺との密接な関係は明らかである。

　その後、嵯峨天皇の皇后橘壽智子（檀林皇后）が橘氏の氏神として、梅宮社を円堤寺に祀ったとする記事（「伊呂波字類抄」）があり、井手寺は橘氏の氏寺であると同時に、平安時代には橘氏一族の氏神を祀る梅宮社の神宮寺となっていくようである（胡口1977）。なお、この梅宮社は、後に井手の地から葛野川頭の梅津の地（現梅宮大社）に移されるが、井手の地には末社が残り、現在も井手寺南東に円形柱座を造り出した4個の礎石をとどめる伝梅宮社跡がある。

　井手寺の廃絶時期については、発掘調査においても定かにしえていないが、「左経記」万壽3年（1026）3月13日条にはその荒廃ぶりが記されており、養和元年（1181）の後白河院庁下文案（新熊野神社文書）に寄進荘園の一つとして円堤寺の名がみえる。そして、近世の地誌類にはその旧跡が示されているのみである。

　井手寺の伽藍配置については、あくまでも想像の域を出るものではないが、巨大な金堂に回廊が取りつき、背後に予想される講堂と対象をなす東方の位置に食堂が配された様相を想定した。回廊内の建物を除けば、興福寺式の配置に似る。食堂の存在は、講堂背後に三面僧房を予想させ、まさに、「律令的伽藍配置」と考えられるのである。このことは、南山城の中核寺院にあって、前代創建の高麗寺や平川廃寺が、「法起寺式」「法隆寺式」といったいわゆる「氏寺型」の伽藍配置をもつ様相とは異なるのである。奈良時代に特別に創建されねばならなかった井手寺の背後には、造営氏族としての橘氏の性格が反映している。

第5章　国家仏教の変質

　天平期の国家仏教がめざしたのは、天武朝以来の天皇の宗教的権威を背景としたものではなく、超国家的な「仏教国家」の建設にむかっていた。大仏建立は、人民を知識とする国家的規模の「知識結」により実現するのである。そして、民間への仏教の普及は、在来の神祇信仰の変質と仏教の融合を促し、神は「護法善神」となり、あるいは「神身離脱」して仏法に帰依することで「神仏習合」していく。「国華」とも称された国分寺の造営は、本来対立すべき氏寺（私寺）の造営主体である地方豪族層の協力により進展したのである。諸国国分寺体制の創出は、ある意味で国家仏教の完成であると同時に国家仏教崩壊のはじまりでもあった。

　南山城における泉津は、大量の物資の集積地であると同時に、大量に都市下層民が集住する場でもあった。つまり、都市の歪がここに救済されるべき多くの民衆を生み出したのである。特に、平城京の造営以後、恭仁京造営と架橋事業、恭仁宮から紫香楽に通じる恭仁東北の道開削、そして大仏建立に続く事業に従事する民衆は、この地に集まり仏教に救いを求めたのである。行基は、都城によって生み出された彼ら大量の労働力を結集し、結縁することで仏国土の建設に邁進する。行基創建の四十九院の一つである泉橋院（発菩薩院、隆福尼院）が現在の泉橋寺であるとすると、木津川対岸の泉津（上津遺跡）や泉橋は、そのまま長岡京における山崎院、山崎津、山崎橋に対応するのである。

　諸国国分寺体制が成立すると、南山城の寺院ネットワークにも変化が生じる。国単位での仏教統制の体制が国分寺を中心として成立し、中央政権の意思を介した山背国衙の影響が大きくなる。そして、この影響は、山間部に立地する境界の寺に広がる新たな寺院ネットワークを形成していくのである。特に、特別な験力を得るため、あるいは特別な儀礼（法会）を必要とする聖地（境界、湧水、岩座等）に開かれた寺院には、すでに新たな時代の仏教への期待が感じられる。国家仏教の完成を示す山背国分寺や井手寺に対し、笠置寺、普賢寺、神雄寺（馬場南遺跡）の存在意義は大きい。特に、神雄寺においては、日常的な湧水（聖水）の祀りとともに、特別な儀礼（大規模な燃燈供養、歌会（仏前唱歌）、舞楽等）の様相が明らかとなっている。

　宝亀元年（770）8月、「神祇の護るところ、社稷の祐るところ」により道鏡一派が追放されると、光仁・桓武朝では次の平安新仏教へとつながる新たな仏教政策を開始する。そこで理想とされるのは行基のような山林修行者的・実践的な浄行禅師なのである。ここに最澄・空海の登場を促した背景があった。律令国家の頂点に位置する天皇の宗教的権威の一部を構成することにより成立する国家仏教は、護国仏教を実践する平安の実践仏教の登場により終焉をむかえた。仏教は、天皇の宗教

的権威からようやく独立し、仏法と王法は分立するのである。

第1節　日本霊異記と山寺

　『日本国現報善悪霊異記』（『日本霊異記』）は、9世紀前葉に奈良の右京薬師寺の沙門景戒によって著されたわが国最古の説話集である。上・中・下3巻に収められた120の説話（116縁）は、すべて現報善悪の因果の理を説く仏教説話であり、唱導教化のための実例集となっている。収録する説話の時代は、雄略天皇（5世紀後半）から嵯峨天皇（9世紀前葉）までであり、うち奈良時代（8世紀代）のものが大半を占める。

　『日本霊異記』に登場する人物は、天皇から乞食僧まで総勢40人を越えるが、中心的な役割をなす階層といえばやはり僧侶であり、全体の6割強の説話に登場する。彼らは民衆の信仰世界と密に交渉し、死者の霊と生者とを呪力で結ぶ仲介役でもある。そして、当然のことながら、彼らが生活（修行）し活躍する場としての寺院（堂）が説話の舞台として随所に登場する。ちなみに、『日本霊異記』に記載されている寺院は、重複を含め86ケ寺（上巻20ケ寺、中巻32ケ寺、下巻34ケ寺）の多きに及び、約68ケ寺には何らかの寺院（堂）名が記されている。しかし、今も法灯を伝えるような大和の大寺のほかは、現在では実態不明の中小寺院がほとんどである。

　これら『日本霊異記』に記載のある寺院（堂）において注目すべきは、「……山寺」とする寺院（堂）が意外に多いことであり、15ケ寺を明記している。これら「山寺」は、修行僧の拠点であり、平安時代以降の修験道ならびに天台宗・真言宗の広まりにともなって造立されたいわゆる「山岳寺院」の先駆をなすものと考えられる。このことは、奈良時代以前の国家仏教を体現したいわゆる「平地性寺院」とは異なる要件ということができ、ただ単に山中に立地するという以上の意義をもつことは明らかである。

　ここでは、平安時代初期の比叡山「延磨寺」や高野山「金剛峯寺」の創建以前に山中・山麓に営まれた寺院を一応「初期山岳寺院」として位置づけ、発掘調査などの考古学的な調査成果の乏しいこれら寺院（跡）について、『日本霊異記』に登場する「山寺」の記述を拠所として考えてみたい。なお、山岳寺院については、考古学的にいまだ未開拓の研究分野であり、山岳祭祀遺跡との区分や「山岳」という立地条件の検討など多くの問題点をはらんでいる。このことは、逆に『日本霊異記』が示している「山寺」の具体的なイメージが、発掘資料の不足を補う上で重要になるであろう。

1. 山寺の諸相

　『日本霊異記』では、上・中・下巻を通じてその間の説話条はおおむね年代順に配列されている。登場する山寺は、上巻に三ケ寺、中巻に五ケ寺、下巻に七ケ寺であり、奈良時代（8世紀代）と思われる説話に登場するものが13ケ寺である。また、地域的にみると、大和9ケ寺、和泉2ケ寺、

第5表 『日本霊異記』に記載のある山寺 (中島 1993b)

	地域	名称	巻・縁	所在	説話年代	主要登場人物	備考
1	大和	高宮山寺（高宮廃寺）	上・4（後）	「葛木の上の郡高宮」（御所市鴨神）	(8世紀末?)	百済の禅師・円勢、願覚弟子の優婆塞	記載建物；「北の房」、立地；金剛山東斜面中腹、現状；礎石残・瓦散布、「和州高宮寺沙門願覚伝」『本朝高僧伝』巻75に引用
2	〃	法器山寺	上・26	「高市の郡の部内」（高市郡高取町）	7C末（持統朝）	百済の禅師・多羅常	立地；高取山中、看病禅師、蘇我蝦夷の桙削寺・子島寺、小島山観音院や南法華寺（壺坂寺）とする説あり、「多常伝」『本朝高僧伝』巻46に引用
3	〃	平群の山寺	上・35	「平群」（生駒市三郷町）	(8C前)	河内国の沙彌尼、知識	立地；生駒山麓、感応霊験譚、『今昔』12-17に引用
4	〃	生馬の山寺	中・8	「生馬」（生駒市有里）	8C前（聖武朝）	置染臣鯛女、行基（蛇、蝦、蟹）	立地；生駒山麓、報恩放生譚、竹林寺跡、付近に行基墓あり、『霊異記』中-12に類話、『三宝絵詞』中-13に引用
5	〃	金鷲寺（山寺）	中・21	「今東大寺となる」（東大寺三月堂）	8C前（聖武朝）	金鷲優婆塞（執金剛神像）	立地；春日山麓、物語中の執金剛神像は東大寺羂索堂（三月堂）のもの、霊験譚、『東大寺要録』巻2・『扶桑略記』聖武天皇下条・『今昔』17-49他に引用
6	〃	馬庭の山寺	中・38	「諾楽の京の馬庭」（奈良市佐保川上流）	8C前（聖武朝）	僧、弟子	記載建物；「室（僧房）」、転生譚、立地；東大寺北東の山中、『今昔』20-24に引用
7	〃	泊瀬の上の山寺（長谷寺）	下・3	「泊瀬の上」（桜井市初瀬）	8C後（称徳朝）	大安寺の僧・弁宗、船親王（十一面観音菩薩）	立地；初瀬川上流の谷間の奥、長谷観音信仰の早期例、感応霊験譚、『今昔』16-27・「弁宗伝」『本朝高僧伝』巻75他に引用
8	〃	海部が峯（山寺）	下・6	吉野の山にひとつの山寺（吉野郡東吉野村?）	8C後（称徳朝）	高僧、弟子（童子）、檀越	立地；吉野山中、大和国―紀伊国間を紀の川沿いに往復、法華経霊験譚、『三宝絵詞』中-16・『今昔』12-27に引用、『法華験記』巻上-10・『元亨釈書』巻12・『本朝高僧伝』巻53は高僧の名を「広恩」とする
9	〃	真木原の山寺	下・9	「菟田の郡真木原」（宇陀郡榛原町の北）	8C後（称徳朝）神護景雲2	藤原広足、亡妻、閻羅王（地蔵菩薩）	立地；笠置山地、地獄説話、『宇治拾遺物語』83（巻6-1）では内容は同じであるが藤原広足が広貴となる
10	和泉	血渟の山寺	中・13	「泉の郡血渟」（和泉市横尾山）	8C前（聖武朝）	信濃国の優婆塞、弟子、里人（吉祥天女像）	立地；横尾山麓、感応譚、『今昔』17-45に引用
11	〃	珍努の上の山寺	中・37	「泉の郡の部内珍努の上」（和泉市横尾山）	8C前（聖武朝）	（正観自在菩薩像）	11の「血渟の山寺」に同じか、記載建物；「仏殿」、観音霊験譚、『今昔』16-12に引用
12	河内	信天原の山寺	下・5	「安宿の郡の部内信天原」（南河内郡東部）	8C後（称徳朝）	室主、弟子、知識（妙見菩薩）	記載建物；「室（僧房）」、「市の辺の井上の寺」との往来、妙見菩薩の霊験譚
13	紀伊	弥気の山の室堂（慈氏禅定堂）	下・17	「那賀の郡弥気の山」（和歌山市の旧小倉村三毛付近）	8C後（光仁朝）宝亀2	沙彌信行、元興寺の沙門豊慶、知識（弥勒菩薩の両脇士）	記載建物；「堂」「鐘堂」「坊」「室」、脇士像の縁起譚
14	阿波	苑山寺	下・20	「麻殖の郡の苑山」（麻植郡西境の高越山?）	8C後（光仁朝）	忌部多夜須子、忌部連板屋	現報譚、『今昔』14-27に引用
15		山寺	下・8	「ひとつの山寺」（不明）	8C後（称徳朝）天平神護2	近江国の富人（弥勒菩薩）	弥勒菩薩の霊験利益譚、『今昔』17-34に引用

1. 表中の読みは、板橋倫行『日本霊異記』（角川文庫）1957により、寺（堂）として記載されているものに限り抽出した。
2. 他にも寺（堂）の存在が予想されるが、修行地の記載のみのものなどについては割愛した。
3. 一つの「縁」中に二つの説話を収めたものについては、該当する説話を前・後として区別した。
4. 『今昔物語集』への引用については、例（今昔物語集巻第12第1話→『今昔』12-1）により略記した。他も同様である。

河内・紀伊・阿波各1ケ寺、所在地不明ではあるが近江周辺と思われる地域に1ケ寺がある。

まず、『日本霊異記』で確実に平城遷都前とする説話に登場する山寺は、上巻第二十六縁の「法器山寺」のみである。説話の内容は、百済からの渡来僧多羅常が修行を重ねて不思議な霊験を発揮した話であるが、この僧は呪術によって病人を看る「看病禅師」であり、持統天皇の庇護をうけたとしている。福山敏男は、この法器山寺を蘇我蝦夷建立の桙削寺（子島寺）としている。その旧地については諸話あり、高取山西北山中の小島山観音院の地（高市郡高取町大字上小島小字法華谷）に比定する説や高取山西麓山中の観音霊場である南法華寺（壺坂寺）の地（同町清水字壺坂）とする説がある。いずれにしても、山林修行者が住むにふさわしい雰囲気をもつ。なお、壺坂寺境内か

らは、川原寺式、藤原宮式の軒瓦が出土している。

　他はすべて平城遷都後の説話に登場する山寺であり、聖武・称徳朝のものが多く、平安時代と考えられる説話に登場するものが1ケ寺ある。

　まず、聖武朝での説話からみると、上巻三十五縁は、生駒山麓の「平群の山寺」に住む沙弥尼の精進と放生の功徳に感応する仏画の霊験譚である。時代・人名とも不明であるが、説話の配列からみて聖武朝での民衆の口承譚を素材としている。民間の布教にともなって仏事に結縁した「知識」が建てた寺であろう。

　中巻第八縁は民話の蟹報恩譚に通じる放生譚であるが、「生馬の山寺」に住む行基が登場する行基関係説話となっている。生馬の山寺は、生駒山麓の尾根上にある竹林寺跡（生駒市有里）が旧地と考えられ、大和での行基の布教により結縁した知識が建てたものであろう。なお、類話が中巻第十二縁にも収められており、深長寺（法禅院）を拠点とした山背での行基の布教に対応する。有名な蟹満寺（木津川市山城町大字綺田小字浜）縁起の源流である。

　中巻第二十一縁は東大寺創建の前史を飾る説話であり、羂索堂（三月堂）と執金剛神像の由来霊験譚として有名である。舞台となる「金就寺（金鷲山寺）」では、金就優婆塞が神像の脚に縄をかけて祈願し、得度を許されている。大仏建立前の地形を勘案するならば、修行地としての様相をもつ。なお、天平17年（745）に光明皇后により造営された「香山堂」である香山廃寺（奈良市春日野町）もまた、金就寺と同様に東大寺ゆかりの「山房」と考えられる。

　中巻第三十八縁の舞台となる「馬庭の山寺」は、佐保川上流の東大寺北東の山中にあったものと考えられ、『東大寺山界四至図』中に記載のある馬庭の地であるという。やはり、金就寺と同様に東大寺と関連する「山房」であろうか。説話の内容は、貧欲な僧が大毒蛇となって銭を守る転生譚である。

　中巻第十三縁と中巻第三十七縁は、和泉国「血渟の山寺」と「珍努の上の山寺」が舞台となる説話である。両者とも和泉市の槇尾山中にあったと思われる寺であり、同一のものである可能性はあるが、槇尾山での山林修行の拠点として小規模な山寺が散在していたことも考えられる。前者は、吉祥天女像を祀る堂内で修行する優婆塞が天女像と交わるという感応譚であり、後者は、「仏殿」に祀られた正観音菩薩像にかかる霊験露である。

　続いて、称徳朝での説話をみると、下巻第三縁に「泊瀬の上の山寺」が登場する。これは現在の長谷寺（桜井市大字初瀬）であり、巻向山東麓の初頭川に沿った谷奥に立地する。平安時代には、壺坂寺と同様、観音信仰の霊場として発展した。なお、『続日本紀』には、仁明天皇の承和14年（847）に「長谷山寺・壺坂山寺」を「定額」（官立寺院）とした記事がある。ここでの説話は、寺の公金を借りていた大安寺の僧弁宗が、返済に窮して長谷観音に祈念すると願いがかなったという感応霊験譚である。また、僧弁宗の返済を肩代りした船親王（淳仁天皇の兄で、帝が廃されると藤原仲麻呂の乱に連座して配流された）の参祀もあり、長谷観音信仰の早期例と言えよう。ここでも、金就寺例同様、仏像に縄をかける祈願方法がとられている。

　下巻第六縁は、「海部が峯」と号す吉野の山寺で修行する高僧の法華経霊験譚である。この海部が峯の所在地については、薊岳（吉野郡東吉野村麦谷）とする説がある。説話中、高僧の弟子の童

は、紀伊国の海辺へ魚を買うため紀の川沿いに往還しており、途中で魚が経典に経典が魚に変化するのをみた俗は、高僧に懺悔し後に大檀越となる。

下巻第九縁は、藤原広足が急病の身を治そうと「眞木原の山寺」で修行中に死に、その後蘇生して冥土のことを語った地獄説話である。舞台となる山寺は、宇陀郡榛原町の北にある香酔山のふもとの香酔峠付近に比定されている。

下巻第五縁は、妙見菩薩に献燈する河内国の「信天原の山寺」での菩薩霊験譚である。同国安宿郡は北辰および北斗七星を祀る妙見所の地であり、『日本後紀』の大同3年（808）9月条にみる「妙見寺」とする説がある。説話中では、信天原の山寺のほか「市の辺の井上寺」が対として記されており、修行のための山寺に対して村のなかに本拠の里寺があったのであろうか。両寺とも「平群の山寺」同様、知識たちにより発願・維持された寺である。

下巻第八縁は、瑜伽論百巻書写を発願した近江国の富人が、弥勒菩薩の出現によって初志を貫徹する霊験譚である。寺名・所在など不明であるが、「ひとつの山寺」を拠点として俗人（優婆塞）が修行する。

道鏡事件後の光仁朝以降には畿内の山寺にかかる説話が減少し、紀伊・阿波国で各1ケ寺をみることができる。

下巻第十七縁は、紀伊国で村人の造った「弥気の山の室堂」が舞台となり、弥勒菩薩の脇士で未完の二体が知識により完成に至る脇侍像の縁起譚である。この室堂の所在については、和歌山市の旧那賀郡小倉村とする説があり、説話文中からは街道に面した峠に立地していることがわかる。また、この山寺には仏堂・鐘堂・僧房などの存在が読み取れ、大和の官寺元興寺の僧の出講をみる。

下巻第二十縁は、阿波国の「苑山寺」で法華経の写経をする女人を誹謗した男が、仏罰をうける悪報譚である。この山寺の所在については、麻植郡と名方郡の境にある高越山付近とする説がある。

最後に、上巻第四縁に記載のある大和の「高宮山寺」は、聖徳太子に係る説話の類話の舞台として後段に登場するが、異本では下巻末に付すものがあり、説話の年代としては延暦年間以後に下るものと考えられる。しかし、現在、金剛山東斜面中腹に礎石を残す「高宮廃寺」（御所市鴨神）がこの高宮山寺と考えられており、採集された瓦の年代からは平城遷都前の寺跡とすることができる。説話は僧願覚の変化譚であり、百済の禅師円勢や優婆塞が登場する。「北の房」ほか複数の僧房のあったことがわかり、願覚の日常の行動からは寺が里からさほど遠くない位置に立地していたようである。

以上、『日本霊異記』記載の「……山寺（堂）」を概観したが、後に大寺官寺として発展する大和の「金鷲寺（東大寺）」「泊瀬の上の山寺（長谷寺）」以外は現在すべて廃寺となっており、旧地すら比定できないものが多い。その規模は草庵程度のものやわずかな堂舎をもつ比較的小規模なものであり、今日のわれわれがひなびた「山寺」にもつ素朴なイメージに近いものであろう。その立地も、山中という俗界を離れた聖域的な雰囲気をもつとはいえ、比較的「里」に近く、俗人（里人）との接触が頻繁に行われている。このことは、『日本霊異記』に登場する山寺が修行の場であると同時に民間布教（唱導）の場でもあったことを示している。

登場人物についてみると、これら山寺がいずれも修行者の集散する拠点となっており、官許を得

ないで私に僧尼の体をなす私（自）度僧の活躍する場でもあったことがわかる。この自度僧には、流浪の乞食僧、俗生活の沙弥、私寺などで修行する沙弥（尼）、信心生活をおくる優婆塞・優婆夷などが含まれ、その裾野は広い。しかも、その周辺では知識が結成され、壇越の登場もみる。信仰に根ざして結縁する人々の支えがあったのである。

2. 民衆と山寺

通常、7世紀末から9世紀にかけてのわが国の仏教のあり方は、国家仏教と呼ばれる。これは、鎮護国家と王権護持を目的とした呪術の確立をめざすものであり、律令制に基づく国家の仏教に対する管理・統制が行われた。その結果、僧尼の活動は国家的呪術の範囲に限定されることとなり、その資格・地位も国家が認定し保証することとなる。

『日本霊異記』に登場する「……山寺」の多くは、この鎮護国家思想に基づく国家仏教からは確実に離れた属性をもつ。

その第一は、国家仏教が律令支配の安全のためだけの国家的呪術であるのに対して、その救済の対象から除外された民衆による「民衆の寺院」がある点である。「弥気の山の室堂」は村人たちが建てた道場であり、「平群の山寺」「信天原の山寺」には村（里）人の知識が存在する。また、「生馬の山寺」は行基に結縁する知識の建てたものであろう。なお、行基の周りにはその徳を慕い、行動をともにする自度僧の群れがあった。

一般民衆への仏教の普及は、当然、彼らの現世利益を満足させるものであり、地域に密着した信仰の場が必要となる。そして、その場所は彼らが以前からもっていた素朴な山岳信仰と結びつく聖域的な地が選ばれた。そこでは、国家仏教とは無縁の自度僧ではあっても、受け入れる素地があったのである。当然、布教の場としても適地であった。

国家仏教から離れた属性の第二は、山林修行にかかる側面である。大宝2年（702）に施行された『大宝令』の「僧尼令」では山林修行者の厳しい規制を設けているが、それ以後、山林修行者らを含む遊行の徒を禁圧する詔がしばしば発せられており、逆に山林修行者らの旺盛な活躍を伝える。『日本霊異記』には、修行僧たちの山林修行地として、大和の吉野（上巻第二十八・三十一縁、中巻第二十六縁、下巻第一縁後段など）・葛城（上巻第四・十八　二十八縁）や紀伊の熊野（下巻第一縁前段）、伊豫の石鎚山（下巻三十九縁後段）の記載があり、このことを裏付ける。

しかし、意外にも『日本霊異記』中の「……山寺」から山林修行の実態をつかもうとすると困難が生じる。わずかに「法器山寺」「海部が峯寺」に山林修行の存在をみるのみであり、「高宮山寺」「金就山寺」にその雰囲気が感じられようか。他の「山寺」については不明と言わざるをえない。

一般に、山岳寺院とは「山林修行の場」と考えられている。この狭義の命題に従うなら『日本霊異記』中の「山寺」からは、「……山寺」すなわち「山岳寺院」とする図式を無批判に受け入れることはできない。むしろ、そこでは、「民間仏教の場」として「自度僧の寺」とするにふさわしい面が強調されている。いずれにせよ、奈良時代以前における「山寺」の存在は、国家仏教の対極に位置づけられるものであろう。

第5章　国家仏教の変質　165

　なお、上巻第五縁は、大部屋栖古の伝記とその功績をたたえる顕彰譚であるが、そのなかに「比蘇寺」の仏像縁起をいれている。この縁起はすでに『日本書紀』欽明天皇14年条（553）にみえ、「吉野寺」と記す郡名寺院であることがわかり、山林修行の場として著名である。しかし、ここでは、ことさらに「……山寺」と記す寺の存在に固執したため、検討の対象外とした。

第2節　神仏習合の寺院

　木津川の南、奈良山丘陵北裾の谷間に立地する神雄寺跡は、本堂・礼堂等の寺院中枢部が存する谷から西に開け、正面に生駒山を望むことができる地にある。遺跡のすぐ西側を東大寺、興福寺へ抜ける般若寺越えの道は、幣坂（平坂）越えの道とも呼ばれ、付近に鎮座する幣坂神社の存在からも、ここが大和から山城に出るまさに国境の地であることを知る。なお、この地は、平城宮と恭仁宮のほぼ中間に位置しており、両者へは直線距離にして約5km、泉津までで約2kmと至近の位置にある。

1．遺構の概要

　これまでの発掘調査で検出した遺構は、天神山南裾の礎石立ち仏堂跡、その南側に一段低く軸線をそろえて建つ掘立柱の礼堂跡、この仏堂・礼堂とその前面の儀礼空間を東・南側で区画する曲水状池跡、仏堂跡西側約100尺の尾根上に建つ塔跡、曲水状池跡外東側で重複する掘立柱建物跡と柵跡および横板井籠組の井戸跡などがある。曲水状池跡の水源は仏堂東側の谷奥にあり、水源祭祀の様相からは湧水施設の存在が予想される。これら確認できた諸遺構は、出土遺物の様相から奈良時代中頃から後期のものとすることができる。

仏　堂
　仏堂跡は、側柱のみで建つ特異な構造の東西棟入母屋造建物と考えられ、正面と背後にはさらに裳階がつき正面の軒を長く礼堂に伸ばしている。柱間は、桁行が16.5尺（約4.9m）で背面5間、正面3間で、梁間15尺（約4.5m）4間と復原できる。正面と背面で柱間が異なる点については、背面の中央3間分（10.5尺）を二等分して、正面に扉を設けた結果と考えられる。したがって、正面中央の礎石は軒の荷重を受ける柱ではなく、扉を中央で支える中方立が立ち、取り外しが可能な構造であったと考えられる。なお、建物造営尺には天平尺が用いられている。建物の方位は、真北に対して20度程西に偏しており、火災により焼失していた。屋瓦類の出土量からは、屋根全体に瓦が葺かれていたとは考えられず、おそらくは大棟など一部に使用されたようである。仏堂内部の須弥壇は、13.5尺（約4.0m）×12.0尺（約3.6m）の規模をもち、側面には平瓦の狭端を上に凸面を表にして貼り付けていた。検出状況は、この平瓦がすべて外側に剝れて凹面を上にした状態で出

第58図　神雄寺仏堂と礼堂（木津川市教育委員会 2014）

第59図　神雄寺仏堂須弥壇跡（木津川市教育委員会 2014）

第 60 図 奈良時代遺構平面図・断面図（木津川市教育委員会 2014）

土しており、したがって、当初の須弥壇の高さは、平瓦一枚分の長さから 30 cm 程度と推定できる。建物と須弥壇の関係は、柱の心からで 1.5 尺（約 45 cm）程度の隙間しかなく、建物内部は仏の空間として人の出入りは不可能である。まさに巨大な厨子の様相を呈している。また、須弥壇中央は築山状の高まりとなっており、等身大の四天王像がその四隅に祀られていた。

礼 堂

礼堂は、桁行 3 間（9 尺等間）×2 間（7 尺等間）の南・東面に五尺幅の庇がつく構造となって

おり、東辺庇の柱列は縁束である可能性をもつ。すると、この建物は南面に庇をもつ切妻造建物となり、床の存在も想定できよう。

塔

塔跡は、仏堂跡西側の丘陵上を地形に沿って三日月状に成形した狭い平坦地に存し、心柱を支える心礎とその周りの四天柱を支える四個の礎石あるいはその据付痕跡で構成されている。他に礎石の据付痕跡はなく、四本の柱で屋根を支える1間（6尺＝約1.8 m）四面の特異な構造の層塔であったと考えられる。建物の主軸は、仏堂・礼堂と同様、真北に対して西に約20度の偏りがみられる。基壇の規模等については明らかにしえていないが、仏堂同様、明確な構造をもたなかった可能性がある。なお、瓦の出土量が少ないことから、全面瓦葺の建物であったとは考えられない。仏堂・礼堂・塔の主軸がそろうことからは、一連の計画的な伽藍計画を知ることができる。また、塔の位置が曲水状池跡屈曲部のほぼ正面に置かれたことは、仏堂・礼堂の軸線に対して、いかにも考え抜かれた空間構成を示唆するものである。この池跡屈曲部周辺からかつて出土した相輪状の瓦製品や建築部材は、この塔に使用された可能性が考えられる。

曲水状池跡

仏堂・礼堂とその前面の儀礼空間東・南側で区画する曲水状池跡は、西側で一度北に屈曲したあと堤で堰き止められ、上下二段の木樋によって内部の水量調整がなされている。池内から溢れた水はさらに西流して現在の文廻池に注ぐ。おそらくはこの堤が渡り土手として儀礼空間への入口となるのであろう。池は幅4〜5 m、深さ1〜2 mを測り、丸太などで護岸がなされるが、礼堂の東側では一部池の埋立と東側への拡張が行われていた。そして、この池跡北岸から八千点を超す燈明皿が数ブロックに分かれて投棄されていたのである。なお、この曲水状の池の外側東方では、重複する二棟の掘立柱建物跡や井戸一基と柵列が検出され、内部の儀式空間とは異なる僧侶の生活空間が広がっていた。

大規模な燃燈供養が行われた儀式の空間を囲む池の水は、背後の天神山谷奥に湧き、本堂東側を通って蓄えられていた。水源の調査では、多量の燈明皿を含む土器類が、儀式の場あるいは儀式終了後に投棄された状態で谷奥の水源近くから一括出土しており、水源祭祀の存在を示唆するものである。

なお、現天神山山中には、修行の痕跡が希薄であり、礼拝の対象として機能していたと考えられる。塔は、奈良山を越えて山背国に入る者にとって、聖域としての現天神山を象徴的に示す役割を担っていたのであろう。

2. 神雄寺の沿革

いまだ文献記載の判明していない「神雄寺」の読みについては、「カムノヲ寺」とすべき示唆的な意見がある。近隣の幣坂神社の存在から、ここが街道に面した大和と山城の国境であることも明

らかであろう。神雄寺の創建には、神聖なる山とそこから湧き出る水に由来する特別な信仰が背景として存在していたのである。そして、ここは大和国北端に遷都した平城京にとって、境界神を祀る都の出入口でもあった。神雄寺創建の時期については、仏堂須弥壇に使用された梅谷瓦窯産平瓦の年代観から、聖武朝の天平初年に遡ることがわかる。

　大規模な仏教法会（燃燈供養）を執り行う神雄寺の儀式空間を囲む池は、水源における湧水の祀りに象徴される清浄な水で満たされていた。この儀式空間は、仏堂・礼堂・塔とその前面の平坦面、背後の現天神山で閉じられており、池の南側に西から東へ広がるであろう谷部の雑舎群とを峻別する。この状況は、現天神山の南裾に儀式空間が張り出すように設置されており、儀式の場として充足したものと言えよう。しかも、儀式空間を囲む池そのものが南側の尾根と現天神山によって遮蔽された空間となっているのである。大規模な仏教法会を執り行う特殊な装置としての「神雄寺」は、学解中心の平地寺院や山林修行を中心とした山岳寺院（山林寺院）とは異なる、別の寺院形態と言わざるを得ない。ただし、神雄寺では、特別に大規模な仏教法会（燃燈供養、読経、楽の演奏、歌の朗詠等）が行われただけではなく、寺院を維持していくための日常的な水源祭祀が行われていた。このことは、神雄寺が神山の清浄性を保つための日常的な機能と、その清浄性に裏打ちされた特別な仏教法会を行う儀式の場としての機能を併せもつ寺院であることを示しているのである。しかし、その機能を必要とした都が長岡・平安京へ遷都するとき、神雄寺の存在もまた不要となったのであろう。神雄寺の終焉である。

3. 出土遺物の概要

　出土遺物の大半は曲水状池跡から得たもので、8千点を超す燈明皿を含む土師器・須恵器や施釉陶器・墨書土器等の土器資料、木簡・建築部材等の木製品、瓦類等があり、他には、ガラス製の管状製品や土馬、和同開珎・万年通宝等の銭貨、鞴の羽口、鉱滓などがある。また、本堂跡須弥壇周辺からは、多量の塑像片や塼仏片、焼壁土、鉄製円形鋲留扉金具や釘等の金属製品が出土しており、水源周辺の土器資料も多彩である。

　施釉陶器には緑釉陶器や三彩陶器（奈良三彩）があり、緑釉の塔椀蓋や三彩の火舎型香炉（四足）・托・小壺・浄瓶・水瓶など多彩である。また、水波や巌を表現した山水施釉陶器片が多数出土しており、組み合わせ式の須弥山、本尊台座（瑠璃地・池敷）あるいは灌仏盤を据える調度とする説がとなえられている。

　墨書土器もまた多彩である。「黄葉」「神」「寺」「神雄寺」「神尾」「山寺」「橘寺」「大殿」「造瓦」「□利諸□」「悔過」などの文字が判読でき、「神雄寺」「神尾」「山寺」は本寺の名を、「□利諸□」は経文の一部、「悔過」は本寺における供養を示すと考えられ、「大殿」は本寺に集う人物の性格を示唆するものであろうか。

　木簡は5点出土しており、特に「阿支波支乃之多波毛美智……」（以下欠損）の墨書をもつ万葉集の歌木簡は貴重である。これは『万葉集』巻一〇の雑歌・相聞歌で、「秋萩の下葉もみちぬあらたまの月の経ゆけば風をいたみかも」の上の句であり、万葉集成立時の同時代資料となる。しかも、

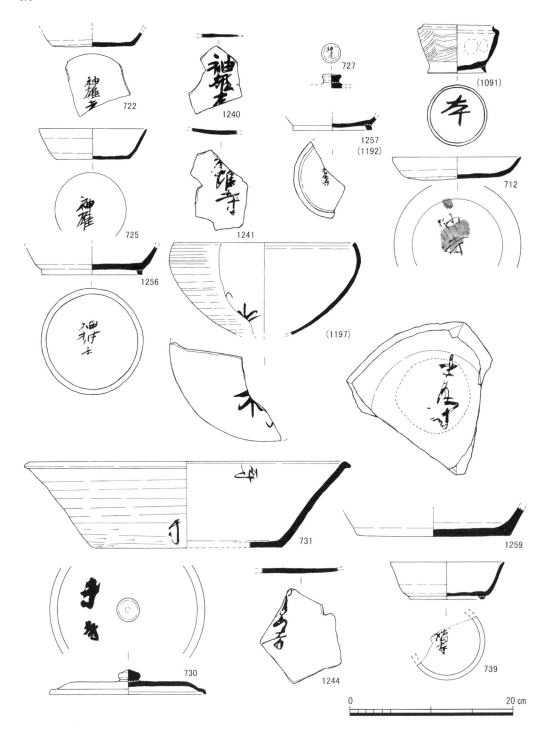

第61図 「神尾寺」関係墨書土器実測図(木津川市教育委員会 2014)

第 5 章　国家仏教の変質　171

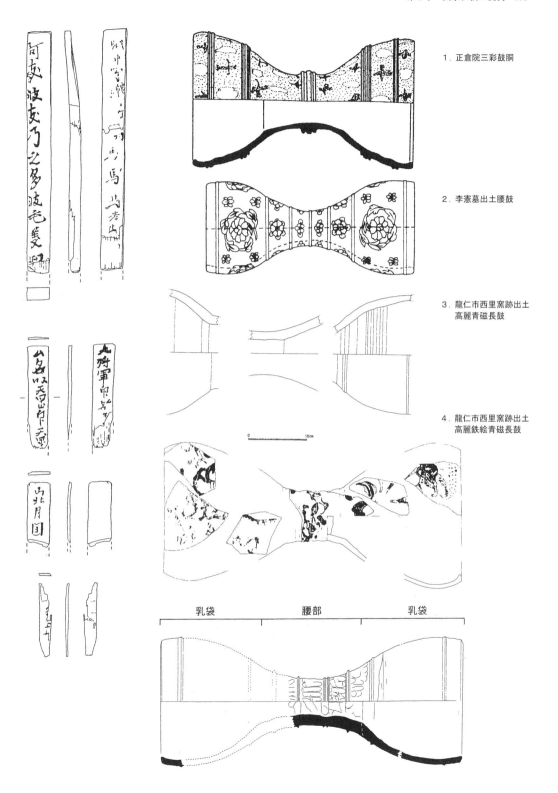

第 62 図　神雄寺曲水状池跡出土鼓胴・歌木簡（松尾 2010 より合成）

裏面には「越中守」とも読める墨書が残されており、直接ではないにしても大伴家持と無関係とは考えられない。

　瓦類には軒瓦、丸・平瓦、鬼瓦、塼、塼仏などがある。軒瓦は、軒丸瓦7型式7種、軒平瓦3型式4種があり、平城宮瓦編年のⅡおよびⅣ期とそれ以後に大別できる。なお、平城宮式軒丸瓦には奈良市中山瓦窯の製品があり、このことは、本堂須弥壇の骨材として使用された平瓦に梅谷瓦窯産の製品が含まれることからも、神雄寺の創建時期を聖武朝初期に求める根拠となる。しかも、軒瓦のほとんどが平城宮式であることや皇后宮職（長屋王邸跡）出土例との同笵関係の多さは、この寺の性格を端的に示している。また、塼仏片は、その形態を特定できるものは1点しかないが、三重県名張市の夏見廃寺出土の方形三尊塼仏と同じ原型によるものであることがわかる。

　塑像片はその特徴から等身大の四天王像と考えられ、細片化しているもののその出土位置の偏りから須弥壇上での位置関係（持国天・増長天・広目天・多聞天）を特定することができた。鉄製の円形鋲留扉金具や釘・銅製鋲は、扉や堂内荘厳具の様子をうかがわせるものである。

　奈良時代、諸国国分寺体制が成立すると、南山城の寺院ネットワークにも変化が生じる。国単位での仏教統制の体制が国分寺を中心として成立し、中央政権の強い意思を背景とした中核寺院や官立寺院と中小の在地寺院との二極化が進行するものの、中央政権の意思を介した山城国衙の影響が大きくなるようである。このことは、神仏習合と相まって山間部に立地する境界の寺に広がる新たな寺院ネットワークを形成していくのである。

　特別な験力を得るため、あるいは特別な儀礼（法会）を必要とする聖地（境界、湧水、岩座等）に開かれた寺院には、すでに新たな時代の仏教への期待が感じられる。国家仏教の完成を示す山背国分寺や井手寺に対し、笠置寺、普賢寺、神雄寺（馬場南遺跡）の存在意義は大きい。特に、神雄寺においては、日常的な湧水（聖水）の祀りとともに、特別な儀礼（大規模な燃燈供養、歌会（仏前唱歌）、舞楽等）の様相が明らかとなり、仏堂からは多量の塑像片が出土している。古代寺院における法会の実態を知る貴重な遺例である。

第3節　南山城における平安初期古瓦の様相

　かつて、山城地域の古瓦を集成した高橋美久二は、山背国内における奈良時代の古瓦の特長を「とくに、平城宮式6282形式軒丸瓦と6721形式軒平瓦の普及は著しく、『山背国式瓦』とでも呼ぶべき様相」と評している。ここで注目すべきは、高橋が控え目な表現ながらも、山城国内における平城宮式同笵軒瓦を中心とする一群に対して、わざわざ『山背国式瓦』という呼称を用いて、「都城での使用を前提とした瓦」と区別しようとしている点である。

　ここでは、南山城地域の諸寺において、平城京の造営とある程度きりはなして考えることが可能な平安初期（長岡京期を中心とする時期）の古瓦の様相から、山城国的要素の存在を検討してみた

い。検討の対象とした資料は、山背国分寺跡出土瓦と南山城地域を中心とする諸寺から出土する同笵および同系列の古瓦である。

1. 山背国分寺出土古瓦の様相

　恭仁宮の造営に使用された軒瓦は、恭仁宮造営時に新調されたものが主体を占め、平城宮から転用されたものが補足的に使用されている。特に、恭仁宮 KM01 型式軒丸瓦（以下、「恭仁 KM01」という要領で略称する）と恭仁 KH01 の組み合わせは明らかで、大極殿地区ではこの組み合わせが圧倒的多数を占める。ともに、平城宮からも同笵例が出土しており、平城宮 6320Aa 型式軒丸瓦（以下、「平城 6320Aa」という要領で略称する）、平城 6691A の型式が設定されている。他に、恭仁宮造営時に新調されたと考えられている軒瓦には、軒丸瓦で恭仁 KM02A（平城 6282Ha）、軒平瓦で恭仁 KH04A（平城 6721C）・KH04B（平城 6721A）があり、これらについても組み合わせが考えられている。

　山背国分寺の造営に使用された軒瓦は、恭仁宮造営時と同様、恭仁宮の資材が転用されたものと考えられるが、基本的には、山背国分寺造営時に新調されたものが主体となっているようである。特に、山背国分寺施入後に造営されたことが確実な塔院地区では、恭仁 KM05・KH03 の組み合わせが明らかであり、国分寺講堂跡所要瓦の様相を示すものと考えられる大極殿院北地区では、恭仁 KM06・KH02 の組み合わせが予想されている。2組とも、平城宮では同笵例の出土をみない。

　恭仁宮造営時・山背国分寺造営時の主体をなす新調された軒瓦の瓦当文様を比較すると、軒丸瓦では恭仁 KM01⇒KM05・06、軒平瓦では恭仁 KH01⇒KH02・03 という系譜的な連続性をたどることができる。明らかに後者が前者を模倣しているのである。しかし、前者が平城宮の軒瓦と密接な関係をもつのに対し、後者は平城宮との同笵関係をもたない点は注目される。この相違に対する上原真人の説明は明解であり、「造瓦にたずさわった造営組織の差異を反映している」とし、前者の製作主体を恭仁宮造営官司（中央官衙系瓦屋）、後者の製作主体を山背国分寺造営官司（＝国衙系瓦屋）と考えるのが妥当としている。

　ならば、山背国分寺の造営以後、関連した建物の修理や再建はどのように進められたのであろうか。恭仁宮跡の発掘調査では、8世紀末から9世紀初頭と考えられる山背国分寺の軒瓦が少なからず出土している。特に、塔院地区での出土量は多く、この時期に大規模な塔の修造が行われたと考えられる。ここで注目すべきは、使用された軒瓦のなかに前記した瓦当文様系譜の延長線上に位置すると思われるものが存在するという点である。このことは、前代の造瓦状況との比較を可能にする。

　まずは、抽出した瓦当文様の系譜をその変化に即してたどることとしたい。

　軒丸瓦では、恭仁 KM01（平城 6320Aa）が原型である。文様構成は、中央から順に、中房の蓮子1＋8、間弁をもつ単弁24弁蓮華文、外区内縁の珠文24、外縁に突線鋸歯文を配している。

　恭仁 KM05 は、24弁の花弁が17弁に減少し、花弁の形態もかなりくずれているが、外縁の突線鋸歯文を継承し、蓮子数・珠文数は原型に一致する。原型を直接模倣した結果である。

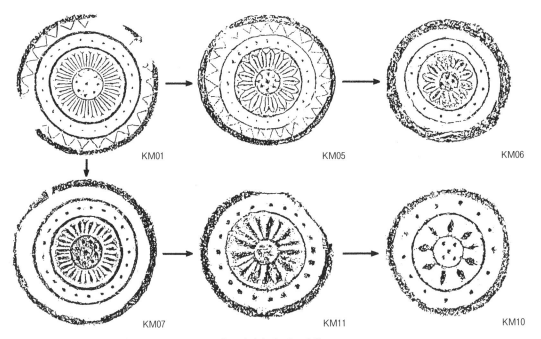

第63図　山背国分寺軒丸瓦の系譜（中島 1993a）

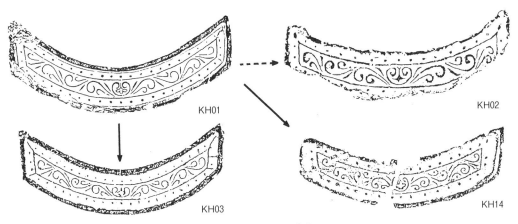

第64図　山背国分寺軒平瓦の系譜（中島 1993a）

　恭仁 KM06 は、外縁の突線鋸歯文を消失しており、蓮子数・花弁数・珠文数は恭仁 KM01 のちょうど半分になっている。花弁の形態は恭仁 KM05 の段階よりもさらにくずれ、間弁の認識はすでにない。恭仁 KM05 を直接簡略化したものであろう。

　恭仁 KM07 は、やはり外縁の突線鋸歯を消失し、恭仁 KM01 に比べて花弁数・珠文数も減少しているが、中房の蓮子 1＋8 は同じであり、花弁の形態についてもまだ間弁の認識を残している。恭仁 KM01 を直接模倣した結果である。

　恭仁 KM11 は、恭仁 KM07 を模倣したものと考えられる。外区を画する圏線はすでに消失し、

中房の蓮子も1+5と変化しているが、18弁の花弁の幅に広狭の区別があるのは、花弁と間弁の区別に対する認識がないままに模倣した結果（＝痕跡器官化）であろう。花弁の割り付けも粗雑である。

恭仁KM10は、恭仁KM11をさらに簡略化したものと考えられる。中房の蓮子は1+4となり、9弁の紡錘形に変化した花弁を配している。

以上のことから、山背国分寺の軒丸瓦には、恭仁KM01を原型とした2組の文様系列（恭仁KM01⇒KM05⇒KM06、恭仁KM01⇒KM07⇒KM11⇒KM10）をみいだすことができるのである。

軒平瓦については、恭仁KH01（平城6691A）が原型となる。文様構成は、内区のC字上向内に花頭形を垂飾する中心飾、左右に各3転半させる蕨手3葉をもち、外区に珠文帯を配している。

恭仁KH03は、中心飾の花頭形下端を欠き花頭形上端が分岐しない点、右側の蕨手が4転する点、上外区の珠文が1個多い点など細部に異同はあるが、ほぼ忠実に恭仁KH01を模倣している。

恭仁KH02は、中心飾に飛燕状の花頭形をもち、左右に蕨手3葉を各3転させている。単位文様・意匠ともに恭仁KH01とは大きく異なり、むしろ、平城6689系軒平瓦の瓦当文様に近似するが、平城6689にはみられない花頭形上端の分岐という稀有な特長をとどめており、恭仁KH01を原型としていることがわかる。

恭仁KH14は、中心飾の花頭形下端をわずかにくぼませ茎は一体化していない点、上下外区と脇区を画す界線を消失している点、蕨手の形態が曲線的になっている点など、恭仁KH01に比べると単位文様ごとの変化が著しい。蕨手の展開が各3転半に直っていることから、恭仁KH03を介さずに恭仁KH01を直接模したものとすべきであろう。

以上のことから、山背国分寺の軒平瓦には、恭仁KH01を原型とした文様系列（恭仁KH01⇒KH03、恭仁KH01⇒KH02、恭仁KH01⇒KH14）をみいだすことができる。これら山背国分寺所要軒瓦にみる文様系列の存在は、山背国分寺の造営以来、その修理や再建に関して、少なくとも平安時代初頭までは何らかの系統的な造営がなされていた可能性を暗示している。しかし、その出土状況には、軒瓦の組み合わせなど相互の脈絡がなく、山背国分寺独自の造営組織による体系的な修理・再建の様相とは言いがたい。

2. 山背国分寺系列軒瓦の展開

前項で抽出した山背国分寺における文様系列の軒瓦と同笵の製品は、広く南山背地域に分布する。ここでは、これら一群の軒瓦を「山背国分寺系列軒瓦」と仮に呼ぶこととし、分布と系列の意味を検討したい。なお、これら一群の瓦当文様から派生したと考えられる製品についても、ここでは補足的に検討の対象とした。

まず、原型としての恭仁KM01・KH01についてみると、平城宮・京、南都諸寺院、南山城在地寺院などに同笵例が広く分布している。しかし、恭仁宮の造営に使用された恭仁KM01は、平城宮で主体をなす平城6320Abに先行するAa段階（同笵の改刻前）のものであり、南山城地域において恭仁京の造営と連動した動きが確実に追える遺跡は限られる。城陽市の平川廃寺と木津川市山

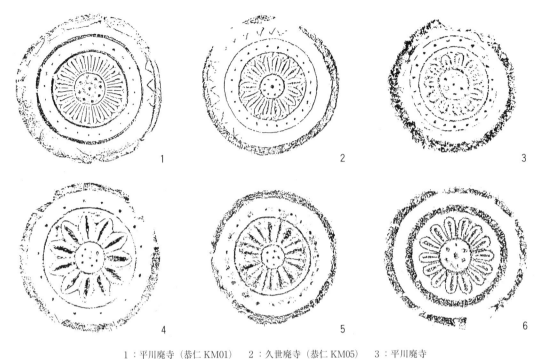

1：平川廃寺（恭仁KM01）　2：久世廃寺（恭仁KM05）　3：平川廃寺
4：里廃寺　　　　　　　5：志水廃寺（恭仁KM11）　6：足立寺

第65図　山背国分寺系列軒丸瓦の展開（中島1993a）

　城町の高麗寺跡以外は、恭仁京廃都後に供給されたものである。しかも、恭仁KM01・KH01の出土状況からみて、これら軒瓦の主な生産目的は、恭仁宮の造営と平川廃寺の塔の大規模修造にあったことが予想される。
　つぎに、山背国分寺造営時に新調された山背国分寺系列軒瓦（恭仁KM05・06・07、KH02・03）の分布についてみると、先述したように、平城宮との関連をもたない点が最大の特長である。また、恭仁KM05・KH03の同笵例が、滋賀県大津市の近江国衙や甲賀郡信楽町の甲可寺からも出土しており、両者の組み合わせが成立している。南山城の在地寺院では、平川廃寺近傍の久世廃寺や高麗寺跡から恭仁KM05同笵例が出土しており、恭仁宮造営時のこの地域での分布状況に似る。
　山背国分寺修理時（8世紀末から9世紀初頭）に用いられた山背国分寺系列軒瓦（恭仁KM10・11、KH14）については、恭仁KH14で、平川廃寺、久世廃寺や高麗寺と同じ木津川市山城町の蟹満寺に同笵例があり、恭仁京・山背国分寺造営時における南山城地域の分布状況に近似している。しかし、恭仁KM11では、今まで分布のみられなかった木津川西岸の八幡市志水廃寺や京田辺市の興戸廃寺・普賢寺で同笵例が出土しており、注目される。しかも、山背国分寺塔院地区で恭仁KM10・11と組み合う恭仁KH05は、山背国分寺系列の製品ではないが、志水廃寺・興戸廃寺でも出土しており、恭仁KM11・KH05の組み合わせが成立している。なお、高麗寺跡では、恭仁KH05の新たな展開をみる。
　これら山背国分寺系列軒瓦以外にも、南山城地域の古代寺院からは、同系列に近似した瓦当文様

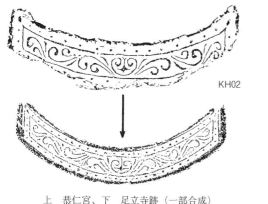
上 恭仁宮、下 足立寺跡（一部合成）

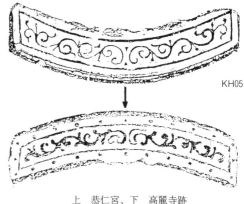
上 恭仁宮、下 高麗寺跡

第66図　山背国分寺系列軒平瓦の展開（中島 1993a）

をもつ軒瓦が出土している。

　恭仁KM01の同笵例を出土する平川廃寺からは、恭仁KM06に近似した単弁11弁蓮華文軒丸瓦が出土している。この製品は、花弁の先端に丸みをもつが、中房の蓮子数・外区内縁の珠文数はより原型に近く、恭仁KM06に先行する要素をもつ。相楽郡精華町の里廃寺から出土した軒丸瓦は、単弁11弁の花弁先端を尖らせているが、すでに外区を画する圏線を消失しており、恭仁KM06に後出する要素と言えよう。八幡市の足立寺から出土した単弁14弁蓮華文軒丸瓦は、山城国分寺系列軒丸瓦からはやや乖離した文様構成であるが、組み合わせが予想される軒平瓦の様相から、同系列の延長線上に位置づけることができよう。

　山城国分寺系列の瓦当文様に近似した軒平瓦例としては、足立寺（西山廃寺）のものがある。中心飾の形状は恭仁KH02に酷似しており、左右に蕨手4葉を各3転半させる。同笵例は、足立寺のほかに普賢寺・正道遺跡（廃寺）・蟹満寺で出土しており、その分布はほぼ木津川西岸に広がる。なお、足立寺では、調査の結果、塔の倒壊屋蓋中で軒瓦の組み合わせが確認されており、この一対は枚方市の百済寺でも出土している。また、塔跡でこの一対と同時に葺かれていた平瓦には、横方向に粗い平行縄タタキをもつものが含まれており、注目される。この型式の平瓦は、山背国分寺でも出土しており（F型式平瓦）、蟹満寺では金堂瓦積基壇の補修用として使用されている。しかも、蟹満寺出土恭仁KH14同笵例には、顎面に横方向の平行縄タタキの痕跡をとどめるものがあり、これら軒瓦の同時代性を示唆するものと言えよう。

　以上、山背国分寺系列軒瓦とその発展形態としての製品を、南山城地域での様相として概観してみた。その結果、恭仁宮造営時・山背国分寺造営時における同系列軒瓦の分布は、木津川東岸地域でも特定の地域に限定されるのに対し、山背国分寺修理時におけるその分布は、木津川西岸地域にも拡散しており、同系列の発展形態の製品をも含めてその分布をみるならば、ほぼ南山城地域全域に及ぶと言えよう。ここで注目すべきは、この分布相の著しい差異である。

　恭仁宮・山背国分寺造営時に使用された山背国分寺系列軒瓦は、その造営を主目的として生産されたものであり、したがって、南山城地域におけるその分布は、恭仁宮・山背国分寺の造営に付随

または連動した結果として理解できる。具体的には、平川廃寺・久世廃寺・高麗寺にその動きをみることができた。しかし、山背国分寺修理時に使用された同系列軒瓦は、国分寺内部においてさえ相互の脈絡を欠き、国分寺の修理に付随または連動した結果としてその分布を理解することはできない。ならば、逆に、この分布が広範囲に及ぶという現象は、同系列軒瓦の生産が山背国分寺の修理を主目的としたものではなかったことを裏付けている。だとしたら、この分布の解釈としては、下記の場合が考えられる。

① 山背国分寺系列軒瓦を用いた未知の大規模な造営事業に付随または連動した結果として、山背国分寺を含む南山城地域諸寺の修理がなされた場合。
② 南山城地域全体の既存寺院を対象とした修理事業が、山背国分寺系列軒瓦を用いてなされた場合。

①の場合については、長岡京・平安京の大規模な造営事業以外に、該当するような事象は考えられない。しかし、山背国分寺系列軒瓦の上記都城における使用はなく、現状では①の場合は成立しない。

ところで、山背国分寺修理時における山背国分寺系列軒瓦の使用状況は、その出土量からみて塔院地区での使用が顕著である。このことは、山背国分寺修理時における同系列軒瓦の使用が塔の修造を主目的としていたことを示している。また、平川廃寺では、同系列の恭仁KH14が塔跡瓦積基壇の瓦積に挿入されており、塔の修理に用いられたことがわかっている。さらに、足立寺出土恭仁KH02近似例が塔の修理に使用されていることは、先述したとおりである。これら以外にも、志水廃寺や普賢寺から出土した同系列恭仁KM11は、塔跡の遺物と考えられる。

このようにみると、南山城地域における山背国分寺修理時（＝山背国分寺塔修造時）に使用された山背国分寺系列軒瓦は、この地域における既存寺院の塔を主とした建物の修理事業と関連している可能性が高い。だとしたら、『続日本紀』延暦10年（791）4月18日の条にみる「山背国内諸寺の塔（浮図）の修理令が、その背景として想起される。桓武朝における仏教政策の一環として実施された塔の修理事業は、南山城地域での山背国分寺系列軒瓦の広範な分布という様相をもって顕在化したと言えよう。

なお、山背国分寺塔修造時に使用された軒瓦には、山背国分寺系列軒瓦以外にも別の地域で文様系譜をたどれるものがあり、その分布相は多様をきわめる。この状況は、近傍の高麗寺において顕著であり、この時期の山背国分寺系列軒瓦の出土は確認していないが、より遠隔の播磨国府系軒平瓦が塔の修造に使用されている。また、他の寺院における山背国分寺系列軒瓦の使用状況でも、恭仁宮・山背国分寺造営時にみられた明確な組み合わせは考慮されていない。あくまでも、塔の修理を主とした山背国分寺系列瓦の積極的な利用であった。

山背国分寺跡出土古瓦の様相から、山背国的要素の存在について検討を行った。山背国的要素の典型として抽出した「山背国分寺系列軒瓦」は、「山背国衙系瓦屋」の製品と考えられる国分寺造営時に新調された軒瓦を基準としている。この「山背国分寺系列軒瓦」とその発展型式は、広く南山城地域に分布しており、まさに『山背国式瓦』とでも呼ぶべき様相を呈している。

山背国分寺修理時（＝山背国分寺塔修造時）に使用された「山背国分寺系列軒瓦」の南山城地域における広範な分布は、延暦10年の修理令を背景としている可能性が高い。この詔による既存寺院の塔を主とした修理には、「山背国分寺系列軒瓦」が積極的に使用されている。

「山背国分寺系列軒瓦」の性格については、山背国分寺において系統がたどれる以上、「山背国衙系瓦屋」の製品または「山背国衙系瓦当文様」を使用することができる組織の製品とすることができる。だとしたら、「山背国分寺系列軒瓦」を掌握する機関として、「山背国府」の存在が想起されよう。

第4節　山背画師と高麗寺跡出土観世音菩薩像線刻平瓦

瓦の面に文字・記号・絵画などを書（描）いたり、押印したものがある。これらのうち、箆書、指書、刻印、押型、墨書などで文字を記入した瓦を総称して文字瓦と呼んでいる。これら文字瓦には様々な意味・機能が付与されており、瓦の生産にたずさわる工人や集団とその管理者、あるいは注文主体にとっての明確な施文目的をうかがうことが可能である。ところが、瓦の面に何らかの絵画的表現がみられるもの（画像塼は除外）については、多くの場合たとえその表現対象が判別できたとしても、表現目的を明確にするには困難がともなう。当然、軒瓦の瓦当文様にみられるような装飾的意味や、他の製品と区別するための分別機能をそこに求めることはできない。したがって、絵画的表現が施された瓦の多くは、文字瓦の多くが内包するであろう目的性の欠如という面から、一般に「戯画瓦」と呼ばれる。

絵画的表現が施された瓦は、古代のものに限っても今日までに多数の出土が知られている。表現対象も様々であり、人物、動物、植物、器物、風景などがある。しかし、これらの表現は多くの場合稚拙であり、対象の判別が不能のものも多くみられる。また、多くの場合、瓦の製作途中で描かれるため、瓦工人の手慰みとして評価されている。つまり、一般に絵画的表現が施された瓦とは戯画瓦であり、「瓦工人による落書きの産物」なのである。

ここに紹介する一片の平瓦は、高麗寺跡から出土したものある。平瓦の凹面には仏像が線刻されており、断片ではあるが残存部分から聖観音菩薩像と識別できる。線は簡略化されているものの、仏像の図像的表現に熟知したものでなければ描くことは困難である。したがって、ここに紹介する瓦が通常の戯画瓦とはやや趣を異にするものであることがわかる。以下、高麗寺跡出土仏像線刻瓦の図像表現・年代・出土状況等を整理し、その背景について検討を試みたい。

1.　高麗寺跡出土仏像線刻瓦

ここに紹介する仏像線刻瓦の出土位置は、金堂瓦積基壇北東端付近であり、各時代・各種の瓦が混在する瓦堆積層中より出土した。この瓦堆積層は、近接する塔と金堂瓦積基壇の間に厚く堆積し

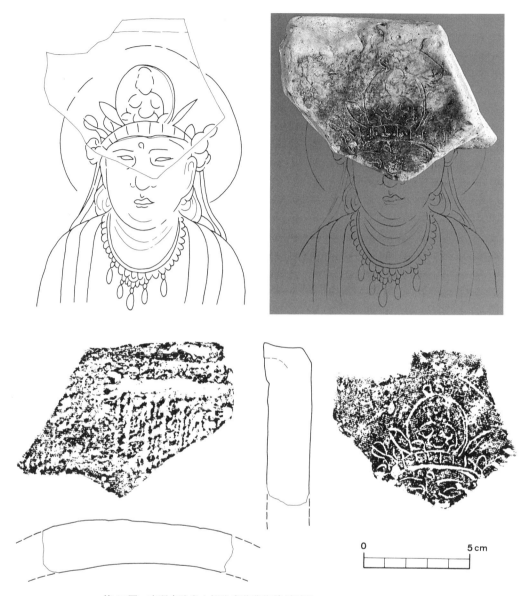

第67図　高麗寺跡出土観世音菩薩像線刻平瓦（山城町教育委員会 1989b）

ており、出土状況からこの瓦がいずれの堂塔にともなうかは、にわかに断じがたい。この瓦は厚さ2cm前後の薄手の平瓦片であり、全体に摩滅が著しい。凸面には縦位の粗い縄タタキが施されており、端部近くにタタキ具の縁の痕跡をとどめている。凹面には横位の磨り消しが施され布目圧痕等をとどめない。端面の面取りは凹面側のみに施されている。胎土には白色の砂粒および黒色の混入物を包含しており、焼成は軟質で、表面は炭化粒の付着により黒色を呈し、いぶし焼き風である。なお、仏像は生瓦の成形後、乾燥前の段階で描かれている。

　仏像は平瓦の凹面に広端側を上にした状態で描かれており、目から上の頭部を残すのみで全貌は不明である。残存部には、円光、化仏、宝冠、宝冠台、地髪、白毫、眉、眼、眼窩などが陰刻され

ており、全体に摩滅が著しく線が途切れたり消えかかっている部分もあるが、宝冠上に化仏を戴くことからして聖観世音菩薩像を表現していることは明らかである（猪川 1980）。

描線には鉄線描とは異なる勢いが感じられ、鋭い小刀状の道具を用いて一気に描いている。表現は簡略化しているものの結跏趺坐する化仏の簡潔な線や、白毫、眉、眼、眼窩などの勢いをもった表現に手慣れた筆の運びをみることができる。また、宝冠台に施された無造作な縦の刻線や宝冠台の横方向の線と地髪の線との重複、化仏円光の線の引き直しなどには気ままな雰囲気がうかがえる。このように画面に残る表現はわずかではあるが、描線は闊達で一気に描いたとはいえ仏像各部の特長を的確に把えている。

ただ、画面の摩滅による描線の消失や小刀状の道具を用いたためにおこる曲線の歪みなどから、一部に判然としない表現がみられる。たとえば、宝冠の装飾は、化仏を中心にして左右対称の単位文様を配することで構成されているようであるが判然としない。おそらくは、左右端部に他の蓮弁様の表現とは異なった表現がみられることから、三面宝冠を描こうとしているのであろう。他には、化仏周辺に飛雲状の表現をみるが、摩滅がひどく断片的である。

ところで、観世音（聖観世音）菩薩とは、文殊、普賢、勢至などとならび次の生涯で仏陀となるべき最高位の菩薩であり、補処の菩薩と称される。いずれも独尊で表されるが、三尊形式をとる場合には、釈迦如来では文殊と普賢、阿弥陀如来では観音と勢至の二菩薩を脇侍とするのが通例である。本資料では、断片ながらやや右ななめ前方を向いている状態が描かれており、三尊形式をとった場合の観世音菩薩の位置と符合する。ただ、本資料の場合、一枚の平瓦に三尊を描く余裕はない。

2. 仏像線刻瓦他遺跡出土例

仏像とは、狭義には仏教の開祖である釈迦如来をはじめとする如来（仏陀）の像のことであるが、一般には如来像に菩薩、明王、天部の諸尊像を加えて仏像と称している。そして、これら仏像には、仏教的な理想化のために種々の超人的な身体的特長や特有の持ち物が定められており、それらが可能な限り造形化される。したがって、通常の人物像とは異なった表現がなされていることは言うまでもない。いわゆる古代のもので瓦の面に絵画的表現が施された例は多いが、そのうち仏像あるいは仏像様に描いたものは意外と少ない。管見の限りでは8例を知るのみである。

多賀城政庁跡出土例（宮城県多賀城跡調査研究所・宮城県教育委員会 1982）は如来坐像であり、仏像は上半と右半分を欠くが、蓮華座、光背、衣文様の表現がみられる。茨城廃寺出土例（石岡市教育委員会 1982）も如来坐像であり左半分を残す。画面には衣文の襞と台座が表現されている。武蔵国分寺出土例（内藤 1957・1961）は、布目圧痕をとどめたままの平瓦凹面に仏像様の表現をみる。やはり半ば欠失しているが、仏龕風の画線内に坐像を描いているようである。高井田廃寺出土例（大阪府教育委員会 1984、大阪府立泉北考古資料館 1984）は、倚坐の仏像を中心に光焔が表現されているのであろうか。

上記4例については、おそらく仏像というものをみたことがあるという程度の人物が描いたものであろう。表現は実に稚拙であり、光背や台座など遠くからでも目につく部分の輪郭を表現したに

第6表　仏像線刻瓦出土遺跡一覧 (中島 1990a を一部改変)

旧国名	遺跡名	住　　所	画題	瓦の種類	画面	時代	文献	備考
陸奥	多賀城跡	宮城県多賀城市浮島字宮前	如来像（座像）	平瓦	凸面	8世紀前半	宮城県多賀城跡調査研究所・宮城県教育委員会 1982	政庁跡
常陸	茨城廃寺（小目代廃寺）	茨城県石岡市小目代	如来像（座像）	丸瓦	凸面	7世紀後半？	石岡市教育委員会 1982	金堂？
武蔵	武蔵国分寺跡	東京都国分寺市西元町	仏像（？）	平瓦	凹面	8世紀後半	内藤 1957・1961	塔跡
山城	小栗栖瓦窯跡	京都府京都市伏見区小栗栖丸山	菩薩像（立像）	平瓦	凸面	7世紀末	植山 1985 京都考古学研究会 1982	2号窯 3号窯
山城	高麗寺跡	京都府相楽郡山城町大字上狛小字高麗寺 他	観音菩薩像	平瓦	凹面	8世紀末〜9世紀初頭	山城町教育委員会 1989b	塔・金堂跡
河内	高井田廃寺（鳥坂寺）	大阪府柏原市高井田戸坂	仏像（？）（倚座像）	平瓦	凸面	7世紀後半	大阪府教育委員会 1984、大阪府立泉北考古資料館 1984	
摂津	四天王寺	大阪府大阪市天王寺区元町	仏面	丸瓦	凸面	7世紀後半	四天王寺文化財管理室 1986	第1次講堂跡
肥後	肥後国分僧寺跡	熊本県熊本市出水	吉祥天像（立像）	丸瓦	凸面	8世紀末以後	鹿児島県歴史資料センター・黎明館 1990	推定僧房跡

すぎない。また、坐像・倚坐像として描かれてはいても、仏像本来の理想化された特長などは、ほとんど理解されていないようである。仏像というよりは仏像様の表現というべきであろう。

　肥後国分僧寺跡出土例（鹿児島県歴史資料センター・黎明館 1990）は、推定僧房跡東側の瓦溜から出土したもので、足部をわずかに欠失するもののほぼ全体がうかがえる資料である。頭部には宝冠状の表現と垂髪がみられ、胸で合わせた両手の持ち物は宝珠であろうか。腰から下の裳は簡単な縦線で表し、周囲には天衣と思われる縦線が描かれている。表現は稚拙であるが、全体に漂う女性的な雰囲気から吉祥天像と考えられている。先記4例と比較するならば、明らかに仏像細部の表現が加わるため、仏像を間近にみたことがある者が描いたのであろう。しかし、その仏像理解は、仏象の雰囲気の表現を越えるものではない。

　小栗栖瓦窯跡からは2点の断片が出土している。一つは、（財）古代学協会の調査により2号窯灰原から出土したもの（植山 1985）であり、もう一つは、京都考古学研究会により3号窯付近の土取り場崖面で採取されている（京都考古学研究会 1982）。両者とも平瓦凸面に仏像の一部を箆先で描いており、接合不能であるが同一個体と思われる。前者には顔の一部が残り、眼、眉、鼻、頭髪が表されている。波線状の頭髪は垂れ下がり垂髪となる。後者には立像下半身の一部が残っており、衣の襞や飾り紐、瓔珞が表されている。飾り紐は中央でリボン様に結ばれ、放射状に垂れる3本の瓔珞は円文をつないで表現されている。全体では菩薩の立像を描いたものであろう。

　なお、小栗栖瓦窯で生産された瓦は、近隣の法琳寺と醍醐御霊廃寺に供給されている。ともに7世紀末の創建期に使用された瓦である（植山 1985）。この仏像線刻瓦についても、小栗栖瓦窯で焼

成されたものであり、7世紀末段階の実年代が与えられる。また、断片的ながらもその仏像表現からは白鳳小金銅仏の面影をうかがうことができる。

　四天王寺講堂跡出土例（四天王寺文化財管理室 1986）は、行基葺式の丸瓦凸面にやはり陰刻されたものである。丸瓦広端を下にした状態で瓦面いっぱいに仏像の胸から頭部にかけてを描いており、頭頂部と顔の左半分を欠くものの、白毫、眉、眼、眼窩、鼻、口、耳、三道が表されている。白毫は半ば欠失しているが、大きく垂れた耳や三道はまぎれもなく仏を表現している。箆描きとはいえ抑揚のある筆線はいきいきとしており、極端にデフォルメされた顔は豊かな表情をもつ。仏といえども巧みに戯画化するたくましい表現意欲がそこにはある。

　なお、この仏像線刻瓦は、四天王寺第1次講堂の落下屋蓋を構成していた瓦のなかの一枚であり、おおむね7世紀後半段階のものとすることができる（藤沢 1965）。

　小栗栖瓦窯跡出土例、四天王寺講堂跡出土例については、仏像の着衣や身体的特長が表現されており、たとえ瓦工人の手によるものとしても、ひごろ仏像と間近に接する機会のある者が描いたのであろう。四天王寺講堂跡出土例に至っては、仏像のかたちを借りて戯画化する余裕さえうかがえるのである。

　ただ、小栗栖瓦窯跡出土例、四天王寺講堂跡出土例ともに高麗寺跡出土例と比較した場合、仏像としての図像的情報量の差は歴然としている。先述したように、仏像というものが仏教的に理想化された種々の超人的な身体的特長や特有の持ち物を可能な限り造形化しているものだとすると、断片的資料ながら高麗寺跡出土例にみる図像的情報量の稠密さは、通常の戯画瓦の域を越えている。たとえ間近に仏像を模写したとしても、通常の瓦工人が理解し咀嚼できる表現ではなかろう。だとしたら、仏像の図像表現を熟知した者として画工を想定することは十分に確からしいと言えよう。

3. 高麗寺跡出土仏像線刻瓦の年代

　高麗寺跡出土仏像線刻平瓦は、高麗寺3号瓦窯の製品と思われる。同窯跡から出土した平瓦片には、胎土に白色の砂粒を多く混入し、軟質の焼成でいぶし焼き風のものが多くみられる。また、これらの平瓦は、薄手で凸面に縦位の粗い縄タタキ痕を残し、粗く乱れた布目圧痕を凹面にとどめている。以上の特長は上記仏像線刻瓦と一致する。

　高麗寺瓦窯は、高麗寺に付属する生産遺跡として寺域東辺に隣接している。現在までに3基の瓦窯跡を確認しており、すべて段丘縁辺部の緩い傾斜地に築かれている。うち3号瓦窯はロストル式の平窯で焼成室奥壁部のみを検出した。窯体のほとんどは市道高麗寺線下に埋もれており全貌は不明である。焼成室の規模は、奥壁の幅約2.7mと大型で8本の分焔壁を設けている。分焔壁の幅はそれぞれ0.2m前後で焔道の幅は分焔壁よりもやや狭い。焔道床から分焔床までの高さは約0.2mと低く、通焔孔などの付設はみられない。後世の削平により壁体の構造は不明であるが、周辺から多量のスサ入り窯壁片が出土している。

　ロストル式の平窯は8世紀後半代に出現することが知られており（毛利光 1983）、その典型例が平城宮付属瓦窯である山背音如ヶ谷瓦窯（奈良国立文化財研究所 1979）や大和歌姫瓦窯（藤沢

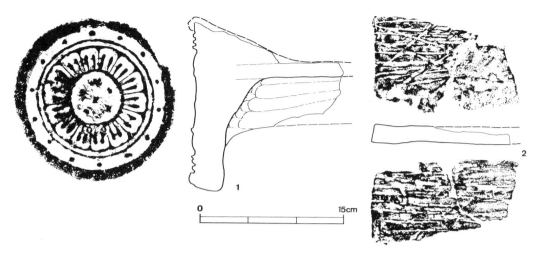

第68図　高麗寺跡出土軒丸瓦（高麗寺KmM41型式）（山城町教育委員会 1989b）

1961)である。これらの窯は高麗寺の南方奈良山丘陵にあり、天平宝字年間（757〜765）における法華寺阿弥陀浄土院の造営に関する瓦窯である。音如ヶ谷瓦窯1号窯は分焔壁が8本で高麗寺3号瓦窯と同じであるが、焼成室幅は約2.2mとやや狭い。歌姫瓦窯では分焔壁が7本となり焼成室幅約2.2mを計る。平安京付属瓦窯では、平安時代初頭から中期にかけて分焔壁6本で焼成室幅2m前後のものが多い（藤沢・堀江 1968、近藤 1978）。以後は、窯の小型化が趨勢であろう。高麗寺3号瓦窯の構造はやや古式の様相を呈している。

　高麗寺3号瓦窯で生産された軒瓦には、高麗寺KmM41型式軒丸瓦がある。この型式は、内区に複弁14弁の花弁を配し、中房には1+6(7)の蓮子を置く。外区内縁の珠文は14個で、外縁は低く素文である。瓦当径は約17cmを計り、笵は浅く外縁にかぶさる。胎土には砂粒を多く含み、焼成は軟質でいぶし焼き風のものをみる。高麗寺跡では塔跡からの出土量が多く、塔の補修に関連して生産されたものと考えられる。他遺跡での同笵例の出土を聞かない。

　高麗寺KmM41型式軒丸瓦は、平城宮式軒瓦との同笵関係が顕著な奈良時代以後の高麗寺にあって、平城宮式系の文様系譜上に位置しない点で特異な型式である。しかも、他の平城宮式同笵軒瓦を中心とした都城系・国府系同笵軒瓦が、その出土量からして高麗寺への供給を主目的とした製品ではないのに対して、高麗寺KmM41型式軒丸瓦は高麗寺への供給を目的に高麗寺3号窯で生産されたものである。ちなみに、高麗寺跡から出土した奈良時代以後の軒瓦は、軒丸瓦で11型式14種類、軒平瓦で10型式12種類を数える。このうち、他遺跡との同笵関係がなく高麗寺への供給を目的としたことが明らかなものは、軒丸瓦で3型式3種類、軒平瓦で1型式1種類である。

　高麗寺KmM41型式軒丸瓦の生産が塔の修造に関連する可能性はすでに述べたが、発掘調査の結果からは塔の建立以来大規模な修造が行われた時期は、ほぼ8世紀末から9世紀初頭段階に限定して考えることができる。この時期には、塔・金堂基壇の周囲に排水溝を設け、基壇外周をめぐる石敷きを高くするなどの造作が行われ、基壇南辺中央には石積の階段が設置される。したがって、高麗寺3号瓦窯の操業と高麗寺KmM41型式軒丸瓦の生産の一時点として、8世紀末から9世紀初

頭の塔の修造時期をあてることは妥当と思われる。

　以上のことから、高麗寺跡出土仏像線刻瓦の製作時期は、高麗寺 3 号瓦窯の操業時期に対応しており、その製作に係る契機として高麗寺の塔の修復事業が考えられるのである。

　高麗寺跡出土仏像線刻瓦の出土状況・図像表現・年代について整理し、若干の検討を試みた。この瓦にみられる図像表現は実に精緻であり、断片的資料ながら通常の戯画瓦の域を越えている。このことから、仏像の図像表現を熟知した者として画工の存在を想定してみた。

　また、この仏像線刻瓦の製作年代については、高麗寺 3 号瓦窯跡出土平瓦との同一性から、同瓦窯の操業時期に対応するものと考えられる。しかも、高麗寺 3 号瓦窯で生産したことが確実な高麗寺 KmM41 型式軒丸瓦は、高麗寺の塔の修復事業に積極的に使用されている。この修復時期については、発掘調査により 8 世紀末から 9 世紀初頭の実年代が与えられる。

　仮に、この仏像線刻瓦の製作が高麗寺の塔の修復事業と関連したものであるとすると、この時期の修復事業には画工が参画していた可能性がある。『続日本紀』延暦 10 年（791）4 月 18 日の条に「山背国部内諸寺浮圖経年梢久破壊処多。招遣使咸加修理焉」とある。これによって、桓武朝における仏教政策の一環として山背国内諸寺の塔（浮圖）の修理が行われている。高麗寺の場合、上記詔に象徴されるような国家的な意志を背景として、播磨国府系の瓦がこの時期に供給されたと考えられ、これも塔の修復事業と連動するものであろう（中島 1990b）。大規模な塔の修復が行われているのである。

　高麗寺跡出土仏像線刻瓦が塔の修復事業に関連するか否かは別にしても、天平期の数少ない線刻画資料の様式を引き継ぐ貴重な資料（百橋 1983）であることはまちがいない。現在、天平期の線刻画資料としては、東大寺の大仏蓮弁毛彫蓮華蔵世界図や同じく東大寺の二月堂光背などしか残っておらず、しかも、本資料が大仏蓮弁に表された菩薩像に酷似している点は重要である。

　ところで、『日本書紀』雄略天皇 7 年是歳条には、百済からの渡来技術者らを「今来才伎」として「画部因斯羅」をあげている。推古天皇 12 年 4 月には「黄書画師、山背画師を定む」とあるが、この黄書画師は高句麗系の渡来人たちである。この黄書氏が伝統的に画師の技法を継承したことは知られており、山背国久世郡の人として画工師画部黄文川主が東大寺大仏殿の天井板の彩色を手掛けている。高麗寺跡出土仏像線刻瓦にも、このような高句麗系渡来氏族の伝統があったのかもしれない。

終章　考古学からみた「国家仏教」の本質

　列島古代における仏教文化の受容と展開の実相とは、いかなるものであったのか。本書では、考古学的研究手法により、現在の京都府南部地域の「南山城」における仏教遺跡を対象として、この地域での仏教文化の受容と伝播の過程を追うことにより、そのモデルの提示を試みた。律令制の確立期に編纂された『記紀』等の正史では、日本列島における仏教文化の受容を、当初の段階から「公伝」と位置づけており、まさに「国家仏教」の視点で記述している。しかし、ここでは、「国家仏教」の定義に固執するつもりは毛頭なく、むしろ、後の「国家」に発展する大和の中央政権の意思（政策）が、南山城地域にどのように反映されたのかを検討し、在地の視点から仏教文化の受容と伝播の実相を追った。序章において課題として示したように、古代寺院にあらわれた「公的側面」と「私的側面」に着目し、その普遍性と特異性の実態を論述したつもりである。

1. 仏教の受容とその主体

　『記紀』には、椿井大塚山古墳の所在する南山城が武埴安彦の反乱伝承の舞台として登場する。その時期は、初代ヤマト王権の王と考えられる崇神天皇の時代である。「邪馬台国を盟主とする倭国の時代」から「ヤマト王権の時代」への変革期、初代のヤマト王権に拮抗しその権威を簒奪しようと企てた勢力が『記紀』に伝承され、しかも箸墓古墳や柳本行燈山古墳などの王陵との結びつきが伝えられているのである。第1章では、椿井大塚山古墳でみられた5世紀後半の「もう一つの墓前祭祀」に着目し、仏教文化導入の背景となる「歴史認識の成立」を捉えた。南山城における横穴式石室という新たな墓制の導入期、特別な祖霊が宿る聖地を必要とした新たな勢力があったとすべきであろう。

　第2章では、古墳と古代氏族と寺院の関連について論じた。仏教文化導入の初期、飛鳥時代の仏教の担い手としては、蘇我氏と上宮王家以外に、渡来系の人々の存在が大きいことは、すでに多くの先学が指摘しているところである。後の山背国の寺院造営は、北山城は葛野郡の北野廃寺と南山城は相楽郡の高麗寺で開始される。その時期は、蘇我氏の氏寺・飛鳥寺の造営が終了する前後の時期、7世紀第Ⅰ四半期のことである。しかも、両寺とも、渡来系氏族・秦氏と高麗氏の両拠点に営まれた。北山城においては、5世紀の後半以後、葛野郡を拠点として渡来系氏族・秦氏の勢力が増大し、在地の勢力を駆逐・融合することによって、6世紀の後半には、北山城一体に絶大な影響力をもつようになる。7世紀初頭に秦氏は、自らの拠点でいちはやく造寺活動を開始する。南山城に

おいては、6世紀代において隔絶した勢力は存在しない。そのかわり、古墳において、横穴式石室を採用する地域（相楽郡）、しない地域（久世郡）、横穴墳と横穴式石室墳が混在する地域（綴喜郡）の区別が可能である。7世紀初頭において、渡来系氏族・高麗（狛）氏がいちはやく造寺活動に着手するが、久世郡の在地勢力が続き、綴喜郡では独自の造寺活動もみられた。同じ渡来系氏族ではあるが秦氏のような隔絶した勢力が存在しない南山城においては、弱体化した旧豪族と高麗氏のような渡来系氏族が混在しており、そのモザイク構造がスムーズな仏教文化導入の背景として存在するのである。

2. 伽藍造営の波及

　飛鳥時代の寺と白鳳時代のそれの決定的な違いは、その規模にある。複数の堂舎により構成される伽藍の造営は、建築資材としての瓦の爆発的需要を促す。7世紀後半代の天武・持統期（白鳳期）が、本格的な伽藍整備をともなう氏寺の造寺活動の大きなピークなのである。その波及は陸奥国から肥後国の範囲に及び、当時の国家領域の大半をカバーする。
　第3章では、南山城における伽藍造営の伝播過程を論述した。この伽藍造営の波及は、川原寺式軒丸瓦と瓦積基壇の使用により顕著な傾向を示す。川原寺式軒丸瓦とは、言うまでもなく大和の川原寺創建期に使用されたものを標識とする、面違鋸歯文縁複弁八弁蓮華文軒丸瓦とその退化型式を言う。山背国内では、特に相楽郡・久世郡の古代寺院に集中して出土し、相楽郡の高麗寺跡・蟹満寺・泉橋寺・松尾廃寺・里廃寺・下狛廃寺、久世郡の平川廃寺・久世廃寺・正道廃寺・広野廃寺、綴喜郡の山滝寺跡・普賢寺で確認されている。なお、北山城においても、宇治郡の大鳳寺跡、紀伊郡の御香宮廃寺、乙訓郡の宝菩提院廃寺でこの型式が出土する。その出発点となるのが高麗寺の伽藍整備であり、天智天皇の大津宮遷都を前提として、宮周辺に営まれた諸寺の造営に先立って開始された。第1節では伽藍配置について整理し、川原寺式伽藍配置→南滋賀廃寺式伽藍配置への変化が、高麗寺の金堂が南面する過程で生まれること、川原寺式伽藍配置→筑紫観世音寺伽藍配置への変化が、高麗寺の中金堂から講堂への変化過程で生じることを論じ、南山城での新たな意味付けを検討した。第2節では、川原寺式軒丸瓦が川原寺→高麗寺→崇福寺へと笵が移動する過程を示し、高麗寺式軒丸瓦Ｂ系統の製品が蟹満寺を経て、南山城に波及する状況を示した。第3節では新たな拠点寺院としての蟹満寺と丈六金銅仏について、第4節では高麗寺式軒丸瓦が近江の雪野寺へ至る中継地点としての山瀧寺について、その意義を検討した。
　『日本書紀』天武天皇5年（676）、諸国において護国経典である金光明経と仁王経とを講ぜしめたとする記事は、従来より、鎮護国家思想に基づく「国家仏教」成立史上の画期とされてきた。そして、天武・持統朝の爆発的な寺院の増加も、この「国家仏教」政策によるものと理解できた。しかし、南山城では、明らかに伽藍造営波及の起点は高麗寺において天智朝にあり、大津宮遷都を前提とした白村江での大敗（663）以後の緊迫した情勢に起因するとすべきであろう。「壬申乱の論功行賞」的な要因ではない。

3. 南山城と都城周辺の寺院

　天平12年（740）12月15日、聖武天皇は30年間続いた平城京を捨て、突然、恭仁宮（大養徳恭仁大宮）へ都を移す。遷都以来、平城宮の建物を移建し、あしかけ四年の歳月をかけて推進した恭仁宮の造営は、その間に着手した紫香楽宮造営もあって、天平15年（743）12月に突然中止される。そして、翌16年2月に難波宮への遷都宣言がなされ、さらに翌17年5月にはわずか一年で難波宮を捨て、天平12年以来5年にして宮都はふたたび平城の地に戻るのである。恭仁京の歴史は、天平16年2月の廃都宣言、同17年5月の東西市の移動によって完全に終わる。そして天平18年（746）9月、恭仁宮大極殿は山背国分寺に施入され、国分寺としての新たな歴史がはじまるのである。この間、天平13年（741）2月24日、恭仁宮において、これまでの一連の仏教政策の集大成として「国分寺建立勅」が発せられる。

　第4章では、平城京と恭仁京という都城周辺寺院として南山城の寺院動向を検討した。第1節では、恭仁京の都市的景観に着目し、その実態把握に努めた。第2節では、国衙の動向と南山城での拠点寺院を抽出し、その役割を検討した。第3節では、奈良時代でも拠点寺院であり続ける高麗寺の出土瓦を検討し、特に、播磨国府系瓦出土の背景に迫った。第4節では、奈良時代に新たに創建された井手寺の伽藍配置を検討し、従来の「氏寺型」伽藍配置とは異なる「律令的」伽藍配置の可能性を提示した。

　平城遷都以後、恭仁宮造営時に新調されたと考えられる軒瓦と密接な同笵関係をもつ寺院は、山背国の中核寺院として、一国の仏事を修するに足る要件を満たしている。その要件とは、朝廷・国衙との密接な関係であり、後の山背国分寺に匹敵する仏教儀礼の場としての素地と言えよう。高麗寺、平川廃寺は、ともに聖武朝以前から朝廷との特別な関係があり、近接して燈籠寺廃寺、久世廃寺が、山背国分寺との関係を有していた。高麗寺－燈籠寺廃寺、平川廃寺－久世廃寺の関係は、後の国分（僧・尼）二寺の関係を彷彿とさせ、近接する官衙の存在は、その公（官）的性格を示している。井手寺については、橘諸兄との密接な関係が予想されるが、単なる地方寺院とは考えられないその格式は、前代からの寺院を圧倒している。しかもその位置は、相楽郡北端の恭仁京北郊の地であり、近傍には橘諸兄の相楽別業や玉井頓宮の所在も比定されている。葛野・乙訓郡への国衙の移転が、都に隣接してなされた様相を想起させる。諸国国分寺体制が整う新たな時代の寺院である。

4.「国家仏教」の変質

　奈良時代、ようやく仏教が民間に浸潤し新しい民衆仏教が芽生えはじめる。当然、律令政府は、民間仏教に対して「僧尼令」的立場から厳しい禁圧の態度をとることとなる。しかし、かつて「小僧」と蔑称された行基についても、天平3年（731）8月の詔で「行基法師」に従う優婆塞・優婆夷の入道を許し、同13年（741）10月の恭仁京内の架橋完成に際してはその協力により705人の優婆塞の得度が許され、同17年（745）正月に行基は教界の最高位である大僧正となるのである。

ここにきて、天武朝以来の律令国家仏教は大きく変質することとなる。

　第5章では、時期的に第4章と重複するが、仏教が民間に浸潤し新しい民衆仏教の萌芽を南山城の動向として把握する。第1節では、『日本霊異記』記載の「山寺」の実態を論じた。第2節では、特別な儀礼（大規模な燃燈供養、歌会（仏前唱歌）、舞楽等）の様相が明らかとなった神雄寺について検討し、神仏習合の実態に迫った。第3節では、南山城の拠点寺院と中小寺院との分化を軒瓦から分析し、国単位での仏教統制の様相をみた。第四節では、高麗寺跡出土観音菩薩線刻平瓦の検討を通して、渡来系氏族の末裔の動向について検討している。

　諸国国分寺体制が成立すると、南山城の寺院ネットワークにも変化が生じる。国単位での仏教統制の体制が国分寺を中心として成立し、中央政権の意思を介した山背国衙の影響が大きくなる。そして、この影響は、山間部に立地する境界の寺に広がる新たな寺院ネットワークを形成していくのである。特に、特別な験力を得るため、あるいは特別な儀礼（法会）を必要とする聖地（境界、湧水、岩座等）に開かれた寺院には、すでに新たな時代の仏教への期待が感じられる。国家仏教の完成を示す山背国分寺や井手寺に対し、笠置寺、普賢寺、神雄寺（馬場南遺跡）の存在意義は大きい。特に、神雄寺においては、日常的な湧水（聖水）の祀りとともに、特別な儀礼（大規模な燃燈供養、歌会（仏前唱歌）、舞楽等）の様相が明らかとなった。

　以上、南山城における古代寺院とその出土瓦をみる限り、従来説かれてきた「氏族仏教」から「国家仏教」へとする図式は成立しない。飛鳥時代に蘇我氏の「氏寺」であった飛鳥寺は天武朝で官大寺となるが、高麗（狛）氏の「氏寺」とされる高麗寺は飛鳥寺創建瓦を用いて創建され、天智朝では大津宮遷都前に川原寺創建瓦を主体的に用いて伽藍整備がなされる。この様相は、単なる地方豪族の「私寺」に対する援助の域を超えている。大津宮の官寺と考えられる穴太廃寺には前身寺院の存在が知られており、前身寺院の段階が「氏寺」で整備後に「官寺」となったとすべきであろうか。だとしたら、高麗寺についても、伽藍整備後に「官寺」相当寺院となった可能性が考えられる。蟹満寺についても、創建本尊と考えられる巨大な丈六金銅仏の存在は、「官寺」相当寺院の資格を十分にもつ。

　奈良時代では、南山城において高麗寺・平川廃寺・井手寺が拠点寺院として、定額寺のような「官寺」相当寺院であり、聖地に営まれた神雄寺や巨大な磨崖仏をもつ笠置寺もその候補地となろう。

　そもそも、古代寺院には、多かれ少なかれ公的性格が存在しており、「氏寺」と「官寺」との明確な線引きはできない。むしろ、そこにあるのは、古代寺院における公（官）的要素の軽重であり、明確な官大寺や諸国国分二寺以外の寺院においては、公的側面が表面化していく過程から理解可能である。ここに、南山城における古代寺院をモデルとした普遍性と特異性があるのである。

参考文献

秋枝芳・山本博利　1986「本町遺跡―播磨国府推定地―の調査」『日本歴史』第 455 号

秋山謙蔵　1932「奈良朝における国分寺創建の問題」『史学雑誌』第 43 編第 4 号、史学会

足利健亮　1973「恭仁京域の復原」『社会科学論集』第四・五号

足利健亮　1983「恭仁京」『講座考古地理学』第二巻、学生社

飛鳥資料館　1986『飛鳥寺』図録第 15 冊

足立　康　1944「蟹満寺釈迦像の伝来について」『日本彫刻史の研究』龍吟社

天沼俊一　1926『續家蔵瓦図録』

網　伸也　1995「広隆寺創建問題に関する考古学的私見」『古代探叢Ⅳ―滝口宏先生追悼考古学論集―』

家永三郎　1947『上代仏教思想史』畝傍書房

家永三郎監修　1967『日本佛教史』Ⅰ古代篇、法蔵館

猪川和子　1980『観音像』日本の美術 No.166、至文堂

石岡市教育委員会　1982『茨城廃寺　E』第 3 次発掘調査報告

石田茂作　1934「佛教の初期文化」『岩波講座日本歴史』岩波書店

石田茂作　1944『総説飛鳥時代寺院址の研究』聖徳太子奉賛会

石田茂作　1959『東大寺と国分寺』至文堂

石田茂作　1978『仏教考古学論攷』1、思文閣出版

石野博信・関川尚功　1976『纒向』奈良県教育委員会

泉森皎編　2003『大和の古墳 1』新近畿日本叢書、大和の考古学 2、人文書院

板橋倫行校註　1957『日本霊異記』角川文庫 1061

井手町教育委員会　1979『小玉岩古墳群』井手町文化財調査報告書第 1 集

井手町教育委員会　2003『石橋瓦窯跡発掘調査概報』井手町文化財調査報告書第 4 集

井手町教育委員会　2014『井手寺跡発掘調査報告書』京都府井手町文化財調査報告第 15 集

井手町史編纂委員会　1983『井手町の古代・中世・近世』井手町

稲垣晋belief1971「古瓦よりみたる飛鳥白鳳期の寺院」『古代の日本　研究資料』9、角川書店

伊野近富　1991「恭仁宮と恭仁京の復原」『京都考古』第六三号

井上満郎　1987『渡来人　日本古代と朝鮮』リブロポート

井上満郎　1991「秦氏と宮都造営」『古代の日本と東アジア』小学館

井上光貞　1971『日本古代の国家と仏教』岩波書店

今井啓一　1968「橘諸兄恭仁京経略の一考察」『皇学館論叢』第一巻第三号

今里幾次　1960『播磨国分寺式瓦の研究―加古川市野口町古大内出土の古瓦―』播磨郷土文化協会研究報告第四冊

今里幾次　1971『姫路市辻井遺跡―その調査記録―』古代播磨研究会

岩井武俊　1905「山城国相楽綴喜両郡の古墳」『考古界』五の一

岩井照芳　1980「山城国分尼寺は木津にあった」『広報木津』第 185 号、木津町

岩井照芳　1994「恭仁京賀世山西道と上ツ道延長道」『京都考古』第七六号

上田正昭　1985「渡来人と古代日本」『渡来人』別冊人物読本、河出書房新社

上田正昭　1991「古代史の中の渡来人」『古代豪族と朝鮮』新人物往来社
上原真人　1983「恭仁宮文字瓦の年代」『文化財論叢―奈良国立文化財研究所創立三〇周年記念論文集』
上原真人　1984「天平一二・一三年瓦工房」『研究論集』Ⅶ、奈良国立文化財研究所
上原真人　1986「仏教」『岩波講座　日本考古学』4、岩波書店
上原真人　1995「畿内からみた豊前の古瓦―顎面施文軒平瓦に関する予察―」『古文化談叢』第 34 号
上原真人　1996『蓮華文』『日本の美術』第三五九号、至文堂
上原真人　1997『瓦を読む』歴史発掘 11、講談社
上原真人　2011「国分寺と山林寺院」『国分寺の創建』思想・制度編、吉川弘文館
植山　茂　1985『小栗栖瓦窯跡発掘調査報告』(財) 古代学協会
宇治市教育委員会　1983「隼上り瓦窯跡発掘調査概報」『宇治市埋蔵文化財発掘調査概報』第三集
宇治市教育委員会　1987a『大鳳寺跡発掘調査報告書』宇治市文化財調査報告書第一冊
宇治市教育委員会　1987b「岡本廃寺・岡本遺跡発掘調査概要」『宇治市埋蔵文化財発掘調査概報』第十集
宇治市教育委員会　1991「広野廃寺平成 2 年度発掘調査概要」『宇治市埋蔵文化財発掘調査概報』第一七集
宇治市教育委員会　1992『五ヶ庄二子塚古墳発掘調査報告』宇治市文化財調査報告書第 3 冊
宇治田原町　1980『宇治田原町史』
宇治田原町教育委員会　2006『山瀧寺跡発掘調査報告書』京都府宇治田原町埋蔵文化財調査報告書第 2 集
内田真雄　2007「地域概説　山城の横穴式石室」『研究集会　近畿の横穴式石室』横穴式石室研究会
梅原末治　1915「山城國分寺址發見の文字瓦に就いて」『考古学雑誌』第五巻第一二号
梅原末治　1919a「高麗寺址」『京都府史蹟勝地調査会報告』第一冊、京都府
梅原末治　1919b「八幡町西車塚」『京都府史蹟勝地調査報告』第一冊、京都府
梅原末治　1920a「山城国八幡町の東車塚古墳」『久津川古墳研究』
梅原末治　1920b「飯ノ岡ノ古墳」『京都府史蹟勝地調査会報告』第二冊、京都府
梅原末治　1920c「川岡村岡ノ古墳」『京都府史蹟勝地調査会報告』第二冊、京都府
梅原末治　1920d「大宅寺址（補遺）」『京都府史蹟勝地調査会報告』第二冊、京都府
梅原末治　1922a「大住村車塚古墳」『京都府史蹟勝地調査会報告』第三冊、京都府
梅原末治　1922b「大枝村妙見山古墳ノ調査」『京都府史蹟勝地調査会報告』第三冊、京都府
梅原末治　1922c「太秦村天塚及び清水山古墳」『京都府史蹟勝地調査会報告』第三冊、京都府
梅原末治　1923a「瓶原國分寺址」『京都府史蹟勝地調査会報告』第四冊、京都府
梅原末治　1923b「井手寺跡」『京都府史蹟勝地調査会報告』第四冊、京都府
梅原末治　1923c「乙訓郡寺戸ノ大塚古墳」『京都府史蹟勝地調査会報告』第四冊、京都府
梅原末治　1937「乙訓村長法寺南原古墳の調査」『京都府史蹟名勝天然記念物調査報告』第 17 冊、京都府教育委員会
梅原末治　1939a「高麗寺址の調査」『京都府史蹟名勝天然記念物調査報告』第 17 冊、京都府教育委員会
梅原末治　1939b「北白川廃寺址」『京都府史蹟名勝天然記念物調査報告』第 19 冊、京都府教育委員会
梅原末治　1955「八幡石不動古墳」『京都府文化財調査報告』第 21 冊、京都府教育委員会
梅原末治編　1938『近畿地方古墳墓の調査』3、日本古文化研究所
江谷　寛　1978『志水廃寺跡発掘調査報告』八幡市教育委員会
近江昌司　1991「謎につつまれた山岳寺院」『古代の寺を考える』帝塚山考古学研究所
大阪大学稲荷塚古墳発掘調査団　2005『井ノ内稲荷塚古墳の研究』大阪大学文学研究科考古学研究報告第 3 冊
大阪府教育委員会　1984『河内高井田鳥坂寺跡』大阪府文化財調査報告 19
大阪府立泉北考古資料館　1984『記された世界』大阪府立泉北考古資料館友の会
大野城市教育委員会　1993『牛頸月ノ浦窯跡群』大野城市文化財調査報告書第 39 集

大脇　潔　1989「七堂伽藍の建設」『古代の宮殿と寺院』（古代史復元　第 8 巻）講談社
小笠原好彦　2005「高麗寺の性格と造営氏族」『日本古代寺院造営氏族の研究』東京堂出版
小笠原好彦・田中勝弘・西田弘・林博通　1989『近江の古代寺院』近江の古代寺院刊行会
奥村茂輝　1999「梅谷瓦窯出土の特異な道具瓦」『京都府埋蔵文化財情報』第 71 号、（財）京都府埋蔵文化財
　　　　　　調査研究センター
奥村清一郎　1987「高麗寺跡（京都府）」『仏教芸術』174、毎日新聞社
小田桐　淳　1987「鞆岡廃寺の瓦」『長岡京古瓦聚成』向日市埋蔵文化財調査報告書　第 20 集
小野山節編　1981「五塚原古墳」『王領の比較研究』京都大学考古学研究室
鹿児島県歴史資料センター・黎明館　1990「(7) 肥後国分寺」『仏教文化の伝来』展示図録
笠置町教育委員会　1990『笠置町と笠置山』
柏倉亮吉　1937「雪野寺趾発掘調査報告」『日本古文化研究所報告』第 7
柏原市教育委員会　1996『高井田山古墳』柏原市文化財概報 1995-2
蟹満寺釈迦如来坐像調査委員会　2011『国宝蟹満寺釈迦如来坐像—古代大型金銅仏を読み解く—』八木書店
金子裕之　1983「軒瓦製作技法に関する二・三の問題」『文化財論叢』奈良国立文化財研究所
加茂町　1988『加茂町史』第一巻
加茂町教育委員会　2006『史跡山城国分寺跡・恭仁宮跡保存管理計画策定報告書』
川尻秋生　2013「国分寺造営の諸段階—文献史学から—」『国分寺の創建—組織・技術編—』吉川弘文館
河出書房新社　1985『渡来人—海から見た古代日本史—』別冊人物読本
川西宏幸　1987「国家の形成」『山城町史』本文編、山城町
川西宏幸　1991「三角縁仏獣鏡」『考古学フォーラム』五（後に『古墳時代の比較考古学』所収）
岸　俊男　1993『日本の古代宮都』岩波書店
喜田貞吉　1915『帝都』『喜田貞吉著作集』第五巻（都城の研究）、平凡社
木津川市　2010『もうひとつの万葉の里　木津川市から』第二章、平城遷都 1300 年記念シンポジウム資料
木津川市　2011『万葉歌をうたう　万葉歌をかく』（『もうひとつの万葉の里　木津川市から』記念シンポジウ
　　　　　　ム資料）
木津川市教育委員会　2008「蟹満寺旧境内第 7 次調査概報」『山城町内遺跡発掘調査概報Ⅰ』木津川市埋蔵文
　　　　　　化財調査報告書　第 2 集
木津川市教育委員会　2009『北綺田地区圃場整備事業にともなう遺跡発掘調査報告書』木津川市埋蔵文化財調
　　　　　　査報告書第 6 集
木津川市教育委員会　2011『史跡高麗寺跡Ⅱ』木津川市文化財調査報告書第 10 集
木津川市教育委員会　2014『神雄寺跡』木津川市埋蔵文化財発掘調査報告書第 15 集
木津町　1984『木津町史』資料編Ⅰ
木津町　1991『木津町史』本文編
木津町教育委員会　1980「上津遺跡第二次発掘調査概報」『木津町埋蔵文化財調査報告書第三集』
木下　良　1984「駅路との関係を主とする播磨国府跡の想定—本町遺跡を草上駅跡と見て—」『本町遺跡』姫
　　　　　　路市教育委員会
木全敬蔵　1988「条坊制と条里制」『季刊考古学』第二二号、雄山閣
京田辺市教育委員会　2006『堀切古墳群発掘調査報告書Ⅱ』京田辺市埋蔵文化財調査報告書第 36 集
京都考古学研究会　1982『小栗柄今昔物語』
京都国立博物館　1975『京都国立博物　館蔵　古瓦図録』
京都国立博物館　1988『畿内と東国』特別展覧会図録
京都市開発局洛西開発室　1970『洛西ニュータウン地域の歴史地理学的調査—福西古墳群の発掘調査報告—』

京都市文化観光局　1985『中臣遺跡発掘調査概報』昭和59年度
京都市文化観光局　1986『醍醐古墳群発掘調査概報』昭和60年度
(財) 京都市埋蔵文化財研究所　1980『坂東善平収蔵品目録』
(財) 京都市埋蔵文化財研究所　1981『旭山古墳群発掘調査報告』
(財) 京都市埋蔵文化財研究所　1989a「天皇ノ杜古墳」『平成元年度概報』
(財) 京都市埋蔵文化財研究所　1989b『大枝山古墳群』京都市埋蔵文化財研究所調査報告書第8冊
(財) 京都市埋蔵文化財研究所　1996『木村捷三郎収集瓦　図録』
京都大学考古学研究会　1967『第20トレンチ』
京都大学考古学研究会　1971『嵯峨野の古墳時代』
京都大学文学部考古学研究室　1989『椿井大塚山古墳と三角縁神獣鏡』京都大学文学部博物館図録
京都府　1884『相楽郡村史』京都府庁資料
京都府教育委員会　1958『名神高速道路路線地域内埋蔵文化財調査報告』
京都府教育委員会　1965「坊主山古墳発掘調査概要」『埋蔵文化財発掘調査概報』
京都府教育委員会　1967a「樫原廃寺発掘調査概要」『埋蔵文化財発掘調査概報』
京都府教育委員会　1967b「乙訓寺発掘調査概要」『埋蔵文化財発掘調査概報』
京都府教育委員会　1979『奈良山—Ⅲ』平城ニュータウン予定地内遺跡調査概報
京都府教育委員会　1984『恭仁宮跡発揚調査報告（瓦編）』
京都府教育委員会　1985『京都府遺跡地図』第5分冊
京都府教育委員会　1986「日本住宅公団木津東部地区遺跡分布調査概要」『埋蔵文化財発掘調査概報（1981-1）』
京都府教育委員会　2000『恭仁宮跡発掘調査報告Ⅱ』
京都府教育委員会相楽郡部会　1926『相楽郡誌』
京都府京都文化博物館　1991『古代豪族と朝鮮』新人物往来社
京都府埋蔵文化財研究会　2000『京都の首長墳』
京都府埋蔵文化財研究会　2009『京都府の群集墳』
(財) 京都府埋蔵文化財調査研究センター　1986「中ノ島遺跡—第45地点」『京都府遺跡調査概報』第21冊
(財) 京都府埋蔵文化財調査研究センター　1991『上人ヶ平遺跡』京都府遺跡調査報告書第15冊
(財) 京都府埋蔵文化財調査研究センター　1995a「梅谷瓦窯・中ノ島遺跡」『京都府遺跡調査概報』第61冊
(財) 京都府埋蔵文化財調査研究センター　1995b「市坂瓦窯」『京都府遺跡調査概報』第61冊
(財) 京都府埋蔵文化財調査研究センター　1995「燈籠寺廃寺跡」『京都府遺跡調査概報』第64冊
(財) 京都府埋蔵文化財調査研究センター　1996a「梅谷瓦窯跡」『京都府遺跡調査概報』第68冊
(財) 京都府埋蔵文化財調査研究センター　1996b「市坂瓦窯跡」『京都府遺跡調査概報』第68冊
(財) 京都府埋蔵文化財調査研究センター　1997『瓦谷古墳』京都府遺跡調査報告書第23冊
(財) 京都府埋蔵文化財調査研究センター　1999a『奈良山瓦窯跡群』京都府遺跡調査報告書第27冊
(財) 京都府埋蔵文化財調査研究センター　1999b「森垣外遺跡第2次発掘調査」『京都府遺跡調査概報』第86冊
(財) 京都府埋蔵文化財調査研究センター　2002「井手寺跡・栢ノ木遺跡」『京都府遺跡調査概報』第102冊
(財) 京都府埋蔵文化財調査研究センター　2008「鹿背山瓦窯跡第1次」『関西文化学術研究都市木津地区所在遺跡平成18年度発掘調査報告』京都府遺跡調査報告集第126冊
(財) 京都府埋蔵文化財調査研究センター　2009「鹿背山瓦窯」『関西文化学術研究都市木津地区所在遺跡平成19年度発掘調査報告』京都府遺跡調査報告集第131冊-2
(財) 京都府埋蔵文化財調査研究センター　2010『馬場南遺跡』京都府遺跡調査報告集第138冊
京都府立山城郷土資料館　1983『山城の古瓦』京都府立山城郷土資料館

京都府立山城郷土資料館　1983『山城の古瓦』（展示図録2）
久保哲正　1996「恭仁宮」『古代都城の儀礼空間と構造』古代都城制研究集会第一回報告集、奈良国立文化財研究所
熊本県立美術館　1985「国分寺吉符天戯画丸瓦」『第10回熊本の美術展』展示図録
小泉道校注　1984『日本霊異記』新潮日本古典集成、新潮社
胡口靖夫　1977「橘氏の氏寺について―伝橘諸兄建立の井手寺を中心として―」『古代文化』29-8、（財）古代学協会
（財）古代学協会・古代学研究所編　1994『平安京提要』角川書店
小林行雄　1955「古墳の発生の歴史的意義」『史林』第38巻第1号
小林行雄　1961『古墳時代の研究』青木書店
近藤喬一　1978『西加茂瓦窯跡』平安京跡研究調査報告4、（財）古代学協会
近藤喬一編　1990『京都府平尾城山古墳』古代學研究所研究報告第1輯、（財）古代学協会
近藤義郎編　1992『前方後円墳集成〈近畿編〉』山川出版社
坂詰秀一　1982「初期伽藍の類型認識と僧地の問題」『歴史考古学研究』Ⅱ、ニューサイエンス社
佐久間　竜　1980「律令国家の氏寺対策」『仏教の歴史と文化』仏教史学会30周年記念論集
佐藤虎雄　1930「山瀧廃寺」『京都史蹟』1-6
佐藤虎雄　1932「山瀧寺遺蹟」『京都府史蹟名勝天然記念物調査報告』第13冊
滋賀県教育委員会・（財）滋賀県文化財保護協会　1975『衣川廃寺発掘調査報告』
信楽町　1997『天平の都　紫香楽―その実像を求めて―』
四天王寺文化財管理室　1986『四天王寺市古瓦聚成』柏書房
島田敏男　2007「法隆寺再建・非再建論争史と若草伽藍」『法隆寺若草伽藍跡発掘調査報告』奈良文化財研究所
島谷　稔　1974「高槻上代寺院跡の研究 (1)」『大阪文化誌』季刊第1巻第1号
城陽市　1999『城陽市史』第3巻
城陽市　2002『城陽市史』第1巻
城陽市教育委員会　1971「平川廃寺発掘調査概報」『城陽市埋蔵文化財調査報告書』第1集
城陽市教育委員会　1974「平川廃寺発掘調査概報」『城陽市埋蔵文化財調査報告書』第2集
城陽市教育委員会　1975「平川廃寺発掘調査概報」『城陽市埋蔵文化財調査報告書』第3集
城陽市教育委員会　1976「久世廃寺発掘調査概報」『城陽市埋蔵文化財調査報告書』第4集
城陽市教育委員会　1980「久世廃寺発掘調査概報」『城陽市埋蔵文化財調査報告書』第9集
城陽市教育委員会　1981「久世廃寺発掘調査概報」『城陽市埋蔵文化財調査報告書』第10集
城陽市教育委員会　1993『正道官衙遺跡』城陽市埋蔵文化財調査報告書第24集
城陽市教育委員会　2001『城陽市埋蔵文化財調査報告書』第40集
白石太一郎　2009『考古学からみた倭国』青木書店
菅谷文則　1973「八角堂の建立を通じてみた古墳終末期の一様相」『論集終末期古墳』塙書房
杉本　宏　1998「隼上り瓦窯と山背の高句麗系軒丸瓦」『飛鳥時代の瓦づくりⅡ』（第2回古代瓦研究会発表要旨）奈良国立文化財研究所
杉山二郎　1961「蟹満寺本尊考」『美術史』41、便利堂
鈴木嘉吉　1974「寺院　伽藍の構成と配置」『古代史発掘9　埋もれた宮殿と寺』講談社
精華町　1989『精華町史』資料編Ⅰ
精華町　1996『精華町史』本文編
精華町教育委員会・（財）古代学協会　1987『京都府（仮称）精華ニュータウン予定地内遺跡発掘調査報告書

　　　　　　　　　煤谷川窯址・畑ノ前遺跡』
薗田香融　1976「国家仏教と社会生活」『岩波講座日本歴史』四、岩波書店
平良泰久　1995「山城」『全国古墳編年集成』（石野博信編）雄山閣
高槻市立埋蔵文化財センター　2000『安満宮山古墳―発掘調査・復元整備事業報告書―』高槻市埋蔵文化財調査報告書第21集
高槻市立埋蔵文化財調査センター　2007『史跡・今城塚古墳―平成17年度第9次規模確認調査―』
高槻市立埋蔵文化財調査センター　2008『史跡・今城塚古墳―平成18年度第10次規模確認調査―』
高橋　学　1998「地形環境からみた巨大古墳」『別冊　歴史読本』新人物往来社
高橋美久二　1970a「山城国葛野・乙順両郡の古瓦の様相」『史想』15、京都教育大学考古学研究会
高橋美久二　1970b「宇治田原町山滝寺跡出土の古瓦」『京都考古』第5号
高橋美久二　1982「古代の山陽道」『考古学論考』小林行雄博士古稀記念論文集
高橋美久二　1984「恭仁京と長岡京」『仏教芸術』第一五四号
高橋美久二　1987「宝菩提院廃寺」『長岡京古瓦聚成』向日市埋蔵文化財調査報告書第20集
高橋美久二　1991「平安時代と甘南備寺」『薪誌』薪誌刊行委員会
高橋美久二　1998「高麗寺の謎」第二回山城町歴史シンポジウム資料『高麗寺　渡来文化の謎に迫る』
瀧川政次郎　1967『京制並に都城制の研究』『法制史論叢』第2冊、角川書店
瀧浪貞子　1991『日本古代宮廷社会の研究』思文閣出版
竹原伸仁　1992「南山城の古代瓦屋に関する一考察―軒平瓦に見る雨仕舞と装飾について―」『考古学と生活文化』（同志社大学考古学シリーズⅤ）
太宰府町教育委員会　1979『神ノ前窯跡』太宰府町文化財調査報告書第2集
伊達宗泰・小島俊次　1959「桜井市児童公園の古墳」『奈良県史跡名勝天然記念物調査抄報』11、奈良県教育委員会
伊達宗泰編　1981『新沢千塚古墳群』奈良県史跡名勝天然記念物調査報告書第39冊、奈良県教育委員会
田中重久　1938a「高麗寺創建の研究」『考古学』9-6、東京考古学会
田中重久　1938b「平安奠都前の寺址と其の出土瓦」『綜合古瓦研究』第一分冊（『夢殿論誌』十八）奈良鵤故郷舎
田中重久　1939「瓦積及び甎積基壇の研究」『夢殿』19、奈良鵤故郷舎
田中重久　1944a「高麗寺址発掘調査報告」『聖徳太子御聖蹟の研究』全国書房
田中重久　1944b「広隆寺創立の研究」『聖徳太子御聖蹟の研究』全国書房
田中重久　1947「日本霊異記に見える寺院祉の研究」『史迹と美術』第180～182
たなかしげひさ　1978『奈良朝以前寺院址の研究』白川書院
田辺町教育委員会　1982『田辺町遺跡分布調査概報』田辺町埋蔵文化財調査報告書第3集
田辺町教育委員会　1989『堀切古墳群発掘調査報告書』田辺町埋蔵文化財調査報告書第11集
田村圓澄　1969『飛鳥仏教史研究』塙書房
田村圓澄　1975『飛鳥・白鳳仏教論』雄山閣
千賀久編　1988『寺口忍海古墳群』新庄町文化財調査報告書第1冊、新庄町教育委員会
辻　善之助　1944『日本佛教史』第1巻上世篇、岩波書店
逵　日出典　1986「奈良朝山岳寺院の実相」『論集日本仏教史』第2巻（奈良時代）雄山閣
堤　圭三郎　1964「西山古墳群発掘調査概要」『埋蔵文化財発掘調査概報』京都府教育委員会
都出比呂志　1974「古墳出現前夜の集団関係」『考古学研究』第20巻第4号
都出比呂志ほか　1990『鳥居前古墳―総括編―』大阪大学考古学研究室
角田文衞　1936「廃光明山寺の研究―蟹満寺釈迦如来坐像の傍証的論考―」『考古学論叢』1、考古学研究会

角田文衞　1996『新修　国分寺の研究』（第六巻　総説）吉川弘文館

坪井良平　1970『日本の梵鐘』角川書店

帝塚山大学考古学研究所　2004『推古朝の四十六か寺をめぐって』シンポジウム報告書

帝塚山大学考古学研究所古墳部会　1990『横穴式石室を考える─近畿の横穴式石室とその系譜』

寺沢　薫　1985「畿内古式土師器の編年と二・三の問題」『矢部遺跡』奈良県教育委員会

同志社大学校地学術調査委員会　1985『下司古墳群』同志社大学校地学術調査委員会調査資料、No.19

同志社大学歴史資料館　2010『南山城の古代寺院』同志社大学歴史資料館調査研究報告第9集

百橋明穂　1983『飛鳥・奈良絵画』日本の美術 No.204、至文堂

内藤政恒　1957「奈良朝の戯画瓦について」『美術研究』194、美術研究所

内藤政恒　1961「奈良朝の戯画」『世界考古学大系』日本4（月報12）、平凡社

中井真孝　1973『日本古代の仏教と民衆』評論社

長岡京市教育委員会　1981「恵解山古墳第3次発掘調査概要」『長岡京市文化財調査報告書第8冊』

長岡京市教育委員会　1992『長法寺南原古墳の研究』長岡京市文化財調査報告書第30冊

中島　正　1990a「京都府山城町高麗寺跡出土の線刻平瓦」『考古学雑誌』76-2

中島　正　1990b「山背における播磨国府系瓦出土の背景」『今里幾次先生古稀記念　播磨考古学論叢』今里幾次先生古稀記念論文集刊行会

中島　正　1991「相楽郡木津町鹿背山瓦窯出土の古瓦」『京都考古』第61号、京都考古刊行会

中島　正　1993a「南山城における平安初期古瓦の様相」『平安京歴史研究』杉山信三先生米寿記念論集刊行会

中島　正　1993b「日本霊異記と山寺」『考古学から古典を読む』（『季刊考古学』別冊4）

中島　正　1997a「山背の古墳と寺院」『渡来系氏族の古墳と寺院』（『季刊考古学』第60号）

中島　正　1997b「南山城における伽藍造営の伝播」『堅田直先生古希記念論文集』

中島　正　2000「山背の「船橋廃寺式」軒丸瓦について」『古代瓦研究Ⅰ─飛鳥寺の創建から百済大寺の成立まで─』奈良国立文化財研究所

中島　正　2006「7世紀における伽藍配置」『考古学ジャーナル』No.545（特集　古代寺院の伽藍配置）

中島　正　2007a「棚倉の地名とその広がりについて─恭仁京造営に関連して─」『地名研究』第5号

中島　正　2007b「恭仁宮と京の実態」『都城─古代日本のシンボリズム─』青木書店

中島　正　2009a「高麗寺軒丸瓦の様相」『古代瓦研究Ⅲ─川原寺式軒瓦の成立と展開─』奈良文化財研究所

中島　正　2009b「泉津周辺の都市的景観」『シンポジウム記録6　現代に生きる遺跡・古墳時代の備讃瀬戸・都城周辺の都市的景観』考古学研究会

中島　正　2010a「蟹満寺旧境内発掘調査概要」『蟹満寺銅造釈迦如来坐像修理報告書』蟹満寺

中島　正　2010b「恭仁宮大極殿施入前の寺院に関する憶測」『考古学論叢』坪井清足先生卒寿記念論文集

中島　正　2010c「神雄寺」『南山城の古代寺院』同志社大学歴史資料館調査研究報告第9集、同志社大学歴史資料館

中島　正　2010d「里廃寺」『南山城の古代寺院』同志社大学歴史資料館調査研究報告第9集、同志社大学歴史資料館

中島　正　2010e「井手寺跡」『南山城の古代寺院』同志社大学歴史資料館調査研究報告第9集、同志社大学歴史資料館

中島　正　2014「南山城の仏教遺跡について」『上代南山城における仏教文化の伝播と受容』公益財団法人仏教美術研究上野記念財団研究報告第四十冊

中谷雅治　1983「恭仁宮の造作工事について」『角田文衞博士古稀記念古代学論叢』

中谷雅治・磯野浩光　1991「山城」『新修国分寺の研究』（第2巻　畿内と東海道）吉川弘文館

中津川保一　1969「山城町高麗寺のこと」『日本の中の朝鮮文化』1、朝鮮文化社

奈良県立橿原考古学研究所　1996『中山大塚古墳』奈良県立橿原考古学研究所調査報告第82冊
奈良県立橿原考古学研究所編　1997『下池山古墳　中山大塚古墳調査概報　付．箸墓古墳調査概報』大和の前期古墳2、学生社
奈良県立橿原考古学研究所編　1999『黒塚古墳調査概報』大和の前期古墳3、学生社
奈良県立橿原考古学研究所附属博物館　1985「最近の発掘調査」『法隆寺考古展』展示図録
奈良県立橿原考古学研究所附属博物館　1999『蓮華百相』特別展図録第51冊
奈良県立橿原考古学研究所附属博物館ほか　2001『大古墳展　ヤマト王権と古墳の鏡』展示図録、東京新聞
奈良国立博物館　1970『飛鳥白鳳の古瓦』東京美術
奈良国立文化財研究所　1958『飛鳥寺発掘調査報告』奈良国立文化財研究所学報第五冊
奈良国立文化財研究所　1960『川原寺発掘調査報告』奈良国立文化財研究所学報第九冊
奈良国立文化財研究所　1975『平城宮跡発掘調査報告』Ⅵ
奈良国立文化財研究所　1978『平城宮出土軒瓦型式一覧』
奈良国立文化財研究所　1979『奈良山』Ⅲ
奈良国立文化財研究所　1984『平城宮出土軒瓦型式一覧（補遺編）』
奈良国立文化財研究所　2000『古代瓦研究Ⅰ』（古代瓦研究会シンポジウム記録）
奈良文化財研究所　2005『奈良山発掘調査報告Ⅰ』
奈良国立文化財研究所飛鳥資料館　1981『山田寺展』飛鳥資料館図録第八冊
奈良国立文化財研究所埋蔵文化財センター　1983『飛鳥白鳳寺院関係文献目録』
西田　弘　1989「小川廃寺」『近江の古代寺院』近江の古代寺院刊行
八賀　晋　1981『図説日本の古典』第三巻月報、集英社
八田達男　1989「南山城蟹満寺にみる古代寺院の歴史的展開―本尊銅造釈迦如来坐像の来歴を中心として―」『龍谷史壇』93・94
花園大学文学部考古学研究室　1997『黄金塚2号墳の研究』花大考研報告10
花谷　浩　1995「出土古瓦からみた本薬師寺堂塔の造営と平城移建について」『展望考古学』考古学研究会40周年記念論文集
濱田　隆　1985「山岳信仰の足跡」『山岳信仰の遺宝』奈良国立博物館特別展図録
林　　亨　1987「大山崎町出土軒瓦」『長岡京古瓦聚成』向日市埋蔵文化財調査報告書第20集
林　博通　1989「穴太廃寺」『近江の古代寺院』近江の古代寺院刊行会
速水　侑　1986『日本仏教史　古代』吉川弘文館
菱田哲郎　1988「瓦の范と製作技術―高麗寺系軒丸瓦の検討―」『京都大学埋蔵文化財研究センター紀要』6、京都大学埋蔵文化財研究センター
菱田哲郎　2000「山背の山田寺式軒瓦」第4回シンポジウム『飛鳥白鳳の瓦づくり　Ⅳ』資料、奈良国立文化財研究所
菱田哲郎　2005「古代日本における仏教の普及」『考古学研究』52-3、考古学研究会
菱田哲郎　2013「国分寺と窯業生産」『国分寺の創建』組織・技術編、吉川弘文館
兵庫県教育委員会　1987『小犬丸遺跡Ⅰ』兵庫県文化財調査報告書第47冊
（財）枚方市文化財研究調査会　1980「楠葉東遺跡内第五瓦窯」『枚方市文化財年報Ⅰ』
昼間孝志　2000「寺谷廃寺の創建瓦」『古代瓦研究Ⅰ』（古代瓦研究会シンポジウム記録）奈良国立文化財研究所
福山敏男　1968「聖徳太子時代の寺院」『日本建築史研究』墨水書房
福山敏男　1978『奈良朝寺院の研究』綜芸舎
藤井直正　1984「山岳寺院」『新版仏教考古学講座』第二巻寺院、雄山閣

藤沢一夫　1938「山城北野廃寺」『考古学』9-2
藤沢一夫　1961「屋瓦の変遷」『世界考古学大系』日本4、平凡社
藤沢一夫　1965「四天王寺出土の古代屋瓦」『仏教芸術』56、毎日新聞社
藤沢一夫・堀江門也　1968『岸辺瓦窯跡発掘調査概報』大阪府教育委員会
二葉憲香　1962「大化改新と仏教」『古代仏教思想史研究』永田文昌堂
星野猷二　1981「鐙瓦製作と分割型」『考古学雑誌』第六七巻第二号
星野猷二　2000『塩澤家蔵瓦図録』伏見城研究会
埋蔵文化財研究会　1997『古代寺院の出現とその背景』(第42回埋蔵文化財研究会資料)
町田章編　1989『古代の宮殿と寺院』古代史復元8、講談社
松尾史子　2010「馬場南遺跡出土の陶製鼓胴について」『京都府埋蔵文化財論集』第六集(財団法人京都府埋蔵文化財調査研究センター)
宮城県多賀城跡調査研究所・宮城県教育委員会　1982『多賀城跡　政庁跡本文編』
向日市教育委員会　1987『長岡京古瓦聚成』向日市埋蔵文化財調査報告書第20集
向日市教育委員会　1988『物集女車塚古墳』向日市埋蔵文化財調査報告書第23集
向日市教育委員会　2014『元稲荷古墳』向日市埋蔵文化財調査報告書第101集
光島市太郎・川勝政太郎　1930「山瀧廃寺発見の古瓦」『京都史蹟』1-7
村上久和・吉田寛・宮本工　1987「豊前における初期瓦の一様相」『古文化談叢』第18集
毛利　久　1942「奈良春日山中の香山寺祉について」『考古学雑誌』第32巻第7号
森　郁夫　1977「畿内における平城宮式軒瓦の一側面」『國學院雑誌』78-9、國學院大學
森　郁夫　1986「古代山背の寺院造営」『學叢』第八号、京都国立博物館
森　郁夫　1998『日本古代寺院造営の研究』法政大学出版局
森岡秀人　1990「山城地域」『弥生土器の様式と編年』木耳社
森下　衛　1988「南山城における川原寺式軒丸瓦について」『史想』第二一号、京都教育大学考古学研究会
毛利光俊彦　1983「近畿地方の瓦窯」『仏教芸術』148、毎日新聞社
山崎信二　1983「後期古墳と飛鳥白鳳寺院」『文化財論叢』奈良国立文化財研究所
山路直充　2011「寺の空間構成と国分寺〜寺院地・伽藍地・付属地〜」『国分寺の創建』思想・制度編、吉川弘文館
山城町　1987『山城町史』本文編
山城町　1990『山城町史』資料編
山城町　1997『椿井大塚山古墳の謎にせまる』第1回山城町歴史シンポジウム資料
山城町　1998『高麗寺　渡来文化の謎にせまる』(山城町総合文化センター開館1周年記念　第2回山城町歴史シンポジウム資料)
山城町　2001『戦後考古学の原像〜椿井大塚山古墳と戦後考古学の到達点〜』椿井大塚山古墳国史跡指定記念　第3回山城町歴史シンポジウム資料
山城町教育委員会　1989a『山城町遺跡地図』京都府山城町埋蔵文化財調査報告書第6集
山城町教育委員会　1989b『史跡高麗寺跡』京都府山城町埋蔵文化財調査報告書第7集
山城町教育委員会　1994「蟹満寺第3次調査」『山城町内遺跡発掘調査概報Ⅴ』京都府山城町埋蔵文化財発掘調査報告書第13集
山城町教育委員会　1995『蟹満寺』京都府山城町埋蔵文化財調査報告書第14集
山城町教育委員会　1998『昭和28年　椿井大塚山古墳発掘調査報告』(京都府山城町埋蔵文化財発掘調査報告書第20集)
山城町教育委員会　1999『椿井大塚山古墳』(京都府山城町埋蔵文化財発掘調査報告書第21集)

山城町教育委員会　2000a『高井手瓦窯跡』（京都府山城町埋蔵文化財調査報告書第 23 集）
山城町教育委員会　2000b『上狛東遺跡』（京都府山城町埋蔵文化財調査報告書第 24 集）
山城町教育委員会　2000c「Ⅰ　椿井天上山古墳第 1 次調査」『山城町内遺跡発掘調査概報Ⅸ』京都府山城町埋蔵文化財調査報告書第 22 集
山城町教育委員会　2001a『神童子稲葉古墳群』京都府山城町埋蔵文化財発掘調査報告書第 27 集
山城町教育委員会　2001b『光明山寺跡』京都府山城町埋蔵文化財発掘調査報告書第 28 集
山城町教育委員会　2001c「椿井天上山古墳第 2 次調査」『山城町内遺跡発掘調査概報Ⅹ』京都府山城町埋蔵文化財調査報告書第 26 集
山城町教育委員会　2002『史跡高麗寺跡保存活用計画策定報告書』（京都府山城町文化財保存管理計画策定報告書第 1 集）
山城町教育委員会　2003『車谷古墳群』京都府山城町埋蔵文化財発掘調査報告書第 31 集
山中　章　1987「長岡京の造営と瓦」『長岡京古瓦聚成』向日市教育委員会
山中　章　1989「長岡宮式軒瓦と寺院の修理―延暦 10 年の山背国の浮図の修理をめぐって―」『古瓦図考』ミネルヴァ書房
八幡市教育委員会　1971『西山廃寺（足立寺）発掘調査概報』
八幡市教育委員会　1978『志水廃寺跡発掘調査概報』
八幡市教育委員会　1985『平野山瓦窯跡発掘調査概報』
八幡市教育委員会　1990『ヒル塚古墳発掘調査概報』
吉村武彦　2010『ヤマト王権』シリーズ日本古代史②、岩波書店
米田敏幸　1981「古墳時代前期の土器について」『八尾南遺跡』八尾市教育委員会
龍谷大学文学部考古学資料室　1972『南山城の前方後円墳』龍谷大学文学部考古学資料室研究報告 1
和束町　1995『和束町史』第一巻

図表出典一覧

第 1 図　中島 2010b
第 2 図　山城町 1990
第 3 図　山城町教育委員会 1999
第 4 図　山城町教育委員会 1999
第 5 図　山城町教育委員会 1999
第 6 図　山城町教育委員会 1999
第 7 図　山城町教育委員会 1999
第 8 図　山城町教育委員会 1999
第 9 図　山城町教育委員会 1999
第 10 図　山城町教育委員会 1999
第 11 図　山城町教育委員会 1999
第 12 図　著者撮影
第 13 図　内田 2007
第 14 図　山城町教育委員会 2003
第 15 図　中島 1997a を一部改変
第 16 図　中島 1997a
第 17 図　山城町 1987
第 18 図　中島 2010
第 19 図　中島 2010
第 20 図　中島 2010
第 21 図　山城町 1987
第 22 図　作画：早川和子、木津川市 2011
第 23 図　山城町教育委員会 1989b
第 24 図　山城町教育委員会 1989b
第 25 図　山城町教育委員会 1989b
第 26 図　山城町教育委員会 1989b
第 27 図　木津川市教育委員会 2011
第 28 図　木津川市教育委員会 2011
第 29 図　木津川市教育委員会 2011
第 30 図　中島 2006 を一部改変
第 31 図　中島 2006 を一部改変
第 32 図　中島 2006 を一部改変
第 33 図　中島 2009a
第 34 図　中島 2009a
第 35 図　中島 2009a
第 36 図　中島 2009a

第 37 図　同志社大学歴史資料館 2010
第 38 図　同志社大学歴史資料館 2010
第 39 図　蟹満寺釈迦如来坐像調査委員会 2011
第 40 図　蟹満寺釈迦如来坐像調査委員会 2011
第 41 図　蟹満寺釈迦如来坐像調査委員会 2011
第 42 図　蟹満寺釈迦如来坐像調査委員会 2011
第 43 図　蟹満寺釈迦如来坐像調査委員会 2011
第 44 図　宇治田原町教育委員会 2006
第 45 図　宇治田原町教育委員会 2006
第 46 図　木津町 1991
第 47 図　京都府教育委員会 2000 を一部加筆
第 48 図　中谷・磯野 1991
第 49 図　中谷・磯野 1991
第 50 図　中島 1993a
第 51 図　中島 2010e
第 52 図　中島 1990b
第 53 図　中島 1990b
第 54 図　中島 1990b
第 55 図　中島 1990b
第 56 図　井手町教育委員会 2014 を一部加筆
第 57 図　井手町教育委員会 2014
第 58 図　木津川市教育委員会 2014
第 59 図　木津川市教育委員会 2014
第 60 図　木津川市教育委員会 2014
第 61 図　木津川市教育委員会 2014
第 62 図　松尾 2010 より合成
第 63 図　中島 1993a
第 64 図　中島 1993a
第 65 図　中島 1993a
第 66 図　中島 1993a
第 67 図　山城町教育委員会 1989b
第 68 図　山城町教育委員会 1989b

第 1 表　中島 1997a を一部改変
第 2 表　蟹満寺釈迦如来坐像調査委員会 2011
第 3 表　京都府教育委員会 2000
第 4 表　京都府教育委員会 1984、京都府教育委員会 2000、同志社大学歴史資料館 2010 より作成
第 5 表　中島 1993b
第 6 表　中島 1990a を一部改変

初 出 一 覧

　本書は、著者による『氏族仏教と国家仏教の相克―南山城における仏教の受容と展開―』（明治大学大学院文学研究科 2014 年度博士学位請求論文 2014）をもとに、書名を変更し再構成したものである。また、この概要は、「南山城の古代寺院」（新川登亀男編『仏教文明の展開と表現―文字・言語・造形と思想―』勉誠出版 2015）として一部公表している。
　なお、本書では、以下の論文・報告をもとに、大幅な加筆・改変・再編集を施して再録している。また、以下に記載がない章・節・細節については、すべて新稿である。

第1章　椿井大塚山古墳と歴史認識
　第1節　椿井大塚山古墳と三角縁神獣鏡
　　1. 椿井大塚山古墳の築造過程
　　　（「椿井大塚山古墳の築造過程」『東アジアの古代文化』99 号、大和書房、1999）
　第2節　椿井大塚山古墳の被葬者像
　　2. 三角縁神獣鏡と被葬者像
　　　（「椿井大塚山古墳」『季刊考古学』第 65 号（前・中期古墳の被葬者像）雄山閣、1998）

第2章　古墳と古代氏族と仏教文化
　第2節　南山城における古墳と寺院造営氏族
　　1. 山背国の寺院造営　　　2. 寺院造営と周辺の古墳
　　　（「山背の古墳と寺院」『季刊考古学』第 60 号（渡来系氏族の古墳と寺院）雄山閣、1997）
　第3節　仏教文化受容の痕跡
　　3. 山背（代）国における初期寺院造営
　　　（「山背・近江と東国の寺々」『推古朝の四十六か寺をめぐって』（シンポジウム報告書）帝塚山大学考古学研究所、2004）
　　　（「山背の「舟橋廃寺式」軒丸瓦」『古代瓦研究Ⅰ』奈良国立文化財研究所、2000）
　第4節　高句麗移民の痕跡
　　　（「高句麗移民の痕跡―史跡高麗寺跡の発掘調査成果から―」東北亜歴史財団編『古代環東海交流史・1 高句麗と倭』明石書店、2015）

第3章　伽藍造営の伝播
　第1節　7 世紀の伽藍配置
　　　（「7 世紀における伽藍配置」『考古学ジャーナル』No. 545（特集　古代寺院の伽藍配置）2006）
　第2節　南山城における伽藍造営の伝播
　　　（「南山城における伽藍造営の伝播」『堅田直先生古希記念論文集』真陽社、1997）
　　　（「高麗寺式軒瓦の様相」『古代瓦研究Ⅲ』奈良文化財研究所、2009）
　第3節　蟹満寺と丈六金銅仏の謎
　　　（「蟹満寺旧境内発掘調査概要」『蟹満寺銅造釈迦如来坐像修理報告書』蟹満寺、2010）

第4節　白鳳の山林寺院　山瀧寺
　　　　（「出土遺物　1瓦類」『山瀧寺跡発掘調査報告書』京都府宇治田原町埋蔵文化財調査報告書第2集、宇治田原町教育委員会、2006）

第4章　二つの都城と古代寺院
　第1節　恭仁宮と京の実態
　　　　（「恭仁宮と京の実態」『都城―古代日本のシンボリズム―』青木書店、2007）
　第2節　恭仁宮大極殿施入前の山背国分寺
　　　　（「恭仁宮大極殿施入前の寺院に関する憶測」『考古学論叢』（坪井清足先生卒寿記念論文集）坪井清足先生の卒寿をお祝いする会、2010）
　第3節　山背における播磨国府系瓦出土の背景
　　　　（「山背における播磨国府系瓦出土の背景」『今里幾次先生古稀記念　播磨考古学論叢』今里幾次先生古稀記念論文集刊行会、1990）
　第4節　橘諸兄と井手寺の造営
　　　　（「井手寺跡」『南山城の古代寺院』同志社大学歴史資料館調査研究報告第9集、同志社大学歴史資料館、2010）

第5章　国家仏教の変質
　第1節　日本霊異記と山寺
　　　　（「日本霊異記と山寺」『季刊考古学』別冊4、雄山閣、1993）
　第2節　神仏習合の寺院
　　　　（「馬場南遺跡（神雄寺跡）の概要」『万葉歌をうたう　万葉歌をかく』「もうひとつの万葉の里　木津川市から」記念シンポジウム資料、木津川市、2011）
　第3節　南山城における平安初期古瓦の様相
　　　　（「南山城における平安初期古瓦の様相」『平安京歴史研究』杉山信三先生米寿記念論集刊行会、1993）
　第4節　山背画師と高麗寺跡出土観世音菩薩像線刻平瓦
　　　　（「京都府山城町高麗寺跡出土の線刻平瓦」『考古学雑誌』76-2、日本考古学会、1990）

あとがき

　本書は、母校である明治大学へ提出した『氏族仏教と国家仏教の相克―南山城における仏教の受容と展開―』（明治大学大学院文学研究科 2014年度博士学位請求論文）をもとに、審査等で指摘を受けた不備を補い訂正し再構成したものである。書名についても、内容を精査し助言を得て変更した。本書の構成は、1990年から細々と書き綴ってきた南山城の古代寺院に関する論文に新稿を含め、一書にまとめたものである。著者にとっては、はじめての単著である。

　美術・芸術に対する興味はあっても考古学という学問に馴染めなかった学生時代の著者が、はじめて考古学も面白そうだと感じたのは、大学3年生のときに受講した坂詰秀一先生（立正大学名誉教授）の「仏教考古学」からである。当時の私は、本校の明治大学ではなく東京芸術大学でのニセ学生の方が忙しく、何とか「瓦当文様」の変遷を題材とした卒論を提出できたのも、坂詰先生や不出来な学生を見捨てなかった大塚初重先生（明治大学名誉教授）、故小林三郎先生のおかげである。

　大学卒業後、何のあてもなく住み着いた京都では、かつての平安博物館（現 京都文化博物館）の植山茂先生に厳しく瓦の見方について指導を受け、当時、博物館におられた片岡肇先生、鈴木忠司先生、川西宏幸先生（筑波大学名誉教授）の紹介で、奈良県と京都府の境界に近い相楽郡の山城町教育委員会に文化財技師としての職を得たのは、1985年の9月であった。著者と南山城との出会いはここから始まる。

　著者が奉職した山城町では、前年度から史跡高麗寺跡の寺域確認調査が京都府教育委員会職員の派遣を得て実施されており、着任早々、町の担当者として、著者が発掘調査を引き継ぐこととなった。幸運は、憧れの高麗寺跡の調査担当になれただけではなく、当時、すぐ近くの京都府立山城郷土資料館に故高橋美久二先生（後に滋賀県立大学教授）がおられたことである。高橋先生には、常々「高麗寺を掘る限りは南山城の古代寺院に責任を取る覚悟が必要だ」と、なかば強制に近い激励をいただいた。しかも、発掘調査委員会の委員長が田中琢先生（当時、奈良国立文化財研究所埋蔵文化財調査センター長、後に所長）であり、研究所の皆さんの知己を得ることもでき、多くの刺激と適切な指導をいただいた。寺院調査の基本である瓦の勉強では、帝塚山大学考古学研究所に集う多くの瓦研究者の皆さんから、ここでも多くの刺激と適切な指導をいただいた。特に、すでに鬼籍に入られた藤澤一夫先生や森郁夫先生から受けた学恩は大きい。その後も蟹満寺・光明山寺・椿井大塚山古墳と重要遺跡の調査が続く著者にとっては、考古学的幸運とともに、学史に対する責任と行政的責任が重く圧し掛かることとなる。それでも、調査委員会等では猪熊兼勝先生（京都橘大学名誉教授）、上原真人先生（京都大学名誉教授）には多大なる恩恵をいただいた。そして、機動力抜群の故金子裕之先生（元 奈良文化財研究所部長）や辰巳和弘先生（元 同志社大学歴史資料館教授）には、緊急の内緒事でいつもお世話になった。懸案山積みの合併（2007年）後の木津川市でも、奈良山瓦窯跡群や馬場南遺跡（神雄寺跡）の調査・史跡指定等では、故坪井清足先生や鈴木嘉吉先

生（両 元奈良国立文化財研究所長）、そして上野誠先生（奈良大学教授）の度重なるお力添えもいただいた。旧山城町・木津川市在職中に遺跡を介して結縁した多くの先生方、そして多くの文化財行政担当諸氏に改めて感謝したい。30年近くの公務員生活で、高麗寺・蟹満寺に長年かかわり続けながらも、高橋先生がおっしゃった「南山城の古代寺院に対する責任」が果たせたかと言えば、なんとも心もとない次第である。それでも、本書が、その責任の欠片と見なしていただけたなら、幸いである。

　本書をまとめる契機となったのは、佐々木憲一先生（明治大学教授）からのお誘いによる。先生との出会いは、著者が旧山城町で椿井大塚山古墳の発掘調査に従事していた折、ハーバード大学から帰国されて大阪大学の都出比呂志先生のもとにおられた頃に遡る。その後、先生は明治大学に転出され、母校とは疎遠となっていた著者にお声かけいただいた。博士学位請求論文の審査に際しては、主査の佐々木先生の他、副査として井上和人先生（明治大学特任教授）、菱田哲郎先生（京都府立大学教授）から、多くの厳しく適切な御指摘をいただいた。また、本書執筆過程では、職場の上司・同僚からも温かい支援をいただいた。そして、長年、調査・研究に没頭する時間と空間を容認してくれた妻と家族に感謝し、本書を捧げたいと思う。

　最後に、本書の編集・校正でご尽力いただき、著者の怠惰と遅筆に辛抱強くお付き合いいただいた同成社の佐藤涼子社長、三浦彩子氏に感謝し、御礼申し上げます。

　　　2016年11月

　　　　　　　　　　　　　　　　　　　　　　　　　　　　　　　　　　　　　中島　正

古代寺院造営の考古学
―南山城における仏教の受容と展開―

■著者略歴■

中島　正（なかしま・まさし）

1959年　新潟県上越市に生まれる。
1984年　明治大学文学部史学地理学科考古学専攻卒業。
1989年　京都府山城町文化財技師採用。
2015年　合併後の木津川市文化財保護課長補佐、国保医療課主幹を経て退職。明治大学にて博士（史学）学位取得。

現在、花園大学文学部、同志社女子大学現代社会学部非常勤講師。

〔主要著書〕
・『都城―古代日本のシンボリズム―』（共著、青木書店、2007年）
・『仏教文明の転回と表現―文字・言語・造形と思想―』（共著、勉誠出版、2015年）。

2017年2月10日発行

著　者　中島　正
発行者　山脇由紀子
印　刷　亜細亜印刷㈱
製　本　協栄製本㈱

発行所　東京都千代田区飯田橋4-4-8
　　　　（〒102-0072）東京中央ビル　㈱同成社
　　　　TEL 03-3239-1467　振替 00140-0-20618

©Nakashima Masashi 2017. Printed in Japan
ISBN978-4-88621-739-4 C3021